꿈을 찾는 자유학기제

우리집 외계인을 위한 최고의 직업 찾기

꿈을 찾는 자유학기제

우리집 외계인을 위한 최고의 직업 찾기

백은선 지음

디아스포라

요즘 청소년들은 하루 종일 바쁘다. 학교와 학원을 돌아다니며 하루를 보낸다. 노는 시간이 없어 놀이마저 학원을 통해 해결한다. 혈기왕성하게 뛰어놀 시기에 그렇게 하지 못한다. 교육 문화가 전반적으로 모든 초, 중, 고 학생들을 한 방향으로만 가게끔 하고 있다. 이런 환경에 한 줄기 빛이 보인다. 바로 자유학기제다! 완벽하지는 않지만 좋은 시작이다. 중학생부터 조금이나마 숨을 쉴 수 있어서 마음이 좋다. 아주 운이 좋은 세대라는 생각까지 든다. 나의 학창 시절에는 학교에서 수업하고 시험 보는 것이 전부였다. 그러면서도 다양한 방법으로 놀이도 찾고 추억을 만든 기억이 있다. 지금 세대와 비교하면 말 그대로 자연 친화적인 학창 시절이었다. 지금의 청소년들은 자유학기제를 통해서 놀 수 있고 친구들과 추억을 만들 수 있다. 아직은 제도의 시작점이라 시행착오가 있을 것이다. 하지만 3년째인 올해는 이제 좋은 제도와 문화로 정착될 것으로 믿는다.

　놀 수 있는 큰 마당이 열렸다. 새롭게 펑펑 터지는 에너지를 발산할 수 있는 시간이다. '왜 이런 활동을 해야 하지?'라는 생각은 버리자! 대신 나의 하루에 들어온 소중한 시간을 어떻게 나의 경험으로 만들지만 생각하면 된다. 나라에서 사교육과 시험에 빠져 있는 학생들에게 사람답게 사는 세상을 만들어주기 위한 전문가 집단의 노력의 산물이다. 분명 축복받은 세대라고 확신한다. 학생들이 다양한 활동과 경험을 통해 진로를 생각할 수 있도록 정부, 지자체, 학교, 시민단체, 학부모지원단 등 많은 사람들이 도와주고자 밤낮으로 고민하고 있다. 그 고민을 학생들이 직접 느낄 수 있다면 체험활동이나 진로 탐색에 더 진지한 마음으로 임할 것이다.

주로 중학교 1학년에 진행하는 자유학기제는 앞으로 인생을 설계할 수 있는 최고의 기회라고 생각한다. 학교나 정부에서 진행하는 프로그램이라 그냥 수업처럼 따라만 다니면 좋은 기회를 놓칠 수 있다. 이 황금 같은 기회를 잘 분석해서 주도적으로 참여하기를 희망한다. 그렇게 참여하고 체험하는 경험은 앞으로의 삶을 결정하고 원하는 진로 방향으로 이끌어줄 것이다. 자유학기제는 진로와 관련하여 다양한 활동을 제공한다. 진로 탐색 수업, 독서 그리고 체험활동을 포함하는 진로 탐색활동, 예술 체육 활동, 동아리 활동, 주제 선택 활동 등을 기본적으로 진행한다. 해당 지자체별 교육청에서도 다양한 진로 체험 페스티벌이나 박람회를 진행하기에 친구들과 놀러가듯이 참석하는 습관을 들이면 큰 도움이 될 것이다. 주중에는 학교 선생님과 함께 모든 학생이 참여하지만, 주말에 진행하는 체험활동은 강제성이 없기에 오히려 더 편한 마음으로 원하는 활동을 할 수 있다. 이때는 부모님이나 가족과도 함께할 수 있어 자유학기제로 인해 가족 간의 정도 쌓을 수 있는 일석이조의 효과도 있다.

청소년에게는 중학교 1학년 시기가 아주 중요하다. 개인 스스로 알아서 하는 진로 활동을 학교와 기관에서 주도적으로 준비해준다. 긍정적으로 고맙게 생각하고 적극적으로 참여해야 한다. 내 시대만 해도 고등학교 때에 진로 교육을 받고 대학을 결정했다. 더 솔직하게 얘기하자면 진로 교육도 아니고 성적에 따른 간단한 상담이 전부였다. 그때는 그런 열악한 상황이었지만 잘 버티고 살았다. 아마도 그 시대에는 경제가 성장하는 시기라 사회구조상 진로 교육이 큰 문제가 아니었을 것이다. 하지만 지금은 상황이 많이 다르다. 일단 대학 진학률이 70% 수준으로 OECD 평균인 41%보다 훨씬 높다. 반면에 대졸 취업률은 66% 정도다. 유치원 때부터 밤낮으로 공부만 하고 대학을 졸업해도 많은 학생들이 현실과 이상의 괴리 속에 힘들어하고 있다. 그래서 청소년 시기에 제대로 된 진로 교육과 체험으로 청소년 각자의 적성을 찾아서 본인만의 진로를 결정하고 적극적으로 노력해야 한다. 그래야만 4차 산업혁명 시대에 자신이 원하는 삶을 살아갈 수 있다. 즉, 현재 우리 사회에 만연해 있는 '남들에게 뒤처지면 안 된다'라든가 '남들 가는 정도의 학교는 가야지!'라는 강박관념에서 빠져나와야 한다. 자유학기제를 통해 부모님과 청소년 모두 배우고 느껴서 제대로 된 삶을 살 수 있는 기회를 잡아야 한다.

조금만 진지하게 생각하면 방법은 많다. 다들 오래전부터 '글로벌'을 외쳤고 그 사고방식은 이미 우리 생활에 깊숙이 들어와 있다. 나의 적성에 맞게 원하는 공부를 하다 한국에서 학교 가거나, 취업이 힘들면 70억 이상이 사는 세계 시장으로 가면 된다. 경제 발전 정도가 제각각인 나라들이 도처에 널려 있다. 나의 적성과 흥미만 잘 알고 착실히 노력한다면 자신이 선택해서 어디든지 가면 된다. 내가 가장 바라는 것이 바로 이것이다. 진로 교육을 기치로 내건 자유학기제를 통해 힘들어하는 청소년 시기를 내 맘대로 즐겁게 살아보는 것이다. 더 나아가서 혹독한 경쟁 속에서 사교육비를 감당하느라 힘든 부모님들도 교육과 진로에 대해 제대로 깨달아서 또 다른 곳에서 삶의 의미를 찾으면 된다. 그러면 부모님과 청소년 모두 스트레스 덜 받고 매일매일 즐거운 학교생활과 사회생활을 할 수 있다. 결과적으로 이미 회생 불능 상태까지 가버린 학교 교육을 바로잡는 등, 학교를 통해 불거진 많은 문제들도 개선될 것이라 생각한다.

이렇게 귀하고 소중한 자유학기제를 절대 허투루 보내면 안 된다. 취지와 프로그램을 잘 이해하고 청소년 본인의 삶에 대한 가치관을 정립하는 데 잘 활용해야 한다. 여기에 이미 많은 프로그램들이 존재한다. 청소년 스스로 시너지 효과를 만들면 된다.

나는 지금 청소년들이 부럽다. 학창 시절로 돌아가고픈 적이 한 번도 없었지만 자유학기제만큼은 경험하고 싶다. 자유학기제의 진로 교육 및 체험을 통해 중학교 시절에 본인의 인생 목표를 세운다면 이미 이룬 것이나 마찬가지다. '1만 시간의 법칙'에 따라 한 분야의 전문가가 되는 데 충분히 1만 시간 이상을 투자할 수 있기 때문이다. 한번 당당하게 맞서서 마음껏 나를 알아가는 시간을 보내보자. 그리고 10년, 20년 후의 내 모습을 상상하며 미소를 지어보자! 그것만으로 충분히 행복하지 않을까?

백은선

모두에게 주어진 '자유학기제'
다양한 동기부여를 통한 '무한 가능성'을 확인하는 시간

『꿈을 찾는 자유학기제』! 우리 집 외계인을 위한 '최고의 직업' 찾기!

먼저 이 책의 필자는 『1년 동안 학교를 안 갔어!』라는 책의 저자로, 몇 해 전 초등학교 3학년, 5학년인 두 아들과 함께 지구촌 39개국을 1년간 세계일주한 특이한 전력을 가진 프렌디Friendy한 '친구 같은 아빠'입니다.

고양시 청소년진로센터에서 지역 청소년들의 진로와 직업체험 등에 대한 다양한 활동 사업들을 추진해 가던 중, 효과성 증대를 위한 방안 중 하나가 청소년들의 눈높이에 제일 적합한 지원 대상자인 학부모들을 지원단으로 조직해서 운영하는 것이었습니다. 저자는 유일한 아빠 학부모로서 국내외의 다양한 경험을 바탕으로 진로를 고민하는 학생들에게 경험을 강조하며 무엇이든 할 수 있다는 자신감과 편안함을 주었습니다.

이 책은 다음 5장(「중학교 1학년, 최고의 기회」, 「자유학기제, 삶을 결정하다」, 「자유학기제, 이렇게 활용하라」, 「자유학기제의 소중한 시간」, 「아들아! 오늘은 뭘 할까?)으로 구분되어 있습니다. 자유학기제의 기본 이해와 활용 방법 등에 대하여, 저자가 청소년 진로센터에서 학부모 지원단과 청소년 진로 교육 지도자 및 진로코칭 상담사로서 학교와 현장에서 활동하며 체득한 다양한 경험을 바탕으로 기록한 값진 정보자료들을 담았습니다.

저자는 "놀 수 있는 큰 마당이 열렸다. 중학교 1학년에 진행하는 자유학기제는 앞으로 인생을 설계할 수 있는 최고의 기회라고 생각한다."며 소중한 시기라는 것을 강조하고 있습니다. 또한 "자유학기제의 진로 교육 및 체험을 통해 중학교 시절에 청소년들이 본인의 인생 목표를 세운다면 이미 이룬 것이나 마찬가지다. 왜냐하면 '1만 시간의 법칙'에 따라 한 분야의 전문가가 되는 데 충분히 1만 시간 이상을 투자할 수 있기 때문이다."라고 청소년 시기의 시간과 기회를 최대한 잘 활용해야 함을 여러 장에서 강조하고 있습니다.

청소년 활동 현장에서 만나는, 꿈을 찾지 못해서 "내가 정말 하고 싶은 것이 무엇인지 모르겠다."는 청소년들의 고민을 상담할 때마다 너무도 안타까운 마음이 듭니다.

청소년기는 진로 선택에 있어서 매우 중요한 시기입니다. 따라서 청소년들이 진로를 탐색하고 자신에게 적합한 진로를 결정하고 준비하는 과정에서, 학부모들이 자녀들에게 적극적으로 동기를 부여해 주는 것이 무엇보다도 필요합니다. 자유학기제의 기회를 적극적으로 활용하면 부모와 청소년 모두 건강한 관계 속에서 꿈을 찾을 수 있습니다. 자유학기제 기간에 다양한 경험을 할 수 있다는 것을 가장 큰 기회로 보고 적극적으로 참여한다면, 그 경험들은 미래사회의 주인공이 되는 가장 중요한 덕목이 될 것입니다.

매우 빠르게 변화해 가는 세상 속에서 우리 청소년들은 불확실한 미래에 대해 고민하고 방황하고 있습니다. 이 책을 통하여 자유학기제가 무엇이고 이 기간을 효율적으로 활용하는 방법은 어떠한 것이 있는지 이해하고 실행에 옮길 수 있습니다. 그리고 진로를 설정하기 위한 얼마나 다양한 정보와 방법들이 있는지를 탐색하여, 급변하는 4차 혁명 시대에 우리 아이들에게 적합한 진로와 삶이 무엇인지 생각하고 고민하는 소중한 기회를 가졌으면 합니다.

이 책을 통해 청소년 시기를 어떻게 하면 가장 잘 보낼 수 있는가와 시간관리 및 실행력까지 간접적으로 배우고 실천할 수 있습니다. 또한 교육부에서 적극적으로 지원하는 자유학기제에 대한 궁금증과 활용 방안 등, 자녀들과 함께 진로 및 미래를 고민하는 학부모들의 고민을 해소시키는 데 보탬이 될 수 있으리라 생각합니다.

박준규 센터장
고양시 청소년진로센터장 / 고양시 마두청소년수련관장

인간은 자신이 원하는 만큼 위대해질 수 있다.
자신을 믿고 용기, 투지, 헌신, 경쟁력있는 추진력을 가진다면,
그리고 가치있는 것들을 위한 대가로
작은 것들을 희생할 용의가 있다면 가능하다.

— 빈스 롬바디(Vincent Thomas Lombardi, 1913~1970)

제1장

중학교 1학년,
최고의 기회

꿈을 찾는 자유학기제

우리의 골격 성장이 가장 빠르게 일어나는 두 시기가 있다. 태어나서 2살 때까지의 영아기와 14살 전후의 청소년기다. 이 두 시기에 신체와 정신이 가장 큰 성장을 한다고 한다. 14살, 신체적으로도 정신적으로도 모든 것이 활발한 시기다. 어린이에서 청소년으로 사회에서의 대접도 달라지고 웬만한 일은 모두 혼자 할 수 있다. 그리고 학교에서는 자유학기제가 생겨서 인생 최고의 기회를 제공한다. 스스로 찾아야 하는 기회들을 학교와 기업 그리고 각종 기관에서 준비하고 기다려준다. 행복한 시기다. 청소년들은 즐기면서 참여만 열심히 하면 최고의 기회를 본인의 것으로 만들 수가 있다. 이 시기에 한번 경험하고 찾은 기회는 청소년들에게 평생 더 많은 기회를 제공해줄 것이라 확신한다.

1. 자유학기제란 무엇인가?

자유학기제는 중학교 과정 중 한 학기 동안 학생들이 시험에 대한 부담을 버리고 꿈을 찾을 수 있도록 실습이나 토론 같은 '학생 참여형' 수업을 진행하며 다양한 체험활동이나 진로 탐색이 가능하도록 유연하게 교육과정을 운영하는 제도다. 즉, 기본 교과의 일부 수업을 감축 운영하고 체험학습을 강화하며 개인 및 조별 프로젝트 학습을 확대하여 능동적인 학습을 할 수 있도록 이끌어주는 것이다. 진로 탐색 및 체험이 자유학기제의 큰 부분이기는 하지만 협동 능력, 의사소통 능력과 같은 핵심 역량을 키우는 교육이 목표이기도 하다. 경쟁과 등수가 중심이 되는 현재의 교육 현실에서, 체험 등의 활동으로 학생이 스스로 나를 알아가며 어떻게 살아갈 것인지에 대한 해답을 찾아가는 것으로 바꾸는 것이다.

꿈을 키우고 끼를 찾는 자유학기제는 2013년 5월 국무회의에서 의결된 140개 국정과정 중 하나로 '학교 교육의 정상화 추진'을 목표로 출발했다. 교육부와 정부도 학교 교육에 개선이 필요하다는 것을 인지하고 해결하려고 나선 것이다. 최초로 42개 연구학교를 대상으로 자유학기를 운영하고 그 결과를 바탕으로 2016년부터 모든 중학교에서 전면 시행하고 있는 제도다. 이 제도는 아일랜드에서 진행한 전환학년제와 비슷한 것으로, 학생들이 중학교 한 학기 동안만이라도 시험 부담 없이 자신의 꿈과 끼를 찾는 진로 탐색 기회를 가져야 한다는 취지에서 마련된 정책이다. 2017년에는 교육청별로 자체적으로 자유학년제를 운영하여 서울시, 경기도 그리고 강원도가 2개 학기 모두 자유학기로 운영했고, 2018년부터는 희망하는 중학교에서 1학년을 대상으로 자유학년제를 도입하기로 했다. 이와 관련하여 초, 중등교육법 시행령도 현행 '중학교의 학교장이 한 학기를 자유학기로 지정'에서 '한 학기 또는 두 학기를 지정'하는 것으로 입법예고하고 개정이 완료된 상태다.

자유학기제의 목적은 자신의 적성과 미래를 탐색하고 설계하는 경험을 통해 스스로 꿈과 끼를 찾고, 지속적인 자기성찰과 발전의 계기를 제공하는 것이다. 지성과 감성 및 건강, 인성과 시민성의 균형 있는 발달을 촉진하고 미래 사회 핵심 역량 함양이 가능한 교육으로 전환하고자 하는 것, 그리고 학교 구성원 간 협력 및 신뢰 형성, 적극적 참여 및 성취 경험을 통해 학생, 학부모, 선생님 모두가 만족하는 행복 교육을 실현하는 것이다. 즉, 중간고사와 기말고사 등 지필시험을 치르지 않고, 고교 입시에도 자유학기의 성적을 반영하지 않는 대신 자신을 분석하고 진로에 더 많은 시간을 보낼 수 있도록 하는 것이다. 자유학기제의 진로 탐색활동 내용은 학교 생활기록부에 점수 대신 서술형으로 기재되고 있다. 자유학기 및 자유학년의 성적 미반영에 관련해서는 해당 시도 교육청에서 자유학년을 실시하는 1학년 교과 내신 성적을 고입 전형에 반영하지 않는다는 사항을 조기 예고하는 방안을 교육청과 지속 협의하고 있다고 한다. 이미 서울, 경기, 강원 등 일부 교육청은 1학년 교과 성적의 고입 미반영을 조기 예고했다. 2018년도에는 전국 3,210개의 모든 중학교가 자유학기제를, 그중 약 46%인 1,470곳이 1학년 내내 시험을 치르지 않는 자유학년제를 운영하기로 했다. 광주, 경기, 강원교육청의 경우 관내 모든 중학교에 자유학년제를 적용하기로 했다. 많은 학교들이 자유학기제를 넘어 자유학년제에 동참하고 있다. 그만큼 자유학기제에 대한 좋은 사례와 필요성 및 기대감이 크다고 할 수 있다.

　제도의 내용을 더 자세하게 보면, 자유학기제를 통해 학생들이 스스로 꿈과 끼를 찾고, 자신의 적성과 미래에 대해 탐색, 고민, 설계하는 경험을 통해 지속적인 자기성찰과 발전의 기회를 제공하는 것이다. 또한 한 학기에 두 차례 이상 종일 체험활동을 실시하고 학생이 스스로 진로 체험 계획을 세우면 학교가 출석으로 인정하는 자기주도 진로 체험도 시행된다고 하니 잘 활용하면 청소년기부터 주도적인 삶을 살 수 있다. 아울러 공교육 변화 및 신뢰 회복을 통해 학생이 행복한 학교생활을 한다는 목표도 포함되어 있다.

자유학기제가 기존 교육 정책들과 구분되는 특징 중 하나는 학교와 교사들의 자율성을 적극 보장함으로써 그들이 학교 교육을 변화시키는 주체가 되도록 한다는 것이다. 특히 그동안 교사들이 일련의 교육 개혁 정책들을 시행하는 데 있어서 변화의 대상으로 간주되다 보니 그들의 적극적 관심과 참여를 이끌어내는 데 한계가 있었다. 반면 자유학기제는 도입 초기부터 교육과정 재구성, 수업 운영 및 평가에 교사의 자율성과 전문성을 강조하여 교사가 개혁의 주체가 되도록 하고 있다.

이 부분에 있어서는 자율적으로 새롭게 운영 및 평가할 수 있으니 좋아하는 선생님도 있지만, 이전의 교과목 수업보다 더 많은 준비와 다양한 진행을 해야 하기에 시간적으로 부담스러워하는 선생님도 있다. 충분히 이해한다. 하지만 제대로 정착된다면 학생과 선생님 모두에게 즐거운 학교생활이 될 것을 확신한다. 이미 많은 학교 선생님들로부터 긍정적인 변화가 이루어져 학생들과 공유되고 있다.

2018년부터 시행되는 자유학년제와 자유학기제의 특징은 비슷해 보이지만 차이가 있다. 자유학기제는 한 학기만 진행되며 4가지 자율 과정

으로 이루어져 있다. 첫째, 주제 선택 활동에서는 포토에세이, 영어 통합 프로젝트, Explore the world of English, UCC 제작, 시크릿 레시피, 과학수사대 등 다양한 분야의 수업을 선택해서 함께 신청한 친구들과 즐기면서 능력을 키울 수 있다. 둘째, 예술 체육 활동에서는 댄스, 뮤지컬, 난타, 디자인, 벽화, 캐리커처 제작, 롤러코스터 제작 등에 직접 참여하여 표현력을 기르거나 협동심을 함양할 수 있다. 셋째, 동아리 활동에서는 드론, 아트 테라피, 보드게임 등 관심 있는 분야에서 체력과 마음도 키우고 협동심과 사고력도 향상시킬 수 있다. 그리고 진로 탐색활동은 수업과 독서를 통해 배우고 외부에 직접 나가 체험활동을 하며 직업에 대한 이해를 높이고 나만의 적성도 찾아가는 시간이다.

자유학년제는 자유학기제의 기본적인 4가지 자율 과정을 연계자유학기로 운영한다. 토론학습, 실습 중심의 학생 참여형 수업으로 개선하여 진행하고, 역시 지필고사 형태의 평가를 폐지하고 과정 중심의 수행평가를 실시한다. 1학년 전체에 대한 성적을 고입 진학 시 내신에 반영하지 않고 학생부에 성장과 발달 정도의 내용만 서술형으로 기록하는 것이 특징이다. 자유학년제를 채택하는 학교들이 늘어나고 있는 것은 자유학기제가 안정적으로 정착되고 있으며, 한 학기 경험보다는 두 학기의 활동이 청소년들의 진로 선택에 훨씬 효과가 크기 때문이다.

자유학기제와 자유학년제는 현재 중학교 1학년을 기준으로 진행하지만 그 성과를 토대로 점차 초, 중, 고등학교 전체로 확산시킬 계획이라고 한다. 아주 바람직한 방향으로의 변화라 생각한다. 일부 초등학교에서는 이미 이와 유사한 활동을 진행하고 있다. 내가 부스 진행자로 참여했던 진로 체험 페스티벌의 경우 중고등학생도 있었지만 초등학교 5학년과 6학년의 참여도 활발했었다. 그만큼 자유학기제는 현재 초, 중, 고의 중요한 교과과정으로 자리 잡아가고 있으며, 청소년들에게는 소중한 제도다.

자유학기제와 함께 자주 언급되는 연계학기라는 것도 있다. 이것은 자유학기 이후 일반학기에 교과 및 창의적 체험활동 등을 활용해 학기당 51시간 이상 자유학기 활동 중 2개 이상의 영역을 특화하여 편성, 운영한다. 학생 참여 및 활동 중심 수업, 과정 중심 평가 등 자유학기제 취지에 부합하도록 운영하는 학기이다. 자유학기제가 끝나고서도 연계학기를 통해 자신의 적성과 흥미를 더 알아볼 수 있는 기회의 장이 있으니 잘 활용해보자.

자유학기제와 관련하여 꿈길, 내꿈터, 커리어넷, 워크넷 등 다양한 사이트에서 도움을 받을 수 있다. 꿈길은 온오프라인 진로 체험 교육기관의 정보를 제공하고, 내꿈터에서는 각 시도별 진로체험센터 운영 현황 및 관련 상담을 받을 수 있다. 직업적성검사와 직업흥미검사, 직업가치관검사, 진로성숙도검사 등은 커리어넷에서, 청소년 직업흥미검사, 청소년 진로발달검사, 고교계열흥미검사 등은 워크넷에서 무료로 받을 수 있다.

'꿈길(www.ggoomgil.go.kr)'은 초, 중, 고 학생들에게 다양한 진로 체험을 지원하기 위해 교육부가 운영 중인 진로 체험 지원 전산망이다. 꿈꾸는 청소년들의 길라잡이로 이미 큰 호응을 얻고 있다. 진로 체험처와 체험 지원 학생의 매칭 및 체계적 관리를 통해 다양한 진로 체험 기회를 제공하고, 학생 맞춤형 진로 탐색과 설계를 지원하고 있다. 지난 2014년 8월 전국 서비스를 시작한 이후 벌써 4년째를 맞아 자리를 잡았다. 진로 체험활동 지원은 다음 그림과 같이 진행되고 있다.

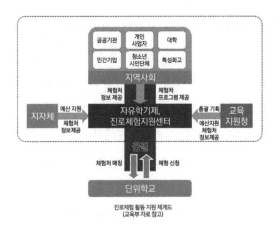

진로체험 활동 지원 체계도
(교육부 자료 참고)

　위와 같은 진로 체험활동 지원은 교육부의 「진로교육법 시행령」에 의해 진행되고 있다. 학생에게 다양한 진로 교육 기회를 제공함으로써 변화하는 직업 세계에 능동적으로 대처하고 학생의 소질과 적성을 최대한 실현할 수 있도록 2015년 12월부터 시행 중이다.

　참고로 자유학기제와 직접적인 관련이 있는 진로교육법 시행령안의 주요 내용을 보자.

1. 진로전담교사의 배치기준 및 진로전담교사 지원 전문 인력 자격

초중등학교의 진로전담교사는 학교당 1명 이상을 배치하되, 교육감이 정하는 일정 규모의 학교에는 순회 근무가 가능토록 함

▶ 중학교와 고등학교: 진로 진학 상담 과목(부전공 포함) 교사가 진로전담교사 역할 수행

▶ 초등학교와 그 밖의 학교: 교사 중 보직교사(예: 진로부장)가 진로전담교사 역할 수행 가능

– 진로전담교사 지원 전문 인력: 교육감이 실시하는 교육 또는 연수를 40시
간 이상 이수하는 등의 자격을 갖춘 사람

2. 진로 체험 교육과정의 편성 및 운영

교육부장관은 진로 체험 교육과정에 관한 기본적인 사항을 정하고, 교육감은
교육부장관이 정한 진로 체험 교육과정의 범위에서 지역 실정에 맞는 기준과
내용을 정할 수 있음

3. 진로 교육 집중학년, 학기제의 운영

교육감은 학생 및 학부모의 의견과 학교의 실정 등을 고려하여 진로 교육 집
중학년, 학기제를 자유학기와 연계, 통합해 운영할 수 있으며 필요한 사항은
교육부장관과 협의하여 정함

▶ 진로교육법 제13조(진로 교육 집중학년, 학기제): 초, 중, 고등학교에서 특정
학년 또는 학기를 정하여 진로 체험 교육과정을 집중적으로 운영하는 제도

이처럼 청소년들의 미래 진로를 위해 법까지 새롭게 만들어서 돕고 있다. 더 적극적인 참여로 이 기회를 내 것으로 만들어 스스로 인생의 주인공이 될 수 있기를 바란다.

다음은 작년 말 기준의 꿈길 이용자 관련 자료다. 꿈길 신청 건수는 8만 5,000건으로 전년보다 25% 급증했고 접속자 수도 35만 명으로 지난해 연간 접속자 수보다 늘었다. 또 진로 체험처와 체험 프로그램도 해마다 늘어 2017년 말 기준 각각 3만 3,000여 곳과 9만 4,000여 개로 확대되었다. 진로 체험처는 공공기관이나 공기업, 민간기업, 학교 및 대학교, 청소년, 시민단체, 개인사업자 등 대부분의 분야에 있다. 새롭게 중학생이 되는 청소년을 위해 주변의 모든 단체와 사람들이 자유학기제의 이름으로 기다리고 있다. 즐겁고 재미난 학교생활을 위해 자유학기제와 함께 힘차게 출발하자!

2. 지금 우리 아이들은

지금 우리 아이들은 유동적인 입시 제도하에서 다양한 진로 고민이라는 큐브 속에 살고 있다. 미래의 자기 목표나 직업에 대해 더 많은 고민을 하기보다 당장 내신에 유리한 일반고와 수능에 유리한 특목고 중 어디에 진학하는 것이 좋을지에 대한 고민을 더 많이 하며 살고 있다. 그 모양새는 흡사 어디를 가든 다른 통로가 없는 사각형의 큐브 같아 보인다. 다른 생각을 할 수가 없다. 생각과 꿈의 한계도 큐브 안에만 있다. 그러한 큐브 안에 있는 한 중학생의 하루 일과를 보자. 지역, 학교마다 차이는 있지만 대부분 비슷한 평범한 중학생의 일상이다.

아침에 스스로 일어나지 못하고 엄마의 밥 먹으라는 소리에 7시가 다 되어서 일어난다. 간단하게 씻고 대충 먹고 학교로 간다. 9시 전에 도착해서 보니 벌써부터 책상에 엎드려서 자는 친구들도 보인다. 9시 10분부터 수업이 시작된다. 밤늦은 시간까지 학원 공부와 학원 숙제 등으로 잠을 충분히 못 자서 수업 시간에도 졸립다. 중학교 1학년은 그나마 수업 시간에 엎드려 자는 학생이 많지는 않다. 2학년, 3학년으로 올라갈수록 수업 시간에 자는 친구들은 많아진다. 12시 40분에 점심을 먹는다. 친구들과 놀기 위해 식사는 짧은 시간 안에 흡입하고 운동장에 나간다. 물론 어떤 학생들은 식사하고 놀 수 있는 시간에도 도서관에서 책을 읽는다. 7교시 수업이 있는 날은 4시 10분쯤에 학교 수업이 끝난다. 수업이 끝나면 집에 가서 간단하게 간식을 먹고 학원으로 향한다. 대부분 집에 갈 시간도 아껴서 바로 학원으로 간다. 고맙게도 학교 앞으로 학원 차가 와 있다. 많은 학생들이 대부분 4개 정도의 학원을 다니고 있고 많으면 8개까지 다니기도 한다. 국어, 영어, 수학, 논술은 필수 과목들이고 예체능 2~3개 정도를 더 수강한다. 주말인 토요일, 일요일에도 쉬지 않고 학원

공부를 하는 친구들도 있다. 주말이나 방학에는 진도가 빠르고 숙제가 더 많아 오히려 싫어한다. 평일에 집에 돌아오는 시간은 저녁 10시나 11시 정도다. 그 시간에 와서 간단하게 씻고 정리한 후 다시 부족한 공부나 학원 숙제를 한다. 새벽 1시 정도에 하루를 마무리한다.

이렇게 학교, 학원 공부 및 숙제를 하느라 소중한 10대의 시간을 여유 없이 짜인 틀 속에서만 보낸다. 중학교 시절은 신체 발달이 가장 왕성한 때인데 신체 발달과 정신적 성숙의 균형이 걱정될 정도다. 그렇게 거의 비슷한 생활을 매일 하고 있다. 하고 싶은 것이 많아 바쁘게 살아가는 나도 학생의 스케줄로는 1주일도 제대로 버티지 못하고 지칠 것 같다. 과연 이런 생활에 만족은 할까? 재미는 있을까? 미치도록 하고 싶은 것이 있을까?

이미 우리나라는 유치원생, 아니 더 어린 나이부터 경쟁에 내몰려서 소위 잘나간다는 주변 친구들이 하는 대로 학원에 다니고 시험 보거나 대회 나가는 것에 열중한다. 그 과정에서 많은 학부모와 자녀들이 어쩔 수 없는 환경이라 받아들이기는 하지만 힘들어한다. 그런 교육 문화를 따라가지 않고 내 갈 길만 가면 되는데 상황이 쉽지가 않다. 공부하는 학원이나 예체능 학원을 보내지 않으면 내 자식만 뒤처지지 않을까 걱정이 앞선다. 옆집 아이와 비교하다 보면 어느새 더 좋은 학원과 선생님을 찾아 인터넷과 단체 카톡방을 자주 드나든다. 그렇게 시작된 우리 아이들의 어린 시절은 놀기보다는 경쟁과 또래 집단에서 살아남기부터 배우기 시작한다.

물론 어린 시절에 공부하고 관심 있는 새로운 것을 배우는 것도 중요하다. 그렇다고 해서 아직 한국말도 서툰 어린이에게 영어 유치원이나 영어 학원을 보내는 것은 너무 앞서간다는 생각이다. 언어와 교육학을 전공한 많은 분들은 아주 어릴 때 다른 언어를 배우는 것을 추천하지 않는다. 한글과 한국말을 충분히 익힌 후에 초등학교에 들어가서 외국어를 배워도 충분하다고 한다. 요즘에 배우는 것은 영어 하나에서 끝나지 않는다. 심지어 옛날에는 그냥 또래 친구들과 함께 놀았던 축구나 농구, 탁구 등도 이제는 학원에서 배운다. 그냥 편하게 놀 수도 있는 것인데 정해진 시간에 정해진 선생님과 정해진 친구들과 놀면서 배우다 보니 놀이가 아니고 수업으로 인식하기 시작한다. 이때부터 학원 가기가 싫어지고 어떤 핑계를 대서라도 가지 않으려고 한다. 그러면서 어려서부터 학원과 학교를 재미없는 곳으로 생각하게 되고, 주도적으로 배우고 놀지 못하게 된다. 주도적인 학습과 삶은 학원에서 가르친다고 되는 것이 아니다. 어려서부터 생활 속에서 보고 익혀서 몸과 정신에 습관이 되어야 한다.

내가 어렸을 때는 학원의 종류도 단순했고 관심 있는 학생들만 다녔다. 대부분은 학교 수업 시간에 공부하고 방과 후에는 숙제 정도만 하는 것이 전부였다. 그러고는 친구들끼리 어울려서 노는 것이 매일 반복되는 생활이었다. 또래와의 놀이 문화에서 창의적인 생각과 방법, 그리고 원만한 대인 관계 형성도 자연스럽게 배웠다. 지금은 훨씬 더 좋은 환경에서 다양한 경험을 할 수 있지만 창의성을 키우거나 인성을 갖추는 것이 예전 같지 않다고들 한다. 아마도 어린 시절부터 정해진 틀 속에 아이들을 가둬버렸기 때문일 것이다.

우리들은 10대 청소년기를 사춘기라고 표현하고 질풍노도의 시기라고도 한다. 10대뿐만이 아니라 40대인 나도 신체적, 정서적 변화로 질풍노도 속에 살고 있다. 특히 초등학생에서 중학생이 되면서 이러한 현상은 자연스럽게 발생한다. 지금 맞이한 청소년기는 자연스러우면서도 아주 중요한 시기다. 다른 시기보다 빠른 신체 성장으로 몸은 어른이 되어가지만 가치관은 완벽하지 않다. 그렇다 보니 생활 속 많은 부분에서 충돌하고 정서적 불안 등이 나타난다. 이 시기를 어떻게 보내느냐에 따라 평생 지니고 살 가치관이 올바르게 형성될 수도 있고 그렇지 않을 수도 있다. 그래서 청소년들의 까칠한 행동과 말들을 당연하게 겪는 성장통이라 내버려 두기보다 부모나 친구의 마음으로 대화해주고 이끌어주어야 하는 시기다.

이를 위해 올바른 가치관을 형성하고 어려서부터 경쟁과 사교육에서 만들어진 정해진 틀을 깰 수 있는 것이 자유학기제라고 생각한다. 이제 시행한 지 3년째다. 아직 개선해야 할 것들도 있지만 좋은 결과와 모델이 많이 있다. 그래서 우리 아이들은 지금 힘들더라도 또 다른 기회를 맞이

하기에 운이 좋은 세대이기도 하다. 우리 청소년들은 이 기회를 적극적으로 내 것으로 만들어야 한다. 유치원부터 초등학교를 거치면서 고정되어버린 잘못된 습관들을 버리고 새로운 좋은 습관을 만들 수 있다. 지금부터 자유학기제나 자유학년제를 잘 활용하면 힘든 학창 시절이 아닌 기대에 부푼 즐거운 시간을 보낼 수 있다.

3. 절호의 기회다

청소년들에게는 중학교 시절이 자신의 운명을 결정지을 수도 있는 중요하고 소중한 기회다. 교육부와 학교에서 프로그램을 준비해서 도와주는 자유학기제가 있어서 절호의 찬스를 잘 살릴 수 있다. 인생은 타이밍이라는 말이 있다. 어쩌면 세상의 모든 능력보다 타이밍이 더 중요할 수도 있다. 타이밍이란 사전적 의미로 '동작의 효과가 가장 크게 나타나는 순간 또는 그 순간을 위하여 동작의 속도를 맞추는 것'을 말한다. 쉽게 얘기하면 특정한 일이나 계획을 실행해야 할 시기, 때라는 것이다. 타이밍을 놓쳐서 마음의 힘듦을 경험하기도 하고 인생 자체가 생각하지도 않은 깊은 수렁에 빠지기도 한다. 가끔은 개인의 능력보다 타이밍으로 인해 성공과 실패가 결정 나기도 한다. 흔히 노는 것과 공부는 때가 있다고 한다. 공부와 노는 것보다 더 중요한 것이 진로를 생각하고 선택하는 것이다. 중학교 1학년 동안 진행하는 자유학기제가 이를 위한 타이밍이며 청소년들에게는 인생 최고의 기회다.

타이밍과 관련해서는 많은 예들이 있다. 나 또한 이제까지의 인생에서 몇 번의 타이밍으로 실패와 좌절도 겪고, 멋진 인연과 좋은 기회를 만들어가며 살고 있다. 제주도에서 5분 때문에 비행기를 놓쳐버린 일, 우유니 사막에서 최고의 일몰을 볼 수 있었던 시간, 앙코르와트를 힘들게 찾아갔는데 쉬는 날이라 입장이 불가했던 일, 공연장에서 좋아하는 가수를 만나 대화를 했던 일 등 힘든 일이 생기기도 하고 뜻하지 않은 좋은 일이 일어나기도 한다.

일상생활에서도 타이밍과 기회를 제대로 살리지 못해 마음이 불편한 경우가 있다. 직장생활하면서 매일 아침 인사를 하는데 상사와의 아침 인사 타이밍을 놓쳐서 하루 종일 신경 쓰였던 날도 있고, 아내와 자식들과의 대화 타이밍을 놓쳐 오해를 불러일으킨 일도 있다. 타이밍이라는 기회는 자연적으로 찾아오기도 하지만 자신이 어떻게 하느냐에 따라 스스로 만들 수도 있다. 최고의 기회인 자유학기제는 자연적으로 찾아온 것이다. 자유학기제라는 행운의 열차에 탑승해서 청소년들이 어떻게 활용하느냐에 따라 좋은 기회를 잘 살릴 수도 있고 그저 스쳐 지나가는 기회로 날려버릴 수도 있다.

개인적으로 좋은 기회란 자기 자신이 만들어 간다고 생각한다. 운이 좋아서 좋은 기회를 맞기도 하지만 많은 부분은 준비하고 노력하며 살다 보면 좋은 타이밍을 알 수 있다. 자유학기제처럼 타인에 의해 좋은 타이밍을 제공받는 경우도 있다. 2년 전까지만 해도 중학교 1학년에 입학하자마자 고등학교 진학을 위해 입시 공부에만 전념하도록 교과과정이 이루어졌다. 하지만 지금은 자유학기제라는 좋은 제도로 인해 청소년들이 직접 자신의 미래를 설계하고 직업도 이해하면서 진로 탐색을 할 수 있다. 이 좋은 기회를 절대 놓치면 안 된다. 인생에서 타이밍은 아주 중요하다. 청소년들은 아직 이런 제도와 시간이 좋은 기회인지 알아차리지 못할 수도 있다. 그러나 학교 수업을 받는 것처럼 그냥 준비해둔 프로그램을 따라 하기만 해도 조금은 좋은 타이밍에 탑승할 수 있다. 이 절호의 찬스를 잘 활용했으면 한다.

많은 선배와 부모들이 공부에는 때가 있다고 한다. 다만 상황적으로 조금 늦게 할 수도 있다. 자유학기제의 다양한 프로그램은 학생들이 이 공부를 왜 해야 하는지와 공부가 즐겁다는 것을 알 수 있는 계기가 될 것이다. 자유학기제를 통한 진로 체험과 탐색을 제대로 한다면 공부는 이제 더 이상 선생님이나 부모님의 강요가 아닌 본인이 주도적으로 하는 행복한 시간이 된다.

어린 시절 진로에 대한 목표 설정을 일찍 하고 원하는 일을 꾸준하게 열심히 해서 성공한 사람들은 많다. 제빵 기능인 CEO 김영모도 그중에 한 사람이다. 그의 이름을 내세운 김영모 과자점은 전국에 매장이 있다. 그는 어린 시절 '최고로 빵을 잘 만드는 사람'이 되겠다고 다짐한다. 그 순간부터 빵은 그의 스승이 되었고, 그는 빵을 반죽하며 마음을 다스리는 법을 배웠다. 자신이 되고자 하는 직업에 모든 것을 걸고 열심히 하다 보니 자연스럽게 인생에 대해 많은 것을 배웠다고 한다.

혹시 '1만 시간의 법칙'을 들어봤는지 모르겠다. 어떤 분야의 전문가가 되기 위해서는 최소한 1만 시간 정도의 훈련이 필요하다는 법칙이다. 1만 시간은 매일 3시간씩 훈련할 경우 약 10년, 하루 10시간씩 투자할 경우 3년이 걸린다. 하지만 중학교나 고등학교 시절부터 하고 싶은 것을 결정하고 매일 2시간씩만 투자한다면 나이 30세 이전에 전문가의 반열에 오를 수 있다. 물론 경험이 많지 않은 어린 나이에 나의 인생 목표를 결정하는 것이 쉽지는 않다. 하지만 자유학기제처럼 좋은 제도를 통해서 자신에게 강한 끌림이 있는 것을 발견한다면 앞으로 다가올 모든 학교생활과 사회생활은 탄탄대로처럼 열릴 것이다.

지금이 내 인생에서 진로를 생각하고 설계할 수 있는 가장 적절하고 좋은 시간이다. 절호의 기회다. 인생의 가장 좋은 타이밍이라는 것은 정해져 있지 않지만, 자유학기제만큼은 정해진 좋은 타이밍이라는 생각이다. 바로 지금 이 순간이 그중 하나다. 진로에 대한 아무런 경험과 공부없이 그냥 교과 공부만 한다면 직업을 포함한 진로가 얼마나 소중한지 모를 것이고 절실함도 크지 않을 것이다. 많은 것을 배우고 경험하고 내 인생을 주도적으로 이끌어 갈 수 있는 지금의 기회, 놓치지 말고 잡아야 한다. 내 것으로 만들어야 한다. 이런 기회를 통해서 타이밍에 대한 동물적 감각을 키우고 지속적인 연습도 해야 한다. 그래야 앞으로 다가올 사랑의 타이밍, 새로운 직업 선택의 타이밍 등 다양한 인생의 타이밍을 놓치지 않고 잘 잡을 수 있다. 자유학기제에서 할 수 있는 진로 관련 상담, 체험, 주도적 멘토링 등을 통해 절호의 타이밍을 알아볼 수 있는 안목을 갖출 수 있다. 중학교 시절에 미래의 자기 모습을 상상하고 그릴 수 있다면 그보다 더 좋은 타이밍은 없다. 그 자체로 인생의 절반은 이미 성공했다고 할 수 있다.

4. 선택과 집중

1960년대 노벨문학상을 받은 프랑스 작가 사르트르의 선택과 관련된 명언이 있다. "Our struggle for existence continue that C is between B and D." 즉, "인생은 B와 D 사이의 C"라는 것으로 인생은 태어날 때Birth 부터 죽는 날Death까지 선택Choice의 연속이란 뜻이다. 현재 우리들의 모습은 과거의 선택으로 인해 결정된 결과이고, 미래는 자신이 변화시킬 수 있는 현재의 선택이다. 이렇게 인생이 선택이라고 해도 될 만큼 우리는 많은 선택 상황에 직면하며 살아가고 있다. 매일 아침에 눈을 뜨는 순간부터 '일어날까? 아니면 더 잘까?'로부터 시작되는 선택은 매 순간 결정을 기다리며 우리 앞에 나타난다. 우리는 태어나서 죽을 때까지 어쩔 수 없이 선택의 결정 속에서 살아가야 한다. 우리의 인생은 제한적이고 세상에는 할 일이 너무나 많으며 모든 것을 다 할 수가 없기 때문이다.

선택이란 많은 것들 중에 하나 혹은 소수를 택하는 것이다. 선택하는 목적은 자신이 선택한 것에 집중하기 위해서다. 청소년들은 아직 모를수 있지만 선택할 수 있는 것도 큰 자유 중 하나다. 선택은 그만큼 중요하다. 지금 이 순간은 무엇이든 선택할 수 있다. 학년이 올라가고 나이가 들어감에 따라 그 선택의 폭은 줄어들게 된다. 무엇인가를 스스로 선택하지 못한 채 수동적으로 살아가야 한다면 힘든 일일 것이다. 청소년기에 가장 급하고 중요한 일부터 선택해 단계적으로 진행해가야 한다. 지금 청소년들이 할 수 있는 선택과 집중을 얼마나 잘하느냐에 따라 미래에 대한 선택의 폭이 달라진다. 선택과 집중을 어설프게 하거나 주저하다 보면 어느새 중요한 골든타임을 놓쳐버릴 수 있다. 잘 선택한 후에 모든 에너지를 쏟아 집중하면 선택한 분야에서 전문가로 성장할 수 있다. 그러면 행복하고 주도적인 삶을 살 수 있는 밑바탕을 갖추게 된다.

내 인생의 중심에 서기 위해서는 선택과 집중을 잘해야 한다. 그것이 꼭 거창할 필요는 없다. 작은 선택이라도 내 자신을 위해서 하고 그 선택이 나의 인생 목표를 향하면 된다. 급하고 중요한 선택을 자주 함으로써

선택을 잘하는 습관을 만들면 된다. 자신의 인생 목표에 대한 선택이 없을 때는 주저함도, 어설픈 행동도 눈에 보이지 않고 그냥 남들과 비슷하게 보인다.

진로와 관련하여 내가 처음으로 한 선택은 고등학교를 인문계와 실업계 중 어디로 진학할지였다. 현재 학교 구분으로 보면 인문계고와 특성화 고등학교에 해당된다. 인문계는 대학 입학을 주목적으로 공부하는 학교이고, 특성화고(실업계)는 취업을 목적으로 기술 교육이 이루어지는 학교다. 지금은 특성화고에서도 대학 진학을 많이 하지만 예전에는 주로 취업 목적이었다. 요즘은 외국어고, 국제고, 과학고, 체육고, 예고 등의 특목고가 다양해져서 선택의 폭이 넓어진 반면 경쟁은 더 심해졌다.

나는 무역이나 경영을 공부하고 싶어서 인문계를 선택하고 스스로 공부했다. 그러나 '만약 지금처럼 중학교 시절에 자유학기제와 같은 제도가 있어서 직업과 미래 진로에 대해 공부했다면 얼마나 좋았을까'라는 생각을 해 본다. 부모님과 인터넷을 통해 진로에 대해 이해하고 어떤 의사결정을 할 수도 있다. 중요한 선택을 할 때는 주변의 가능한 방법을 모두 동원해야 한다. 부모님에게 진로에 대한 깊은 지식이 부족할 수도 있고 인터넷 정보도 부정확할 수 있다. 그래서 무엇인가를 선택할 때는 전문가의 의견을 구하는 것이 필요하다. 다행스럽게도 체계적으로 안내해주는 자유학기제가 운영되고 있어서 청소년들이 중요한 선택을 하는 데 큰 도움을 받을 수 있다.

예전에는 중학생 시절부터 문과, 이과의 선택을 생각하며 공부하는 것이 도움이 됐다. 2018년부터 고등학교는 문과, 이과 구분 없는 통합형 교과로 진행된다고 한다. 그래서 현재 중학생들은 예전처럼 따로 문과, 이과에 대한 선택을 고민할 필요는 없다. 문과도 과학을 배워야 하고 이과를 가고자 하는 학생도 사회를 배우는 등, 원하는 과목을 모두 배울 수 있게 선택의 폭이 넓어진다는 의미다. 현재의 청소년들이 살아갈 미래 시대는 융합의 시대로 다양한 분야의 지식이 필요하기에 이는 긍정적인 변화라고 생각한다. 시행 초기라 교과목과 입시 과목이 차이가 날 수 있으니 교육부에서 개정, 보완되는 것을 관심을 갖고 확인해야 한다. 문과, 이과에 관련해서는 통합형으로 이루어져서 과목의 구분이 없어지기는 했지만, 학생 본인의 적성과 흥미 분석을 잘해서 그 결과에 맞게 공부하는 것이 중요하다. 구분이 없더라도 미래의 진로 목표와 연계하려면 방향 설정은 꼭 필요하다. 그래서 자유학기제의 다양한 프로그램에 가능한 한 많이 참여해 청소년 본인의 관심과 흥미가 무엇인지 파악하여 진로를 선택하는 것이 더욱 중요해졌다.

학창 시절에 또 다른 다양한 선택의 순간에 직면했던 기억이 난다. 학급 임원 기회, 육상 대회 선수, 학교 글짓기 대회, 농구 대회, 독서 토론회, 영어 말하기 대회, 중학교 등산 대회, 심지어 자전거 하이킹 등 많은 순간에 중요한 선택을 해야 했다. 지금 생각해 보니 학교에서 주최하고 진행하는 모든 것들은 규모가 크든 작든 예전 방식의 진로 체험이고 교육이었다는 생각이 든다. 나는 의무가 아니었지만 지원할 수 있는 기회가 왔을 때는 모두 지원하고 참여해 다행히 많은 경험을 할 수 있었다. 운이 좋기도 했지만 '인생에서 경험이 최고다'라는 신념을 어려서부터 가지고 있었기에 가능했다. 새로운 학교, 새로운 친구, 새로운 선생님 등 모든 것이 낯선 환경이지만 뒤로 물러서지 말고 어떤 기회든 적극적으로 선택해 참여하고 경험한다면 진로 선택에 큰 도움이 될 것이라 확신한다.

진로 선택이라고 해서 직업 탐구나 체험처 방문만이 도움이 되는 것은 아니다. 학교나 지방자치단체 또는 동네에서 하는 벼룩시장이나 체육대회, 문화행사 등 관련 없어 보이는 일련의 활동들 모두가 진로 탐색에 큰 도움이 된다. 중학생이 되면서 새로운 사회를 배운다는 자세로 주변의 모든 것을 바라보고 관심도를 높이면 기대 이상으로 많은 것을 보고 얻을 수 있다. 그런데 요즘 중학생들은 어떤 행사나 리더를 뽑는 데에 적극적이지 않다고 들었다. 공부하는 데 시간을 많이 뺏기고 귀찮고 힘들기 때문이라고 한다. 이제부터는 생각을 바꾸고 적극적으로 참여해서 다양한 부분에서 경험치를 쌓아야 한다. 그 경험치는 청소년들이 또 다른 선택을 하는 데 평생 밑거름이 된다는 것을 확신한다. 어차피 학교생활을 할 것이라면 가능한 모든 경험을 하는 것이 좋다.

그러면 자유학기제를 통해 진로를 선택할 때의 원칙이나 기준으로는 어떤 것이 있을까?

첫째, 하고 싶은 일이나 목표는 1개, 많으면 2개 정도로 해야 한다. 선택과 집중은 꼭 하고 싶고 필요한 것을 선택하고 목표에 집중하는 것이다. 목표가 많아지면 중요한 것과 덜 중요한 것을 구별하기가 힘들어진다.

둘째, 실현 가능한 목표여야 한다. 어렵더라도 중학교부터 꾸준히 노력하면 달성 가능한 진로를 선택해야 한다. 청소년 시기의 진로 목표는 사실 대부분 실현 가능하다. 모든 가능성이 열려 있는 잠재력이 무한한 나이이기 때문이다. 하지만 모든 것을 원한다고 다 될 수는 없기에 본인의 적성과 흥미를 잘 고려해서 목표를 선택해야 한다. 목표를 선택할 때는 부모님, 진로 담당 선생님, 학교 선생님, 직업 체험처 멘토님, 진로코칭 상담 선생님 등의 의견을 묻고 잘 받아들인 후 결정해야 한다.

셋째, 목표는 구체적이어야 한다. 예를 들어, 목표를 회사원이라고 하기보다는 '난 3D 회사의 마케터가 되고 싶어!'처럼 회사 종류와 업무 분야를 정확하게 선택해야 한다. 또는 엔지니어라고 하기보다는 '난 항공 엔지니어가 될 거야'라고 구체적으로 선택하는 습관을 가져야 한다. 엔지니어 범위는 자동차, 전기, 기계, 항공, 토목 등으로 아주 넓다.

넷째, 기한을 반드시 정해야 한다. 그 의미는 항공 엔지니어가 되기 위

해서 어느 고등학교와 대학교를 가고 대학원 공부를 할지 말지, 그래서 몇 년 후쯤 취업을 할지 달성 연도를 정해야 한다는 것이다. 이렇게 학교 단계별로 시간을 정해두면 각각의 기간에 어떤 목표 달성과 노력을 해야 하는지 알 수 있어 자연스럽게 계획 수립까지 할 수 있다.

　다섯째, 중요하다고 생각하는 일과 하고 싶은 일을 목표로 선택한다. 목표와 관련된 일을 중요하게 생각하고 우선순위를 첫 번째로 두어야 한다. 그렇기 위해서는 중학교 1학년, 조금 더 포함한다면 초등학교 6학년 때부터 진행하는 각종 진로 관련 교육과 프로그램에 참가하면서 진로를 선택할 수 있는 판단력을 키우는 것이 중요하다. 좋은 선택을 했다면 학교생활을 하는 동안 선택한 것에 집중하여 효율적인 시간 투자를 해야 한다. 위와 같이 진로를 선택하고 집중하면 공부가 더 즐겁고 매일 학교 가는 것이 즐거울 것이다.

　아주 오래전에 LG전자의 TV 광고로 "순간의 선택이 10년을 좌우합니다!"라는 광고 카피가 크게 유행한 적이 있다. 제품 하나 잘 선택하면 10년을 잘 사용한다는 것으로, 당시로서는 파격적이고 소비자의 뇌리에 강하게 각인되는 광고였다. 이제 청소년들도 스스로 진로를 선택해야 한다. 물론 길지 않은 시간 안에 진로가 바뀔 수도 있다. 그럼에도 불구하고 지금 진로에 대해 고민하고 첫 번째 선택을 해봐야 한다. 어떤 청소년들에게는 지금의 선택이 10년이 아닌 평생을 좌우할 수도 있다. 그만큼 선택이 중요하고, 결정을 한 후에는 망설이거나 한눈팔 필요가 없어서 집중도 더 잘할 수 있다. 선택! 나의 진로! 자유학기제를 통해 찾을 수 있다.

5. 시험 없는 행복한 수업

우리는 학교 시험을 포함하여 사회 속에서 진행되는 시험까지 많은 평가 속에 살아가고 있다. 시험이란 무엇일까? 사전적 의미로는 재능이나 실력 따위를 일정한 절차에 따라 검사하고 평가하는 일로서 통상 학교나 정부기관에서 진행하는 것을 말한다. 많은 사람들, 특히 학생들이 스트레스를 많이 받는 시험은 어디서부터 시작되었을까? 모두가 잘 아는 고려 광종 때부터 출발한 과거시험이 그 시작이다. 계급사회였던 고려 시대에 과거시험은 파격이었다. 가문이라는 배경이 없어도 유능하면 발탁하겠다는 취지였다. 과거시험을 둘러싼 풍경은 오늘날의 대학 입시나 국가고시와 크게 다르지 않았다. 벼슬길에 나가려는 젊은이들은 과거시험을 준비하며 모든 청춘을 보냈다. 조선 시대에 과거시험에 합격한 평균 나이는 29세였고, 조선 후기에는 37세였을 정도로 과거시험은 사법고시만큼 어려웠다고 한다.

그러한 제도가 일제강점기를 거쳐 지금에 이르고 있다. 시험이나 고시의 장점도 있기는 하지만 여전히 폐단도 적지 않다. 특히 최근에는 영어가 모든 시험의 중심에 있어서 학생과 직장인들 모두가 힘들어한다. 나의 중학교 시절에는 한문이 필수였지만, 현재는 영어가 중요한 과목으로 자리 잡았다. 청소년들은 영어에 대한 거부감을 갖기보다 4차 산업혁명 시대의 기본이라 생각하고 영어와 친해지고 열심히 공부해야 한다. 아무리 통번역 애플리케이션이 발달해도 직접 영어나 다른 외국어를 구사한다는 것은 가장 기본적이면서도 중요한 재능 중 하나다.

시험이 이 시대에 갖는 의미와 역할은 무엇일까? 시험 공부가 곧 학습인 사회에서 시험은 그동안 교육을 대체하는 역할을 해왔다. 시험이 없는 사회를 살아보지 않았기 때문에 시험 없이는 공부하는 법도, 사람을 뽑는 방법도 찾지 못한 상황에서 계속 시험에 매달릴 수밖에 없었다. 시험에 의한 서열과 결합한 능력주의는 개인의 노력에 따른 성취를 강조할 뿐 공정성을 위한 국가와 사회의 역할을 제대로 수행하지 못했다. 그럼에도 아직까지는 시험을 통해서 사회의 불평등 해소와 공정성을 조금이나마 유지한다고 본다.

태어나서 처음으로 치르는 시험은 초등학교 입학 후에 보는 받아쓰기일 것이다. 요즈음은 빨라져서 학교에 입학하기 전부터 유치원이나 학원에 다니기 위해 시험을 본다고도 한다. 아주 어린 시절부터 시험에 의해 인생 진로가 결정되고 있다. 그 이후로 학년마다 치르는 중간고사, 기말고사와 때때로 치르는 수행평가 등의 시험을 본다. 중고등학교와 대학교까지 비슷한 형태의 시험으로 학창 시절이 저물어 간다. 진로에 대해 일찍부터 관심 있는 친구들은 학교에서 보는 시험뿐만 아니라 교육단체나 기업 및 정부에서 진행하는 자격증 관련 시험에도 적극적으로 참가하여 본인의 능력을 확인하고 평가받기도 한다.

내 기억에 시험이 좋았던 이유 중 하나는 시험 끝나는 날은 모든 것을 잊고 편하게 놀거나 나를 위해 무엇인가를 할 수 있다는 것이었다. 어떤 경우는 열심히 시험 공부를 하지 않았음에도 시험이 끝나면 이제까지의 고생에 대한 보상이라도 하는 듯이 세상이 끝난 것처럼 놀기도 했다. 그만큼 예나 지금이나 시험은 큰 스트레스 중 하나다.

시험 중에는 다양한 국가고시도 있다. 고시에 도전하는 사람들에게 시험은 그 이상의 의미가 있다. 시험 하나로 평생의 진로가, 그리고 인생 전체가 결정 나기 때문이다. 나도 대학 시절에 고시에 도전해 본 적이 있다. 인생 전체와 관련 있는 만큼 인생을 걸어야 할 만큼 모든 것을 쏟아부어야 하는 고행길이었다. 이제는 고시도 미래의 다가올 사회와 문화를 잘 파악해서 해야 할지 말아야 할지를 잘 판단해야 한다. 현재 상태로 남의 말만 듣거나 좋아 보여서 시작했다가는 젊음을 허투루 보낼 수도 있기 때문이다.

세상에 모든 시험이 사라진다면 어떤 현상이 발생할까? 상상이 잘 가지 않는다. 사라진다면 마냥 행복하지는 않을 것 같다. 특히 무엇인가를 결정하고 우선순위를 정할 때 문제에 봉착할 것 같다는 생각이 든다. 청소년들에게 시험은 무엇일까? 이미 일상 속으로 깊게 들어와 신체의 일부처럼 되었을 것이다. 내 몸처럼 익숙해진 시험을 보지 않는다면 평가라는 도구에서 해방되는 기쁨도 있지만, 왠지 허전하고 불안한 마음도 있을 것이다. 시험의 순기능은 내가 목표를 세우고 열심히 한 결과를 확인하고 다음에 어떤 것에 더 집중해야 하는지 알 수 있게 해준다는 것이다. 우리는 이미 유치원 이전부터 평가받으며 학원을 가고 초등학교 6년 동안 지속적으로 시험을 통해 무엇인가를 평가받는다. 어떤 학생들은 너무 익숙하고 좋은 방법이라고 생각하기도 하고, 어떤 학생들은 지겹고 세상에서 제일 싫은 것이 시험이라고 생각할 것이다.

자유학기제는 그 시험을 중학교 1학년에 잠시 쉬는 것이다. 그리고 그냥 시험만 치르지 않는 것이 아니라, 시험 보기 위해 공부만 했던 시간에 자신들의 미래를 위해 생각할 시간을 갖는 것이다. 기본적인 과목 공부도 하지만 매주 정해진 진로 활동을 통해 직업 및 진로 체험을 하면서 미래의 나를 위해 자신을 분석하고 알아보는 시간을 갖는다. 청소년 시기에 그 시간은 그 어떤 것과도 바꿀 수 없는 소중한 시간이다.

우리들은 100세 시대에 살면서 대부분 현재와 당장 1~2년 후의 삶에만 집중하고 있다. 태어나서 평생 그렇게 살아가는 사람이 대부분이다. 그런데 갑자기 중학교에 올라가니 시험을 안 본다고 한다. 일단 기분은 좋다. 시험을 보지 않으니 공부에 대한 스트레스가 많이 줄어들 것이다. 그런데 자유학기제는 시험을 보지 않는 대신에 마냥 놀라는 의미가 아니고 자신들의 미래를 생각할 수 있는 '잠깐 멈춤'의 시간을 주는 것이다. 소중하고 행복한 시간이다. 현재는 많은 사람들이 한번 태어나면 '잠시 멈추고 생각하는 시간'을 갖지 못하고 활시위를 떠난 화살처럼 그냥 살아가고 생을 마감한다. 그런 측면에서 보면 지금 시행하고 있는 자유학기제는 대나무의 매듭이나 사막의 오아시스와 같은 것이다. 1년 동안 단단한 매듭을 만들어 더 튼튼하고 하늘 높이 자랄 수 있게 해주고, 사막에서 힘들고 지친 심신을 달래어 내일을 향해 달릴 수 있는 기운을 주는 것과 같다. 이전 세대와 똑같은 전철을 밟아서 살 수도 있는 인생을 한 번쯤 생각하고 되돌아보며 미래를 엿볼 수 있는 좋은 시간을 강제로 부여받는 복 받은 시간이고 제도다.

시험을 치르지 않는 수업이라고 해서 대충 재미로 들으면 안 된다. 시험을 치르지 않음으로써 공부라는 부담에서 벗어나게 해줄 뿐, 공부할 필요가 없다는 의미는 아니다. 오히려 학기 동안 해야 할 전체 수업 시간이 짧아져서 수업 시간에 이전보다 진도를 더 많이 나가기 때문에 더 집중해서 열심히 해야 한다. 물론 수업의 형태는 이전의 주입식이 아닌 토론이나 토의 중심으로 학생들의 참여 속에 이루어진다. 수업에 임할 때는 학생 스스로가 남이 시켜서 하는 것이 아니라 나의 인생과 진로를 위해 주도적으로 해야 한다. 그래야 행복한 수업으로 만들 수 있다. 시험을 치르지는 않지만 이것은 또 다른 개인적인 시험 무대다. 그 인생시험을 어떻게 알차게 잘 보내느냐에 따라 본인의 삶이 결정된다. 나는 아들에게 꼴등 해도 괜찮다고 말하곤 한다. 그렇다고 공부를 하지 말라는 소리는 아니다. 학생 신분으로서 기본적으로 학교 공부에 충실해야 한다. 모든 것을 충실히 했음에도 불구하고 꼴등을 한다면 받아들인다는 것이다. 수업 시간에 최선을 다하면 그 어떤 결과도 모두 수용한다는 것이다.

청소년 시절에 공부를 꼭 잘할 필요는 없다. 하지만 꼭 해야 하는 것은 맞다. 중학교, 고등학교까지는 공부에 대해 적성을 따지기보다 가장 기본적인 사회생활의 조건을 배운다는 생각으로 임하면 된다. 학교 수업에 집중하면 앞으로 살아갈 미래의 소중한 작은 씨앗이 되어 큰 열매로 청소년 자신에게 돌아갈 것이다. 시험이 없는 행복한 수업과 진로 체험으로 왜 공부를 해야 하는지, 무슨 공부를 해야 하는지 절실하게 느끼기를 희망한다. 시험이 없는 행복한 수업, 이제는 우리가 멋지게 만들어 갈 차례다.

6. 42.195㎞도 한 걸음부터

많은 사람들이 우리의 인생을 마라톤에 비유하곤 한다. 아마도 42.195㎞

를 준비하고 뛰고 마무리하는 것에 우리의 인생과 비슷한 점이 많기 때문일 것이다. 인간의 한계에 도전하는 마라톤은 무작정 달린다고 해서 누구나 완주할 수 있는 것은 아니다. 제대로 알고 달려야 건강에도 도움이 되고 안전하게 끝까지 달릴 수 있다. 어린이에서 청소년이 된 중학교 1학년 시기는 마라톤의 출발점과 같이 인생의 시작점이라고 할 수 있다. 이 시기에 본격적인 진로에 대해 생각하고 조금씩 경험을 쌓으며 판단력을 키워나가야 한다. 그 판단력들이 모여 인생의 중요한 결정을 하는 데 큰 도움이 될 것이다.

나는 어릴 때부터 달리기를 좋아해서 각종 체육대회에 참가했다. 주로 단거리를 했지만 가끔 하프마라톤에도 참가하며 새로운 도전을 즐겼다. 단거리와 마라톤은 큰 차이가 있다. 단거리는 달리기를 잘하는 사람만 할 수 있지만 마라톤은 다르다. 철저하게 준비를 한 후 심폐 기능과 지구력을 어느 정도 끌어올려야 도전할 수 있는 운동이다. 마라톤 첫발을 떼기 위해 나도 많은 준비와 노력을 하고 학교 공부와 병행해가며 진행했다. 기본적인 신체 운동을 하고, 걷기부터 시작해 천천히 뛰기 시작하며 매일 조금씩 시간을 늘려갔다. 처음에는 엄두가 나지 않았다. 21㎞를 걸어본 적도 없는데 어떻게 뛸지 걱정했다. 그러나 학교 선후배와 선생님의 도움으로 두려움을 없애고 달리기 연습으로 자신감을 갖게 되었다.

대회 당일, 처음 5㎞는 힘들었지만 10㎞까지는 버틸 만했고, 15㎞ 지점부터는 태어나서 처음 러너스 하이Runner's High(중간 이상 강도의 운동을 1시간 전후로 했을 때 느끼는 행복감, 도취감 또는 쾌감)를 경험했다. 내 몸이 기계처럼 뇌의 의지와 상관없이 그냥 자동적으로 앞으로 나아가는 현상

인데 마치 공중을 뛰는 듯한 기분이었다. 러너스 하이는 마라톤뿐만 아
니라 수영, 사이클 등 장시간 지속하는 운동에서 느낄 수 있다고 한다.
그 경험으로 인해 그 시절에 달리기를 더 좋아하게 되었다. 완주하고 나
서 느끼는 성취감과 끝냈다는 안도감은 느껴보지 못한 큰 기쁨이었다.
자유학기제를 통해 청소년들이 미래에도 러너스 하이의 느낌을 자주 느
낄 수 있기를 기대해 본다.

　이제 중학교에 입학하거나 다니고 있는 중학생 청소년들에게는 지금
이 인생의 시작점으로 마라톤의 출발선과 비슷하다고 본다. 그 전까지
는 부모님의 보호 아래 유치원과 초등학교에서 기본적인 인성 형성을 하
는 시기였다. 마라톤을 시작할 때 준비할 것이 있는 것처럼 인생도 이때

부터 기본적으로 준비를 해야 한다. 그것은 바로 진로를 위한 준비다. 그 시작이 중학교 1학년의 자유학기제와 자유학년제다. 태어나서 처음으로 맞이하는 진로 교육과 체험이 마라톤의 한 발짝을 떼기 위한 출발선과 같다. '앞으로 자신의 인생을 어떻게 살아갈까'는 '마라톤 풀코스를 어떻게 완주할까'와 같은 고민이다. 중요한 것은 일단 시작을 해야 하며, 끝날 때까지 어떻게 갈 것인지의 큰 지도는 머릿속에 그리고 생활해야 한다는 것이다.

큰 그림의 밑바탕을 자유학기제를 통해서 그릴 수 있다. 마라톤을 위해 내가 주변의 많은 분들로부터 지도와 조언을 받은 것처럼 청소년들은 자유학기제의 다양한 프로그램을 통해 어떻게 첫걸음을 시작하고 어떻게 완주할지를 배울 수 있다. 제대로 된 시작이 없으면 과정도 끝도 자신보다는 타인의 의지에 따라 좌지우지될 것이다. 마라톤처럼 우리의 긴 인생의 여정도 한 발짝부터 시작이다. 시작을 해야 나아갈 수 있고 마칠 수 있다. 그 시작점에 자유학기제가 기다리고 있다.

달리기는 한 번에 한 가지 운동만 하기보다는 가능하면 몇 가지 운동을 함께 하는 것이 좋다고 한다. 예를 들어 '걷고-천천히 뛰고-빠르게 뛰고'를 반복하거나, '달리고-자전거 타고-축구 하고-농구 하고' 번갈아가며 하는 식으로 하면 신체의 다양한 근력을 균형적으로 발달시킬 수 있다고 한다. 청소년기의 진로 설계도 마찬가지다. 세상에는 수만 가지의 직업이 존재하고 10년, 20년 후에는 새로운 직업도 생길 것이며 현재의 일부 직업은 없어지기도 할 것이다. 현재 자신이 흥미를 가지고 있는

직업군만 집중적으로 체험하기보다는 체험할 수 있는 많은 분야에 관심을 가지고 다양성을 경험하는 것이 미래를 위해서는 더 바람직해 보인다. 지금 이 시기에 다양성과 나의 가능성에 대해 문을 열어야만 나의 미래 진로에 대한 다양성도 생기게 된다.

어느 정도 진로에 대해 목표가 결정되면 인생 구간별 목표나 3년 단위 또는 5년 단위의 목표를 세울 수 있다. 마라톤에 출발점, 반환점, 안내 표지판, 안내원 그리고 달리는 도중에 음료수를 마실 수 있는 구간 등이 정해져 있는 것처럼 진로 목표를 세울 때에도 구간별로 정하는 것이 필요하다. 마라톤의 구간별 목표를 설정하여 좋은 결과를 얻은 일화가 있다. 일본의 유명한 마라토너인 야마다 혼이치와 관련된 이야기다. 그는 1984년 도쿄 마라톤 대회와 1986년 이탈리아 마라톤 대회의 우승자다. 그 전에는 우승 경험이 없는 무명에 가까웠던 선수였다. 우승 후에 그는 언론과의 인터뷰를 통해 자신의 우승 비결을 밝혔는데, 그의 우승 비결은 다름 아닌 코스마다 목표물을 두는 것이었다.

"저는 매번 시합을 앞두고 차를 타고 마라톤 코스를 둘러봅니다. 코스마다 눈길을 끄는 목표물을 세워두기 위해서죠. 예를 들어 첫 번째 목표는 은행 건물, 두 번째는 큰 나무, 세 번째는 붉은 집 등 나만의 표식을 만드는 거예요. 이렇게 코스 곳곳에 나름의 목표물을 설정해 둔 다음 경기가 시작되면 100미터를 달리는 속도로 첫 번째 목표지점을 향해 돌진해요. 첫 번째 목표지점에 도착하면 같은 속도로 두 번째 목표지점을 향해 달리고요. 이런 식으로 마라톤의 코스를 나누어 두면 훨씬 수월하게 마라톤을 완주할 수 있습니다. 처음에는 멋모르고 결승선을 목표로 삼았었는데, 그랬더니 겨우 몇 킬로미터를 달리고 지쳐버려 더 이상 달릴 수가 없더군요."

그의 인터뷰에서 우리는 2가지의 큰 교훈을 배울 수 있다. '꿈을 가지되 작게 나눠라'와 '세분화된 꿈의 성공 습관을 들여라'다. 청소년기에 꿈은 당연히 클수록 좋다. 그다음으로 중요한 것이 마라토너가 자기만의 표식을 만든 것처럼 큰 꿈을 실현 가능한 목표들로 작게 나누어서 실천하는 것이다. 단기 목표를 하나둘 이뤄가면서 성공의 습관을 갖게 된다. 당연히 성공에 대한 자신감도 생긴다. 목표를 도중에 포기하는 경우는 목표가 너무 높거나 현실적이지 못해서일 것이다. 대부분 도전하다가 실패해서 포기하는 것이 아니라 목표 자체가 너무 이루기 힘들고 비현실적이다 보니 그만두는 것이다. 작지만 달성할 수 있고 이룰 수 있다는 자신감이 생기면 인생 목표에 지치지 않고 앞으로 나아갈 수 있다.

　하지만 더 중요한 것은 진로 목표를 결정하기 위해 탐색을 시작하는 것이다. 자유학기제와 자유학년제를 힘찬 첫 번째 걸음을 내딛기 위한 발판으로 삼는다면 좋은 시작이 가능하다. 세상의 모든 것에는 항상 처음이 있다. 두려움과 기대가 교차하는 순간이지만 학교와 기업체 및 청소년 진로센터에서 기본부터 잘 준비하고 진행하기 때문에 편하게 참여하고 체험할 수 있다. 42.195㎞도 한 걸음부터다. 시작을 하느냐 하지 않느냐는 큰 차이다. 소중한 내 인생을 위해 진로 고민을 적극적으로 해야 한다. 미래에 다가올 수많은 기회를 잡기 위해서 중학교 1학년의 자유학기제를 잘 활용해야 한다. 준비된 프로그램에 참여하다 보면 알지 못했던 또 다른 진로 체험을 할 수 있는 기회가 온다. 이제 시작이다. 먼저 시작하면 기회도 더 많이 주어진다. 시작하면 이루어진다.

제2장

자유학기제,
삶을 결정하다

꿈을 찾는 자유학기제

우리는 주로 대학 입시를 통해서 청년들의 삶이 결정되는 시대에 살고 있다. 행복한 인생에 대한 시각의 변화가 조금 있기는 하지만 여전히 대학 입시가 인생의 중요한 갈림길인 경우가 많다. 적성과 흥미는 제쳐두고 많은 학생과 학부모들이 일류 대학과 대기업만을 추종하다 보니, 교육도 인생도 절름발이가 되어가고 있고 일부에서는 심각한 부작용이 발생하고 있는 현실이다. 그러한 부작용과 불균형의 교육 문화를 바꾸어보고자 몇 년 전부터 정부와 교육부가 나서서 자유학기제를 시작했다.

　이 제도는 유럽의 아일랜드나 덴마크 등 일부 나라에서 진행하고 있는 학년전환제의 영향을 받았다. 청소년이 되면 스스로 진지하게 진로를 생각할 수 있는 시간을 주는 제도다. 일부 나라는 중학교 졸업 후 1년 동안 자신이 원하는 분야의 학교를 다닐 수 있게 하여 학업의 부담 없이 자신의 재능을 찾을 시간을 주기도 한다. 전국의 어느 학교로 가든 정식 학사 과정으로 인정되며 교육과정은 학교별로 목공, 건축, 축구, 연극 등으로 다양하게 운영된다고 한다. 우리나라의 현재 교육 환경과 문화가 당장 몇 년 사이에 선진국의 교육 환경을 따라잡기에는 한계가 있지만 좋은 시작임에는 틀림없다. 선진국의 사례와 비교해보면 한국의 자유학기제는 중학교 1학년 시기에 모든 직업 분야를 이해하고 경험할 수 있기에 전환학년제의 전 단계 성격을 가지고 있는 좋은 모델이라고 생각한다. 새롭게 시행하고 있는 자유학기제와 자유학년제를 통해 각자 미래의 삶을 결정하는 통찰력과 판단력을 갖기를 희망한다.

1. 배우고 공부하는 시간

자유학기제에 대해 설명을 들은 일부 학생들은 이 기간 동안에 공부를 열심히 하지 않아서 좋겠다고 생각한다. 그것보다 시험을 치르지 않는다는 것에 더 기뻐하는 것 같다. 그러나 명심해야 할 것은 이 기간이 본인의 미래에 대해 준비하고 목표를 설정하는 시간이라는 것이다. 단기, 중기, 장기별로 인생 목표를 계획하다 보면 자연스럽게 주도적으로 공부를 하게 된다. 이제까지는 선생님이나 부모님이 시켜서 학교에 다니고 공부를 했다면 자유학기제를 경험한 후부터는 자신의 목표를 위해 알아서 공부하게 될 것이다. 그것이 자유학기제의 가장 큰 목적이라고 생각한다. 자유학기제의 목표에 대한 정부 발표나 학교의 설명은 '학교 교육의 정상화'에 초점이 맞춰져 있다. 물론 맞는 말이다. 학생들이 받아들이기에는 좋은 말이지만 완전하게 이해하기에는 어려운 면이 있다. 1장에서 설명한 자유학기제의 시행 이유를 충분히 이해할 필요가 있다. 쉽게 말하면 앞에서 언급한 대로 '학생들이 스스로 공부할 필요성을 느끼는 시간을 만들어주는 것'이다. 여기서 공부한다는 것은 주로 오전에 진행하는 교과목뿐만 아니라 오후에 진행하는 예술 체육 활동, 진로 탐색활동, 동아리 활동, 주제 선택 활동에 대해서도 마찬가지다.

　청소년들은 왜 공부를 해야 할까? 부모님이 시켜서? 아니면 좋은 대학에 가기 위해서? 공부라는 것에 대해 생각을 해보자. 이제까지 공부라고 하면 학교 수업 후 중간고사와 기말고사 형식으로 모든 것을 평가하는 수단으로만 생각하는 학생들이 있다. 아마도 부모님이나 선생님과 미래에 대한 깊은 논의가 없었기 때문일 것이다. 단순하게 학생이기에 공부를 해야 한다고 생각한다면 당연히 공부가 재미없다. 그러나 지금 학교에 다니는 것이 당장은 학생들이 이루고 싶은 꿈과 별로 상관이 없어 보이더라도 나중에는 분명 도움이 되는 것이 확실하다. 100세 시대가 아니더라도 각자의 긴 인생을 볼 때 '어떻게 살아갈 것인가'를 한 번만이라도 생각한 후에 공부에 임한다면 태도가 달라질 것이다. 그래서 공부는 '재미있게 살기 위한 가장 효과적인 방법'이라 할 수 있다. 앞으로의 세상을 재미있게 살고 싶다면 '왜' 공부해야 하는지, '무엇을' 해야 하는지를 자유 학기제의 다양한 프로그램에서 찾으면 된다.

아직 나이도 어리고 진로 체험 등 잘 짜인 프로그램을 경험함에도 불구하고 공부에 흥미를 찾지 못한다면 "피할 수 없으면 즐겨라!"라는 말을 따르면 된다. 나는 이 말을 가장 잘 적용했던 시절이 군대 시절이었다. 말도 행동도 그 어떤 것 하나 내 마음대로 할 수 없었을 때 잠깐 포기할까도 생각했지만 그때 머릿속에 떠올랐던 말이 "피할 수 없으면 즐겨라!" 였다. 그 한 문장 때문에 부정적으로만 생각했던 군대생활을 즐겁고 재미있게 하면서 내 자신을 성장시킬 수 있었다. 매일 복종해야 하고 알 수 없는 업무 속에서 힘들었던 생활을 나에게 도움이 되는 쪽으로 생각하고 '이 또한 소중한 경험이다'라고 생각하니 모든 것들을 감사하고 기쁘게 받아들일 수 있었다. 공부도 마찬가지다. 친구들이 학교를 다니고 공부하니 나 또한 그냥 의미 없이 학교만 다닌다면 재미가 없고 공부가 지겨울 수 있다. 자유학기제를 통해 자신의 미래에 대해 깊이 생각하고 삶의 목표와 의미를 부여하는 순간부터 학교생활과 공부가 달라질 것이다.

만약 본인의 미래에 대한 목표가 생기지 않거나 의미 부여가 잘되질 않으면 '그냥 즐기자'고 생각하면 공부에 흥미를 가질 수도 있다. 공부는 새로운 나를 만나게 해주는 소중한 기회다. 수업 시간에 배우는 국어, 수학, 영어, 과학 등 많은 과목이 그냥 수업이 아니고 내가 앞으로 살아가는 데 아주 중요한 기초가 되고 나의 진로를 선택하는 과정에 꼭 필요한 수업이라고 생각을 바꿔보는 것이다. 그러한 기초를 차근차근 튼튼하게

만들면 원하는 꿈에도 한 발짝씩 다가갈 수 있을 것이다.

　참고로 시험을 보지 않는다고 하여 기본 교과 공부를 소홀히 해서는 절대 안 된다. 그다음 학기나 2학년에 올라가서 학습 공백을 메우기 위해 더 많은 시간과 노력이 필요하다. 자유학기제 기간에 지필고사를 치르지 않는다 해도 기본 교과 지식을 학습해가면서 공부의 흐름을 놓치지 않도록 노력해야 한다. 교과 공부를 잘하는 방법은 간단한다. 정해진 시간, 즉 수업 시간 위주로 성실하게 공부하는 것이 가장 효과적이다. 그리고 학교와 집에서 공부할 시간을 정해 습관화하면 시간을 효율적으로 사용할 수 있다.

공부를 하면서 새로운 나를 알아가기도 하고 사회의 일원으로서 살아가는 방법도 배울 수 있다. 공부를 꼭 해야 하는 더 중요한 이유도 있다. 공부를 하면 많은 꿈을 가질 수가 있다는 것이다. 다양한 과목의 수업을 들으면서 잘하는 과목이 많으면 많을수록 관심 분야가 많아지게 된다. 이것도 해보고 싶고 저것도 해보고 싶어서 인터넷이나 유튜브 등을 통해 스스로 더 깊은 공부를 하게 된다. 그런 공부는 미래를 위해 시간과 노력을 아낌없이 투자할 수 있는 꿈으로 자연스럽게 연결할 수 있다. 그 과정을 통해 꿈과 목표를 세운 학생은 자기 주도 능력이 생기고, 더 강한 도전 정신으로 자신이 원하는 재미있는 삶을 살 수 있는 가능성이 훨씬 높아진다. 자유학기제의 진로 교육과 체험활동이 꿈과 목표를 찾고 세우는 것에 큰 도움을 줄 것이다. 자유학기제는 체육 시간에 했던 뜀틀 운동의 구름판이라고 생각하면 된다. 바닥에서 뛰어서 진로 목표인 높은 뜀틀을 뛰어넘기는 힘들지만 구름판이 있으면 어렵지 않게 넘어갈 수 있다. 그 구름판은 학생 스스로 느끼고 만들어갈 수 있다. 학교와 진로센터에서 만들어준 프로그램을 밑바탕 삼아서 적극적으로 참여하고 통찰력을 키우면 충분히 만들 수 있다. 앞 장에서 타이밍에 대한 얘기도 했듯이 중학교 1학년, 지금 이 시기에만 할 수 있고, 지금 이 시기에 꼭 해야 한다. 그래서 그 무엇과도 바꿀 수 없이 소중한 중학생 시절, 바로 그 시간을 가장 가치 있게 써야 한다.

배우고 공부하는 시간인 중학생 시절에 청춘의 경험과 학업을 둘 다 추구할 수 있다. 진로 체험을 통해 즐겁게 놀면서 미래의 진로 목표도 결정할 수 있다. 진로 목표를 정할 때에는 적성과 흥미를 잘 고려해야 한다. 적성과 흥미보다 타인의 시각이나 부모님의 의지로 목표를 결정하면 도전하면서도 힘들고 결국 원점으로 돌아가 다시 시작해야 하는 시행착오를 겪을 수 있다.

한편 어떤 분야든 선천적 재능이 뛰어난 사람이 있기는 하지만 대부분은 노력해서 대가가 되는 경우가 훨씬 많다는 것이 통계로 확인되었다. 작년에 알파고와 바둑을 두어 화제가 되었던 천재 기사 이세돌과 커제도 기원에서 매일 10시간 이상씩 1만 시간의 법칙을 실행했기 때문에 세계 최고의 자리에 오를 수 있었다. 학교 공부와 외부 체험활동을 주도적으로 도전하고, 적성과 흥미에 맞춰 진로 결정을 한다면 중학교 시절부터 '1만 시간의 법칙'에 입문할 수 있다. 나중에 진로가 다른 것으로 변경되더라도 매일 2시간이든 3시간이든 진로를 위해 투자했던 경험은 앞으로 무엇을 하든 할 수 있다는 자신감을 심어줄 것이다. 자유학기제의 프로그램 참여를 통해 진로를 선택하고 1만 시간의 법칙에 도전한다면 결국 원하는 분야에서 최고의 전문가가 되어 성공적인 삶을 살 수 있다.

어떤 분야의 전문가가 되기 위해서는 최소한 1만 시간 정도의 훈련이 필요하다는 법칙이다. 1만 시간은 매일 3시간씩 훈련할 경우 약 10년이 걸린다. 이용어는 1993년 미국 콜로라도대학의 심리학자 앤더스 에릭슨K. Anders Ericsson이 발표한 논문에서 처음 등장한 개념이다. 그러나 세상에 알린 사람은 말콤 글래드웰Malcolm Gladwell이다. 그의 저서 『아웃라이어Outliers』에서 앤더슨의 연구를 인용하며 '1만 시간의 법칙'이라는 용어를 사용함으로써 대중에게 널리 알려졌다. (시사상식사전, 박문각)

2. 경험만 한 재산은 없다

가끔 스스로에게 질문을 하곤 한다. 나의 존재의 이유는 뭘까? 다양한 답들이 나오기도 했지만 갈수록 한 가지로 귀결되고 있다. '재미있는 경험을 하며 즐겁게 사는 것'이 나의 답이다. 청소년기에는 아직 왜 사는지에 대한 질문이 많지 않을 수도 있다. 하지만 중학생부터는 가끔 스스로에게 '존재의 이유'에 대한 질문을 해야 한다. '내가 왜 살지? 무엇을 위해서?' 사람마다 인생에 대한 가치가 다르겠지만 '경험 우선주의'로 살아보는 것을 추천한다. 청소년 시기에 가장 중요한 숙제는 경험이라고 생각한다. 경험하고 경험하고 또 경험해도 과하지 않다. 하고 싶고 경험하고 싶은 것이 많아지면 자연스럽게 꿈도 많아지고 하루하루가 바쁘면서도 알차게 지나간다. 바쁘지만 힘들지 않고 오히려 뿌듯하고 더 행복해지는 날들이 늘어난다. 이미 그러한 경험을 해본 친구들도 있고 이런 이야기가 생소한 친구들도 있을 것이다.

나는 지금도 그렇지만 어린 시절부터 하고 싶은 것이 많았다. 무엇인가 하고 싶을 때는 스스로 방법을 찾거나 부모님이나 아는 사람에게 요청해 하고자 하는 것을 실행하곤 했다. 호기심과 탐구심은 중학교에 가서도 여전해서 학교나 지역사회에서 진행하는 국토순례 대행진, 토론 대회, 자전거 하이킹, 지방자치제 교육이나 체육대회, 시장 및 수영장 청소 등의 행사가 있으면 항상 적극적으로 참여했다. 어떤 행사에는 호기심이 있었지만 호기심이 없던 행사라도 '경험이 최고다'라는 마음으로 참석했고, 항상 하나라도 더 배울 수 있었다. 많은 경험을 통해 중학생 시기에 반드시 필요한 신체의 발달, 상상력과 창의적 사고 키우기, 바른 정체성 형성 등을 이룰 수가 있다. 이 시기에 정체성을 제대로 형성하지 못하면 자신의 역할에 대한 확신이 없고 혼돈에 빠질 수도 있으니, 중요한 시기임을 인지하고 다양한 경험을 쌓는 것에 집중해야 한다. 개인적인 경험도 중요하지만 현재 시행 중인 자유학기제와 관련된 진로 체험을 통해서도 기대보다 많은 경험을 할 수 있다. 하루 종일 공부만 했던 일상에서 벗어나 평일에도 친구들과, 때로는 선생님과 함께 다양한 경험을 쌓고 즐거운 추억도 많이 만들면서 꿈이나 목표, 도전해보고 싶은 분야를 구체화하는 시간을 가지길 바란다. 아마도 청소년들의 인생은 중학교 시절부터 긍정적인 방향으로 많이 달라질 것이다. 내 세대에게도 만약 이런 좋은 제도가 있었다면 사회의 여러 분야에서 훨씬 더 즐겁고 재미있게 생활하고 있었을 것이다. 아쉽게도 어린 시절부터 자신의 진로에 대해 깊이 고민할 시간을 갖지 못한 채 살아가고 있기에, 지금도 진로에 대해 고민하고 힘들어하는 어른들도 많다.

지금 중학생들에게는 공부보다 경험이 먼저라고 생각한다. 공부를 하지 말라는 것이 아니라 1장에서 얘기한 대로 경험을 통해 얻은 지식과 정체성을 기본으로 본인의 진로 목표를 먼저 세워야 한다는 말이다. 그래야 주도적이고 즐거운 공부를 할 수 있다. 진로 목표를 정할 때는 적성과 흥미를 꼭 잘 파악해야 한다. 진로 체험이나 주도적인 개인 경험도 적성을 파악하는 데 초점을 맞추어야 한다.

중학교 1학년에 진행하는 자유학기제를 통해서 청소년들은 인생에 있어서 경험이 얼마나 중요한가를 조금이나마 알게 될 것이다. 고등학교와 대학교에 진학하고 사회생활을 시작할 때도 경험은 결정적인 역할을 한다. 경험이 풍부하고 본인의 적성도 잘 알면 대학교가 아닌 다른 곳에서 새로운 인생을 찾을 수도 있다. 진로 목표나 꿈을 결정할 때는 사회적으로 많은 사람이 그냥 괜찮거나 좋다고 하는 것을 선택하면 안 된다. 이제는 어떤 선택을 함에 있어서 본인의 행복한 인생에 대해 먼저 생각해야 한다. 그래서 적성을 먼저 찾아야 한다. 나의 대학 시절 영화 제목이었고 유행했던 말 중에 "행복은 성적순이 아니잖아요!"가 있다. 그때나 지금이나 일류 대학, 입시지옥, 학군, 우열반 편성 등은 비슷했다. 힘든 것은 비슷한 것 같은데 지금 청소년들이 더 힘들어 보이는 것은 왜일까? 아마도 되고 싶고 하고 싶은 것들이 몇 개로 집중돼 있고 경쟁자가 더 많아졌기 때문일 것이다. 이러한 진학이나 취업 환경은 이미 조금씩 변화하고 있고 10년 후에는 큰 변화가 있을 것이다.

그래서 이제는 사고를 바꾸어야 할 시대가 되었다. 나라에서도 이러한 힘든 교육 환경을 바꾸기 위해 완벽하지는 않지만 자유학기제라는 제도를 시작했다. 학생들과 우리 부모님들의 시각에도 변화를 주어야 한다. 전국에 있는 모든 학생이 과학고나 외고를 갈 수는 없고, 갈 필요도 없다. 대학도 마찬가지다. 모든 학생이 일류 대학을 가는 것도 불가능하다. 아무리 노력을 해도 현실적으로 입학하는 숫자는 제한적이다. 많은 학생들과 부모님들은 생각한다. '나는 가능해! 나는 될 거야', '내 아들은 합격할 거야', '그래도 내 딸은 가능할 거야'라고. 포기하거나 노력을 하지 말라는 얘기가 아니다. 내 적성에 맞는 진로 선택을 하여 내가 원하는 방향으로 공부하자는 것이다. 모든 학생들의 적성과 흥미가 천편일률적으로 같지는 않기 때문이다. 그 변화는 경험으로부터 시작된다.

현재 청소년들이 사회생활을 하게 되는 10년 후는 4차 산업혁명 시대이고 융합이 가장 중요한 화두가 될 것이다. 융합은 지식, 기술, 인문 각각의 세분화된 학문들을 결합하고 통합할 뿐만 아니라 더 나아가 응용함으로써 새로운 분야를 창출하는 과정을 말한다. 쉽게 말하면 기술과 생활을 합치거나, 기술이나 데이터를 경험 기반으로 연결하거나 새롭게 만드는 것이다. 예를 들어 다양한 빅데이터를 이용해 기상을 분석하거나, 백화점 고객들의 소비 패턴을 찾아내 소비자가 요청하기 전에 옷이나 제품을 출시하는 것이다. 문화의 예로는 미국의 버거와 한국의 음식을 결합한 불고기버거나 밥버거도 융합의 하나로 볼 수 있다. 미래의 직업과 연관 지어 생각하면 기술 능력에 다양한 분야의 경험을 합해 새로운 무엇인가를 만들어내거나 해결하는 것이다. 그래서 현재의 청소년들에게 경험이 중요하다. 학교 공부와 학원 공부가 우선순위가 되어버린 교육 환경 속에서 하고 싶은 경험을 하기는 쉽지 않다. 다행히 학교와 정부에서 경험의 장을 만들어놓았다. 기본적인 교육과 체험이기는 하지만 인생을 결정할 수 있는 중요한 시간으로 생각하고 가능한 한 많은 체험과 교육에 참여하는 것이 좋다.

그렇게 시작된 작은 경험들은 나비효과가 되어 또 다른 경험으로 이끌 것이고, 생각의 변화가 일어날 것이다. 진로 체험과 교육을 통해서 파악한 자신의 적성을 바탕으로 관련된 직업군의 사람들을 만나보는 것은 아주 좋은 시도다. 운이 좋으면 멘토를 만들 수도 있다. 자기가 원하는 사람이 유명하든, 외국인이든 상관없다. 일단 시도해보는 것이다. 실패할 수도 성공할 수도 있다. 그것 또한 소중한 경험이다. 시도해보고 부딪쳐 보는 경험이 필요하다. 내 경험으로 보아, 학생들이 불가능하다고 생각한 많은 것들이 의외로 어렵지 않게 이루어지는 신기한 경험을 할 수 있을 것이다.

내가 직장을 그만두고 다른 사업을 준비하면서, 한 번도 만난 적 없는 큰 잡지사 사장님과의 미팅이 필요했다. 나의 모든 인맥을 동원해도 그분과 연결이 되지 않았다. 그래서 직접 부딪쳐서 진행하기로 하고 전화 연락을 했다. 처음에는 연결이 되지 않았고 두 번째에 그분과 통화를 할 수 있었다.

"사장님, 안녕하세요! 저는 백은선이라고 합니다."

"예, 안녕하세요! 무슨 일로 전화를 하셨는지⋯."

"제가 최근 직장을 그만두고 새로운 일에 도전을 하고 있습니다. 인터넷과 잡지에서 사장님의 기고와 현재 하시는 업무를 보고 조언을 받고 싶어서 연락을 드렸습니다."

"그래요? 어떤 내용인데요?"

"사장님께서 현재 하시는 일과 관련된 수출입에 관한 것입니다. 혹시 짧은 시간이라도 내어주신다면 직접 뵙고 조언을 듣고 싶습니다. 사장님 편한 시간으로 제가 맞추도록 하겠습니다."

"흥미롭네요. 조만간 한번 미팅하는 것으로 합시다."

위의 내용 이외에도 여러 가지 대화가 오고 갔다. 그리고 어렵지 않게 미팅 약속이 되었다. 만약에 미팅 약속이 성사되지 않았다면 나는 직접 사무실에 찾아갈 생각이었다. 나도 처음에는 '사장님과 약속을 잡을 수 있을까?' 하는 마음이었다. 하지만 그 전에도 유사한 경험이 있어서 일단 한번 부딪쳐보자는 마음으로 진행한 것이 좋은 결과를 가져왔다. 이처럼 본인이 원하는 것이 있다면 노력해서 충분히 얻을 수 있다. 새로운 인간관계도 스스로 만들어갈 수 있다. 그런 작은 경험들이 모이면 더 큰 경험을 하게 되고 시행착오를 거치면서 성공 확률도 더 높아진다. 특히 자신감이 생기게 된다. 작은 성공의 경험과 자신감은 조금 더 큰 도전을 할 수 있는 힘을 준다. 그래서 집안일이건 학교 일이건 학원 관련 일이건 무엇이든, 요청이 오거나 본인이 봤을 때 누군가는 해야 되는 일이면 궂은 일이라도 나서서 하는 것이 좋다. 그러한 작은 경험이 모여서 다양성을 받아들이고 정체성을 확립할 수 있고, 자신의 미래 목표도 적성에 맞게 선택할 수 있다. 경험을 하면 할수록 마음의 정리가 되면서 더 하고 싶은 것, 삶의 본질에 있어서 더 중요하고 의미 있는 것을 찾을 수 있는 힘이 생긴다.

시대가 이미 변하고 있다. 이제는 높은 연봉과 안정된 직장만을 위해서 공부하다가는 힘든 미래와 마주할 수도 있다. 그러한 공부는 10년 후에는 위험성이 너무 커질 것이기 때문이다. 지금도 그런 경향이 있지만 10년 후 4차 산업혁명 시대에는 다양한 경험을 많이 한 사람이 좋은 일자리를 차지할 것이다. 재미있는 삶을 살기 위한 경험 위주로 공부를 해야 한다. 인공지능과 로봇이 대세가 되는 시대를 살아가야 하므로 청소년 스스로 좋아하는 영역을 개발해서 그 분야와 관련된 공부를 한다면 재미도 있고 미래도 밝을 것이다.

다행인 것은 지금 청소년들에게는 활동 무대가 한국이 아닌 세계라는 것이다. 이러한 말들은 예전에도 있었지만 지금은 현실이 되고 있고 그렇게 살아가는 사람들이 많아지고 있다. SNS와 인터넷 등을 통해서 우리는 세계 곳곳과 연결되어 있다. 혹시 내가 원하는 것을 한국에서 공부하지 못하거나 일자리를 찾지 못한다면 해외로 눈을 돌리면 충분히 많은 기회를 찾을 수 있다. 예전 한 기업 총수가 했던 말처럼 "세상은 넓고 할 일은 많다". 한국이 아닌 세계를 상대로 나의 미래 진로를 찾는다면 범위도 훨씬 넓고, 나의 재능과 적성을 발휘할 수 있는 분야도 많아진다. 마음도 함께 여유로워진다. 그 기회를 잡으려면 역시 경험이 필요하다. 아무리 사소한 경험이라도 많이 하다 보면 다양한 곳에서 기회를 찾을 수 있다.

요즘 대세로 뜨고 있는 유튜브 크리에이터 중에 'Primitive Technology'를 운영하는 사람이 있다. 20대로 보이는 호주의 젊은 청년이 현대 문명의 도구를 이용하지 않고 살아가는 영상을 말없이 행동으로만 보여주는 유튜브다. 직장을 다니면서 자연인의 삶을 공부하다가 시작했고, 구독자가 많아지자 회사를 그만두고 현재는 유튜브 영상 제작에 전념하고 있다고 한다. 그는 말없이 숲속에서 나무를 비벼 불을 지피고 돌도끼를 만든다. 그 돌도끼로 나무를 잘라 집을 짓고 진흙을 구워 집과 가재도구를 만드는 것을 자막도 없이 그냥 보여주는 것이 전부다. 그런데 구독자가 약 7백만 명에 조회 수는 5억이 넘는다. 아마도 이 청년은 어린 시절부터 여행과 캠핑도 자주 다니고 집 주변에서 놀면서 많은 경험을 했을 것이다. 추가로 관련 공부도 했겠지만, 실제 경험을 하지 않고서는 그러한 원시 기술을 발휘할 수가 없다. 추측건대 크리에이터는 자신의 인생에서 겪었던 많은 경험들을 간단하지만 특이한 콘텐츠로 탄생시켰을 것이다. 그러나 만약 자신의 나라인 호주만을 대상으로 했다면 결과는 보나 마나 큰 실패였을 것이다. 특이한 콘텐츠이기에 대상을 전 세계 75억으로 확장하니 이처럼 큰 성공을 거둘 수 있었다고 본다.

이런 정보를 아는 것도 경험이고 경쟁력이 될 수 있다. 이러한 간접적인 경험으로 자신의 통찰력을 키우고 미래의 가능성을 높일 수 있다. 경험을 많이 하다 보면 사람도 많이 알게 되고 세계가 나의 운동장이라는 것을 확인할 수 있다. 학교에서 공부하는 국어, 영어, 수학이 무의미하게 느껴질 때는 '이것 또한 내 삶을 풍족하게 해주는 수단 중의 하나구나!'라고 좋은 경험으로 생각하면 된다. 경험의 주체는 나 자신이다. 내가 일어나서 움직여야 내 것으로 만들 수가 있다. 엉덩이가 무거워야 공부를 잘한다는 사람도 있지만, 엉덩이가 가벼워야 더 많은 경험으로 잘 살 수 있다고 생각한다. 경험만 한 재산은 없다. 내 인생은 나의 것이다. 공부하고 경험하는 모든 것들이 나를 위한 삶인 만큼, 소신과 꿈을 가지고 전진하면 재미있게 살 수 있다. 하고 싶은 것이 있다면 지금 바로 경험하자! 경험은 그 자체로도 즐겁고 내 인생을 즐겁게 만들어주기 때문이다.

3. 부딪치고 깨지고

청소년 시기에 부딪치고 깨지고 원 없이 생활한다면 스스로 즐거운 삶을 결정할 수 있다. 세상에는 완벽한 것이 없다. 그리고 누구나 처음이 있다. 처음부터 잘할 수 없는 것이 우리의 인생이다. 부딪치고 깨지면서 조금씩 성장해 가는 것이다. "아프니까 청춘이다"라는 말이 있다. 이제는 "부딪치고 깨져야 청춘이다"다. 초등학교 시절에도 다양한 경험을 한 청소년들이 있을 것이다. 하지만 중학교 시절에 한 경험과는 차이가 많이 난다. 중학생이 되자마자 진행되는 자유학기제를 통한 경험은 청소년의 미래와 조금 더 가깝고 실질적인 것들이다. 미래의 좋은 결과를 얻고자 한다면 자유학기제처럼 좋은 씨앗을 심으면 된다. 부딪치고 깨지는 것 말고는 별로 특별한 방법이 없는 것이 세상의 이치다. 부딪치고 깨지는 것이 실패인 것은 아니다. 어떤 경험을 하든 처음이기에 시행착오를 겪는다는 말이다. 시행착오는 누구에게나 있으니 시행착오를 두려워하지 않는 마음을 가지는 것이 중요하고, 좋은 쪽으로 발전시켜야 한다.

세상을 살아가는 데 꼭 필요한 것이 자신감이다. 자신감은 많은 도전과 경험으로부터 얻을 수 있다. 책을 많이 읽어도 자신감은 생기지만 직접 나서고 부딪쳐서 얻은 자신감이 몸과 정신에 더 깊숙이 자리한다. 나

　는 어려서부터 무엇인가를 할 때는 '처절한 의지'를 가지고 했다. 작은 일이든 큰일이든 모든 것을 던진다는 심정으로 임했다. 그래야만 그 경험을 온전히 내 것으로 만들 수 있고 그것이 자신감이 되어 나의 행동과 생각에 영향을 주기 때문이다. 모든 힘을 쏟아서 하더라도 청소년 시절에는 후회도 하고 시행착오도 겪는다. 되돌아보면 왜 더 침착하지 못하고 의연하지 못했는지 한심스럽기도 하다. 부딪치고 깨지는 과정에서 내 부족한 점을 알아가고 다음번에는 어떻게 해야 하는지 방법을 배우며 성장한다. 최선이 아닐 경우 차선을 택하는 법도 알고 때로는 우회하면서 자신이 원하는 방법도 깨우치게 된다. 두려워하지 않고 부딪치면서 내면의 힘을 기르면 된다. 어떤 문제를 맞이하더라도 피하지 말고 정면으로 부딪치는 습관을 들이면 좋다.

나는 어렸을 적부터 나만의 꿈이 있고 그 꿈을 실현시키기 위한 나만의 길을 잘 걷고 있다고 생각했다. 중학교 시절 멋도 모르고 무작정 덤벼들고 보는 성격 때문에 도전한 영어 스피킹 대회에서 큰 좌절과 고통을 맛봤다. 실력도 없는 주제에 신청했다가 충격적인 피드백으로 예선에서 보기 좋게 탈락을 한다. 아직 마음이 강하지 않았던 시절이라 회복하는 데 꽤 많은 시간이 걸렸다. 한번은 주먹다짐을 해서 만신창이가 된 적도 있었다. 지금은 그런 일이 거의 없겠지만 옛날에는 가끔 있던 일이었다. 주로 교실 뒤에서 놀면서 학급 분위기를 해치고 친구들을 괴롭히는 녀석들과 말다툼하다가 결국 주먹다짐까지 하게 되었다. 몸도 힘들었지만 분한 마음을 달랠 수가 없어 더 힘들었다. 다행히 전화위복이 되어 친구들과 잘 화해하고 더 친해지는 계기가 되었다.

그때 이후로는 폭력적인 몸싸움보다는 절제와 대화로 어떤 것도 해결할 수 있게 되었다. 나의 능력에 한계가 있고 서툴고 모자랐기에 힘들었던 그 시절, 선생님과 친한 친구가 잘 이끌어주어서 좋은 방향으로 한 발짝 나아갈 수 있었다. 부딪치고 깨지는 경험 속에서도 항상 가족, 선생님, 친구의 존재를 기억하고 필요할 때 도움을 요청하면 덜 외로운 청소년 시절을 보낼 수 있다. 또한 다른 친구들에게 도움을 줄 수 있는 힘도 생긴다. 우리는 태어나서 죽을 때까지 혼자서 살 수 없다. 항상 누군가와 함께하는 사회적 동물이다. 혼자라고 생각하지 말고 언제든 도움을 청하고 반대의 경우에는 적극적으로 나서서 도움을 주면 된다. 다음 장에서 이야기하겠지만, 이런 과정에서 멘토를 만난다면 청소년 시절에 더 큰 행복은 없을 것이다. 부딪치고 깨지는 경험 속에서도 항상 눈과 귀를 열

어두면 우연한 기회에 좋은 멘토를 만날 수도 있다.

자유학기제의 기본 프로그램에 참여하다 보면 조금 더 실질적인 진로 체험을 하고 싶어질 것이다. 이때는 진로센터나 학교 진로 상담 선생님께 요청하면 진행이 가능하다. 진로 교육 및 직업 체험 과정에서 더 궁금하거나 필요한 것이 있을 경우 적극적으로 요청하면 대부분 이루어진다. 거절에 대한 두려움을 버리면 된다. 부딪치고 깨지는 것을 두려워하는 것을 극복하는 방법은 더 적극적으로 시도하고 경험하는 것이다. 설령 원하는 프로그램이나 체험을 하지 못하더라도 요청을 받은 기관이나 담당자는 도와주려고 방법을 찾을 것이다. 일단은 가능한 한 많은 학교 연계 사업과 진로 교육 연계 사업에 참여하는 것이 좋다. 이런 과정에서 나오는 시행착오는 최대한 발전적으로 본인의 자신감을 만드는 데 사용하면 된다. 자신이 하는 일에 자신감이 생기면 추진력과 결단력도 자연스럽게 좋아지게 된다.

요즘은 대부분 초등학교 때부터 하루 종일 학교나 학원에서 공부만 한다. 주로 책상에 앉아 있는 것이 습관이 되어서 외부에서 활동하는 것을 귀찮아하는 학생들이 늘어난다고 한다. 공부만 할 줄 알고 사회성은 떨어지고 자신에 대해 알 수 있는 시간도 부족하다. 그러나 다가오는 4차 산업혁명 시대에 살아야 할 현재 중학생들은 이전 선배들보다 더욱 융합적인 사고를 필요로 한다. 다양한 체험과 경험을 하면서 부딪치고 상처 입고 깨지면서 마음도 성장하고, 날카로운 바위가 조약돌이 되는 것처럼 사회성도 성장해야 한다. 기회가 된다면 아르바이트를 하는 것도 아주 큰 도움이 된다. 용돈을 버는 목적보다는 사회와 조직에 대한 두려움을 없애고 자신감을 키울 수 있는 좋은 기회를 제공한다.

중학교 시절부터 다양한 경험을 하게 되면 어떤 일이든 걱정보다는 열정과 의지로 잘 해낼 수 있다. 반대로 하고 싶은 것을 시도하기보다 방학도 없이 계속 이어지는 공부와 시험, 좋은 결과에만 집중되어 있는 부모님의 기대, 전공 학과보다는 유명 대학 입학, 연봉 위주의 취업과 같은 사회에서 만들어 놓은 틀 속에 자신을 가둔다면 진정한 자신은 잃어버린 채 타인의 입장에 맞추어 살아갈 것이다. 재미없는 삶을 살다가 어느 날 큰 후회로 힘들어할 것이다.

하지만 2018년 현재 중학생들에게는 후회 없이 재미있게 살 수 있는 기회가 있다. 왜 공부하고 어떻게 공부해야 하는지를 진로 교육과 진로 체험이라는 좋은 제도를 통해 알 수 있는 장이 기다리고 있다. '내 적성이 뭐지?', '못하면 어떡하지?', '아무것도 모르는데?' 등과 같은 고민을 할 필요가 없다. 적성 및 흥미검사 등 다양한 검사를 통해 청소년들에게 자신감을 심어줄 것이다. 성실히 잘 따라가면서 마음에 드는 행사나 체험이 있으면 공부하면서 즐기기만 해도 나를 알아갈 수 있고 직업의 세계를 알 수 있다. 부딪치고 깨지는 걱정도 할 필요 없이 그냥 한번 해보면 된다. '난 아무것도 모르니 두려울 것도 없어!'라고 생각하고 도전한다면 오히려 싫었던 일들이 재미있고 좋은 경험이 될 것이다. 거창할 필요 없다. 그냥 마음이 끌리는 대로, 머리에 떠오르는 대로 하면 된다. 가능한 한 많이 해보는 것이 중요하다. 그래야 자신을 더 잘 알 수 있으니까.

좌충우돌 부딪치고 부대끼고 넘어지는 것 자체를 즐기는 습관을 만들어 보자. 그렇게 한 학기나 1년을 보내면 내년, 내후년에도 습관적으로 비슷한 경험을 하며 학교생활을 잘할 수 있다. 지금 밖으로 나가서 마음껏 부딪치고 깨져보자!

4. 온실 속을 벗어나라

내가 어렸을 때는 대부분 중학생부터 독립적인 생활을 시작했다. 어떤 친구는 집을 나와 자취를 시작한 친구도 있었다. 지금은 거의 찾아 보기 힘든 경우다. 집을 나오지는 않더라도 대부분 스스로 알아서 생활하는 시기가 바로 중학교부터 시작되었다. 사회의 환경 및 학교생활에 큰 변화가 있기에 옛날의 독립심을 기대하기는 힘들다는 것을 이해한다. 그럼에도 불구하고 집을 나오지는 못할지언정 정신적으로는 온실 속을 벗어나 독립해야 한다. 독립과는 정반대로 흘러가는 현재 세태를 나타내는 신조어들도 많다. 캥거루맘, 헬리콥터맘, 제설차 부모 등 나에게는 아주 낯선 표현들이다. 캥거루맘은 자식을 곁에 두고 무엇이든지 다 해주려는 엄마를 말한다. 부모의 과보호와 갈수록 높아지는 부모 의존도가 빚어

낸 현상이라 할 수 있다. 제설차 부모는 캥거루맘에서 더 나아가 자녀가 저지른 각종 사고까지 일일이 뒷수습해주는 부모를 의미하는 신조어다. 헬리콥터맘이란 평생 자녀 주위를 맴돌며 자녀의 일이라면 무엇이든지 발벗고 나서서 자녀를 과잉보호하는 엄마들을 말한다. 치맛바람과 관련 있는 헬리콥터맘은 착륙 전의 헬리콥터가 뿜어내는 바람이 거세듯이, 거센 치맛바람을 일으키며 자녀 주위에서 맴도는 어머니를 빗댄 용어라고 한다.

더욱 가관인 것은 부모가 대학 및 취업 후 사회생활에까지 사사건건 간섭하고 조정하려고 한다는 것이다. 참으로 슬픈 현실이다. 공부만 하며 사회성이 없는 학생과 학생을 위해 모든 것을 바친 부모, 그리고 신입사원의 상사까지 모두가 피해자라는 생각이다. 모두 할 필요가 없는 일에 신경 쓰며 힘들어하고 있다.

환경이 좋은 것과 피동적인 학교생활은 큰 차이가 있다. 혹시라도 캥거루맘이나 헬리콥터맘의 보호 속에 있었다면 새롭게 도입된 자유학기제와 자유학년제를 통해 생활 습관을 바꿀 필요가 있다. 그러면 진정한 개인으로 다시 태어날 수 있다. 특히 요즘 화두인 4차 산업혁명 시대에 살아가기 위해서는 더 다양한 사고와 습관을 갖추는 노력을 해야 한다. 4차 산업혁명 시대에는 융합이 중요하다고 모두가 입을 모아 이야기한다. 융합Convergence이란 3차 산업혁명의 기반 위에 인공 지능, 로봇 기술, 생명공학, 정보통신 등이 기술 간의 경계 없이 협업하는 것을 의미한다. 쉽게 말해 지금

까지는 컴퓨터 기술을 가지고 하드웨어나 소프트웨어만 개발했다면, 앞으로는 기본적인 정보통신 기술에 다양한 다른 기술을 접목하고 특히 인문학과 같은 감성적인 부분도 포함하는 것이다.

　이제는 청소년들도 소통, 비판적 사고력, 창의성처럼 새로운 사회가 필요로 하는 것을 키우는 데 초점을 맞춰야 한다. 그 첫걸음이 온실 속을 벗어나는 것이다. 온실 속에서 자란 아이들은 결국 대학이나 사회생활에서 문제가 발생한다. 자생력이 없기 때문이다. 유치원에 들어가기 전부터 모든 것을 부모가 시키는 대로 했기 때문에 주도적으로 의사결정하고 행동해야 하는 상황에서는 '멘붕'이 오는 것이다. 공부만 하다가 운 좋게 좋은 대학에 들어갔다고 하더라도 모든 것을 자율에 맡기는 분위기와 문화 속에서 방황하고 힘들어한다. 그런 환경에 놓인 경험이 없기 때문이다. 사실 대학교는 중고등학교에서 공부한 것과는 차원이 다르게 열심히 공부해야 한다. 인생을 결정지을 수 있는 시간이기 때문에 전공 공부에 자신의 모든 것을 쏟아내야 한다. 온실 속에서만 자란 학생들이 상급 학교에 갈수록 비참해지거나 그것마저 느끼지 못한 채 그냥 또 이끌려 시

간을 허비하는 그런 힘든 상황에서 탈출하여, 새롭고 의미 있는 하루하루를 살아가길 바란다.

어떻게 하면 전적인 부모님의 도움을 벗어나서 학교생활에서의 독립심과 자생력을 키울 수 있을까? 사실 독립심과 자생력을 키우는 것은 간단하다. 먼저 학생과 부모님 모두 독립심과 자생력을 키우는 것에 공감하고 꿋꿋하게 밀고 가야 한다. 그래야 정신적으로, 생활적으로 건강할 수 있다.

첫째, '내 일은 내 스스로 한다'는 생각을 가지고 실천해야 한다. 특히 집 안에서 나와 관련되거나 가족과 관련된 부분을 식구들에게 의지하지 않고 주인처럼 행동해야 한다. 내 방 정리, 설거지, 빨래, 집안 청소, 교복 다림질 등 이제까지 가족 중 누군가가 해주었던 것을 내 스스로 하는 것이다. 처음에는 조금 낯설 수도 있지만 조금만 깊이 생각해보면 아주 당연한 것이다. 학생은 공부만 하는 사람이 아니다. 가족 구성원 모두 똑같은 인생을 살아가고 있는 만큼 나와 관련된 것들은 내 스스로 하는 것이 맞다. 학교에서도 마찬가지다. 선생님이나 친구에게 의지하기보다 알아서 주도적으로 해야 하고 특히 궂은일은 '특별한 기회'라 생각하고 즐기면서 해야 한다. 성인이 되어 복잡한 환경 속에서 재미있게 살기 위해서다.

둘째, 공부는 학생의 본분으로 중요하기는 하지만, 공부 말고도 경험할 것이 여기저기 많다는 것을 깨달아야 한다. 학교 행사도 적극적으로 참여하고, 특히 자유학기제나 자유학년제와 관련된 모든 교육과 체험활동에 참여해보자. 가능하다면 예체능 관련해서도 배울 것을 배우고 놀 것을 놀아가며 건전한 정신과 육체를 길러야 한다. 중학교 시절부터 이런 활동에 익숙해져야 고등학교, 대학교에 가서도 상실감 없이 즐겁게 지낼 수 있다.

셋째, 학교와 학원을 비롯한 모든 것들에서 내가 스스로 해내는 방식을 터득하는 것이다. 자전거나 도보를 이용해서 이동하고, 제일 중요한 학교 수업은 100% 집중해서 듣고, 학원이 필요하다면 직접 결정하고, 진도나 숙제도 학원 선생님과 직접 상의해서 결정하는 습관을 들이면 된다. 부모님이나 주변에서 만들어주는 쉬운 공부 환경을 하나씩 거부하는 것부터 시작하자. 이제까지는 학교나 학원에 가는 데 교통편을 제공받고 학원도 부모님이 알아서 정해주고, 일주일 시간표도 거의 부모님이 만들어주니 학생이 할 것은 아무것도 없었다. 그냥 기계처럼 가라면 가고 오라면 오고 숙제하라면 하고 시험 보라고 하면 보는 것밖에 못 하는 학생도 있다고 한다. 그러한 습관으로는 융합은커녕 정체성마저 잃어버려서 단순한 한 가지 일도 제대로 못하는, 4차 산업혁명 시대에 맞지 않는 사람이 될 수도 있다. 사람은 누구나 편안한 삶을 원한다. 그러나 편안함은 나도 모르는 사이에 나태라는 늪에 빠지게 한다. 이 늪에 빠지면 본래의 꿈과 희망은 점점 더 멀어지고 만다. 지금 바쁘고 힘들면 지금도 미래도 행복해진다는 것을 알았으면 한다.

넷째, 책을 읽거나 TV를 보다가 문득 하고 싶은 것이 있다면 그것이 위험하더라도 진지하게 도전해보는 것이다. 부모님을 잘 설득하는 능력도 동시에 키울 수 있다. 어려운 공부에 대한 도전도 좋고 오지 여행, 1주일간 자전거 하이킹 여행, 마술, 게임, 드론, 웹툰 등 어떤 것이라도 괜찮

다. 이런 다양한 활동을 하
면 당연히 시간도 더 필요
하고 더 바빠진다. 그렇다
고 공부하는 시간을 줄이
는 것은 아니다. 본인 스스
로도 놀라겠지만 이전보다
더 많은 활동을 하고 공부는 그대로 하는데 더 재미있고 능률이 좋아진
다. 좋아하는 것을 하며 긍정적인 에너지를 얻어서 자기 관리를 더 잘하
게 된다. 우선순위를 정하고 시간 관리하는 법을 스스로 터득하게 되어
나도 모르는 사이에 멋있는 사람이 되어간다. 흥미가 있고 하고 싶은 것
을 우선순위에 두고 도전하는 습관을 가지자.

내가 위에서 언급한 몇 가지를 지키며 생활한다면 '온실 속의 화초'라
는 말 대신 온갖 역경 속에서 자란 '강인하고 생명력이 질긴, 반하고 싶은
멋있는 야생초'란 이야기를 들을 것이다. 그런 말도 듣기 좋지만, 스스로
를 보았을 때 끊임없는 도전과 개척 정신에 자신감이 생길 것이다. 청소
년기에는 도전해야 할 일들을 매일 만나게 된다. '나중에 해야지'나 '도전
하기가 겁나!'라는 생각으로 시도하지 않으면 온실을 벗어나지 못한다. 처
음에만 힘들고 두렵지 한 번, 두 번 도전하고 경험하면 익숙해지고 편해
진다. 새로운 도전이나 사회의 경험은 항상 위험이 따른다. 그렇다고 팔
짱만 끼고 있으면 소중한 시간은 그냥 흘러가버린다. 자유학기제의 다양
한 프로그램을 잘 활용하면 어렵지 않게 온실을 벗어날 수 있다. 자, 두려
워 말고 꿈에 도전하기 위해 온실을 벗어나 독립심과 자생력을 키워보자.

5. 세상의 중심에 서다

'옴파로스'라는 말이 있다. 중학생 부모님 세대는 의류 브랜드로 기억할 옴파로스는 세상의 중심, 배꼽이라는 뜻이다. 옛날 그리스 사람들이 세상의 중심을 델포이로 정하고 표석으로 세운 것이 옴파로스다. 이렇듯 고대 사람들도 세상의 중심을 궁금해하고 그곳을 신성화하면서 살았다. 그럼 지금 세상의 중심은 어디일까? 바로 우리 자신이다. 나의 가치를 결정하는 것은 오직 나뿐이다. 자신을 믿고, 내 스스로 세상의 중심이 되어야 한다. 그러기 위해 가장 중요한 것이 나의 목표를 결정하는 것이다. 설령 변하더라도 현재 나의 상황에서 가장 하고 싶고 잘할 수 있는 것으로 목표를 가져야 한다. 다행스럽게 자유학기제를 통하여 진로 목표를 선택할 수 있다. 전체적인 프로세스를 잘 살펴보고 하나씩 참여하면서 배우면 진로 선택을 충분히 할 수 있다.

태어나서 지금까지는 미래와 관련해 스스로 무언가를 결정하고 판단하는 경우가 많지 않았을 것이다. 그런데 중학생이 되는 청소년부터는 내가 하고 싶은 것을 해야 할 때 혼자 판단하고 결정 내리는 것을 시작해야 한다. 많은 학생들이 무엇인가를 결정할 때 다른 사람들의 의견이나 간섭으로 인해 두려움을 느끼게 된다. 그 두려움과 타인에게 의지하는 마음을 1학년에 시작하는 자유학기제로 날려버리고 새로운 것에 도전할 힘을 얻을 수 있다. 진로를 선택함에 있어서 선생님, 친구, 부모님, 인터넷, 그리고 방송 등을 통해서 다양한 정보를 접할 수도 있다. 하지만 진로와 관련해서는 너무나 많은 내용이 있기에 모든 조언을 따라 하거나 내 것으로 만들기는 불가능하다. 여기서 중요한 것은 미래와 나의 진로에 관심을 가지되 내가 필요한 것만 선택할 수 있는 능력을 키워야 한다는 것이다. 많은 방향 중에 원하는 방향과 관련된 새로운 것을 받아들이고 도전할 수 있는 것을 찾아나간다면 세상의 중심에 설 수 있는 힘을 가지게 된다.

세상의 중심에 서기 위해서는 목표가 중요한데 이와 관련한 하버드대학의 한 연구 결과가 있다.

미국의 하버드대학에서는 비슷한 환경에서 자라온 사람들을 대상으로 목표가 인생에 끼치는 영향에 대해 연구했다. 이 연구에 의하면 사람들 중 27%는 목표가 아예 없었고, 60%는 희미하게 목표가 있었으며, 10%는 목표가 있었지만 단기적이었고, 단지 3%만이 명확하고 장기적인 목표를 가지고 있었다. 그리고 25년 후 사람들을 추적 연구한 결과 명확한 목표가 있었던 3%는 사회 각계의 최고 인사가 되어 있었고, 단기적인 목

표가 있었던 10%는 사회의 중상위층, 희미하게 목표가 있었던 60%는 사회의 중하위권, 마지막으로 목표가 아예 없었던 27%는 최하위 수준의 생활을 하고 있었다.

위의 연구 결과만 보더라도 목표가 얼마나 중요한지 알 수 있다. 세상의 중심에 서서 주도적인 삶을 살고 싶다면 진로 목표를 확실히 해야 한다. 목표 없이 살아가는 결과가 얼마나 무서운지, 또한 명확한 목표를 가진 사람의 결과는 얼마나 좋은지를 알고서 진로 선택에 충분한 경험과 고민을 해야 한다. 그래서 청소년 시절에 본인의 미래 진로에 대해 명확하고 장기적인 목표를 세우고 실행하는 것이 필요하다. 그러면 위의 연구 결과에서처럼 명확하고 장기적인 목표를 가진 사람의 집단인 3%에 포함될 수 있을 것이다.

우리 모두가 알고 있듯이 청소년 시기는 힘들다. 학교와 학원, 그리고 집에서까지 해야 할 공부가 너무 많다. 조금 쉬어간들 큰 탈이 없음에도 모두가 온 힘을 다해 미친 듯이 뛰고 앞으로만 나아간다. 학교 수업 일수를 채우고 시험을 잘 본다고 해서 앞으로 잘 전진한다고 할 수 있을까? 예전에는 그런 것들이 조금은 도움이 되고 결과도 나쁘지 않았겠지만 앞으로는 힘들어질 것이다. 앞 장에서 언급한 것처럼 자생력이 없어지게 된다. 세상의 중심에 서기 위해서는 자생력이 꼭 필요하다. 그럼 어떻게 하면 세상의 중심에 당당하게 설 수 있을까?

첫째, 뚜렷한 목표의식이 필요하다. 인생 목표가 확실하면 자연스럽게 공부에 대한 목표의식도 뚜렷해진다. 뚜렷한 목표는 공부하고자 하는 마음을 긍정적으로 자극해준다. 먼저 학교 선생님, 부모님과 많은 대화를 하고 함께하는 체험이 필요하다. 아직은 정신적으로 어른이 아니기에 가능하면 선생님과 부모님의 도움을 받아서 목표의식 고취에 도움을 받아야 한다. 진로 목표를 수립할 때는 목표 그 자체보다는 '왜'에 대한 답이 명확해야 한다. 이것은 '무엇을 하며 살 것인가'가 아니라, '어떤 존재로 살 것인가'를 찾는 과정이다. 이것은 삶에서 '무엇을 가장 중요하게 생각하는가?'와 관련이 있다. 사람은 무엇을 선택할 때 대체로 자신의 가치관에 따른다. 가치관이란 자기 자신을 비롯하여 세상 여러 일들과 사상에 대해 갖고 있는 생각이나 태도를 말한다. 아직은 어려서 가치관 정립이 힘들더라도, 삶의 우선적인 가치를 갖는다면 실천하고 목표를 이루는 데 훨씬 도움이 된다.

목표를 수립할 시에 필요한 전제 조건은 그 목표가 무엇보다도 먼저 자신의 미래 희망과 부합해야 한다는 것인데, 이를 위해서는 자신의 능력을 파악하는 것이 먼저다. 자신의 능력 파악은 자유학기제의 진로 상담과 진로 교육, 진로 체험을 통해서 할 수 있다. 그만큼 자유학기제가 중요하다. 평소 자신에 대해서 잘 파악하고 있는 학생도 있고, 실제 자신의 모습보다 목표를 높게 설정하고 용기 있게 스스로를 만들어가는 학생도 있을 것이다. 하지만 대부분의 사람들은 자신이나 가까운 부모님의 잣대로만 평가하기에 스스로를 과대평가할 위험에 빠질 수 있다. 그리고 이로 인한 잘못된 진로 선택으로 좋은 성과를 거두기 어렵다. 그러므로 자유학기제를 통한 다양한 교육과 체험으로 평소 자신의 능력과 자질을 올바르게 파악하고 그것을 또 다른 장점으로 발전시키고자 하는 노력이 필요하다.

둘째, 매일 할 일To do list을 직접 작성하고 실천한다. 진로 목표 선택도 중요하지만 매일 진행하는 실천이 더 중요하다. 목표를 결정하고 기록만 하는 것은 진정한 의미의 목표라고 할 수 없고, 그 목표를 단계별로 하나 씩 실현하는 것이 진정한 꿈이고 목표라고 할 수 있다. To do list를 정 할 때는 목표한 일과 학교생활과 관련된 일을 균형 있게 계획해야 한다. 하루의 해야 할 일들을 정리할 때는 꼭 우선순위 표시를 해야 한다. 그냥 할 일만 나열하는 것은 충분하지 않다. 우선순위를 정하면 중요하고 급 한 일을 먼저 처리하게 된다. 이러한 습관을 들이면 해야 할 일의 처리 속도가 평상시보다 좋아지면서 더 많은 스케줄을 소화하게 된다. 즉, 똑 같은 스케줄인데도 시간이 남아서 짧은 독서 시간을 즐긴다거나 게임을 한다거나 공부를 조금 더 할 수 있는 시간이 만들어진다. 내 경험상 바빠 질수록 신기하게도 더 많은 일을 하게 되고 오히려 예전보다 더 여유가 생긴다. 시간을 아주 효율적으로 관리하고 사용하는 법을 경험으로 배 우기 때문이다. 작은 수첩에 '오늘 내가 할 일'을 적어 나만의 다이어리로 만들 수도 있다.

요즘에는 스마트폰에 스케줄 애플리케이션이 많이 있기에 잘 활용하 면 도움을 많이 받을 수 있다. 아날로그 방식과 디지털 방식은 각각 장단 점이 있다. 나는 2가지를 혼용해서 사용하고 있다. 스마트폰에는 시간대 별 큰 주제만 적어놓고 알람으로 스케줄을 상기시키게끔 만들어 놓고,

나만의 다이어리 노트에는 그날 해야 할 일을 전날 저녁이나 이른 아침에 자세하게 적어서 실제로 실행한다. 이때 자세하게 적은 노트에는 해야 할 일 앞에 우선순위를 숫자와 색깔로 표시하여 순서를 정한다. 처음에는 할 일이 많아서 힘들지만 매일 하는 습관을 들이면 익숙해지고 편안해진다. 이렇게 매일 할 일을 관리하게 되면 하루 24시간을 더 알차게 보내게 되고, 혹시라도 잊어버려서 실수하거나 놓치는 일이 없어지게 된다. 자연스럽게 할 일을 준비하고 조직화하는 능력이 생기면서 내 자신을 세상의 중심에 두고 생활하게 된다.

셋째, 자기 주도 학습으로 잘 먹고, 잘 놀고, 잘 자는 것이다. 학생 신분이라 어쩔 수 없이 공부는 피해 갈 수 없다. 하지만 어렵고 힘들게 느껴지는 공부를 시각만 조금 바꾸어 생각하면 즐겁게 할 수 있다. 목표를 정하게 되면 나에게 필요한 공부가 무엇인지 알게 된다. 그때부터는 더 이상 공부가 힘들거나 어렵지 않다. 오히려 즐겁고 재미있는 시간이 된다. 그것이 바로 자기 주도 학습이다. 굳이 누군가가 강요하지 않아도 스스로 알아서 공부를 하게 된다. 진로 선택을 하게 되면 대부분은 최소한 고등학교까지는 공부를 해야 되는 상황이다. 물론 장래희망에 따라서는 공부가 전혀 필요 없이 기술만 중요한 경우도 있다고 하지만, 사실은 그런 경우라 하더라도 공부는 필요하다. 자신이 목표로 한 어떤 일에서나 국어든 영어든 수학이든 꼭 필요하다.

그런데 실제로 하다 보면 어렵지 않다. 요즘 학원에서 대부분 선행학습으로 너무 앞서가기에 어렵게 느껴지고 하고 싶지 않을 것이다. 하지만 각 학년별로 난이도를 정해두었기 때문에 수업 시간만 잘 이해하자고 생각하면 어렵지 않게 따라가고 흥미를 가질 수 있다. 어떤 학생들에게는 아주 조심스러운 제안을 하나 하고 싶다. 자신의 목표가 확실히 정해졌다면 선행학습만 하는 학원은 잠시 쉬어보는 것이 어떨까? 대신에 미래 진로 목표와 관련하여 하고 싶은 놀이나 다른 공부를 한다면 학교생활이 훨씬 풍요로워질 것이다. 청소년 시기에는 잘 먹고 잘 놀고 잘 자는 것이 먼저이고 최고다. 다만 전제되어야 할 것은 목표의식을 가진 자기주도적인 생활 습관이다.

넷째, 시행착오를 직접 경험하는 것이다. 학교나 부모님이 인도해주는 반듯한 길만 가지 말고 서툰 발걸음이라도 학생이 직접 찾아서 해보아야 한다. 우리들은 해바라기가 해를 따라 움직이듯이 스스로 자신이 원하는 방향으로 갈 수 있게끔 태어났다. 동물적인 감각과 행동일 수도 있는 이러한 본능을 믿고 스스로 세운 계획에 따라 실행하고, 수정하고, 필요할 때 학교나 가족에게 도움을 청하면 된다. 이러한 시행착오를 거치면서 자신이 무엇을 했을 때 행복한지를 알게 된다. 경험을 통해 자신의 적성과 흥미를 알아냈을 때 청소년들은 더욱 자율적이고 독립적으로 행동하게 된다.

위와 같이 목표의식을 가지고 진로를 선택하고, 매일 할 일도 스스로 정하여 실행하고, 시행착오에도 적극적으로 부딪친다면 어떤 일을 하든 세상의 중심에 설 수 있다. 공부를 자기 주도적으로 할 뿐만 아니라 인생도 주도적으로 살게 된다. 이미 경험으로 알고 있는 학생들도 있겠지만, 세상은 평등하지 않다.
하지만 노력하는 만큼 얻
을 수 있다는 의미에서 세
상은 모든 사람에게 평등하
다. 세상은 지극히 이기적
인 사회다. 이 세상은 노력
하지 않고 남의 의지에 의
해 살아가는 사람들에게는 작은 기회조차 얻기 쉽지 않은 곳이다. 따라
서 청소년 시기부터 목표의식을 가지고 자기 주도적으로 생활하며 충분
한 능력을 지녔을 때 세상의 중심에 당당히 설 수가 있다. 그렇게 세상의
중심에 서게 되었을 때는 내가 찾아가지 않아도 원하는 많은 것들이 알
아서 찾아오는 신기한 경험을 할 것이다. 현재 부모님 세대는 이렇게 독
려하고 삶의 방향을 알려주는 사람들이 많지 않아서 아쉬워하는 사람이
많다. 10년 후의 미래 시점에서 지금의 자신을 본다고 상상해보자! 지금
이 순간이 얼마나 소중한지 상상해보자! 선배님들이 겪었던 똑같은 후회
를 하며 살겠는가? 어렵다고 포기하고 주저앉지 말고 자유학기제를 적
극 활용하면서 세상이 쳐놓은 벽을 뛰어넘어 청소년 시절부터 세상의 중
심에 우뚝 서기를 바란다.

6. 목표! 결정하면 이루어진다

"시작이 반이다"라는 속담이 있다. 무슨 일이든지 시작하기가 어렵지,
일단 시작하면 일을 끝마치기는 그리 어렵지 않다는 것을 비유적으로 이

르는 말이다. 아마도 이 말을 들어보지 못한 사람은 없을 것이다. 이 말은 작은 성공 습관을 들이면 큰 성공도 어렵지 않게 이룰 수 있다는 것과도 일맥상통한다. 무슨 일이든 오래 지속하지 못하고 의욕도 없으며 항상 부정적인 말을 쏟아내는 사람들의 공통적인 특징은 바로 목표가 분명하지 않다는 것이다. 목표가 없으면 시작을 할 수 없다. 그래서 "시작이 반이다"라는 문장의 의미를 알지 못한 채 이리저리 헤매고 부딪치며 살아가고 있다. 그들은 아무리 좋은 방법을 알려줘도 실행에 옮기지 못한다. 망망대해를 항해하는데 목적지가 없는 사람들과 같다. 목적지가 없으니 매일매일의 날씨나 다른 조건에 따라 전진하기도 하고 쉬기도 하다가 결국 어디론가 사라져버린다. 반면 진로 목표나 목적지가 분명한 사람은 현재 가장 필요한 의사결정이 무엇인지 빨리 찾아내고 행동에 옮기며, 실행 방법도 보다 효율적으로 찾아낸다. 또 그들은 우선순위에 따라 실행하는 습관이 되어 있기에 부정적인 고민에 빠져 있을 시간이 없다. 그래서 목표가 중요하다. 목표를 결정하면 이루어진다. 아니, 그 이상을 성취하게 된다.

목표와 성공에 관련하여 나의 경험을 공유하고자 한다. 몇 년 전에 나는 초3, 초5인 아들 둘을 데리고 미얀마 껠로(Kalaw)라는 작은 마을에서 트래킹을 한 적이 있다. 높은 산을 등산하기보다는 시골길과 산등성이를 주로 걷는 것이라 힘은 덜 들지만 이틀 동안 25km 정도를 가야 하는 아주 도전적인 트래킹 코스다. 나는 새로운 경험을 좋아하기에 도전하고 싶어 했고 아이들은 아직 어리고 경험이 없다 보니 트래킹 자체를 주저했다.

태어나서 2일 동안 25㎞를 걸은 적이 없었지만 시작이 반이고 결정하면 이루어진다는 논리를 설명해주고 아이들에게 함께 가기를 제안했다. 결국 함께 시도를 했고 무탈하게 완주를 했던 좋은 경험이 있다. 그 자세한 내용은 『1년 동안 학교를 안 갔어!』에서 확인할 수 있다. 아래에 일부 내용을 공유한다.

애들아! 아빠를 포함해 우리들은 나 자신에 대해 스스로 알고 있는 것보다 훨씬 더 큰 잠재 능력을 갖고 있다. 그리고 그 잠재 능력은 그냥 확인할 수 없고 무엇인가를 시작해서 진행하는 과정에서 발휘될 수 있다. 그런데 우리는 학교생활이든 직장생활에서든 가끔은 너무 큰일에 겁을 내서 혼자서 속으로 고민만 하다가 시작도 못 하고 포기하거나 하루 이틀 다음에 하자고 미루다가 그냥 잊어버린 채 살아간다. 그렇게 포기하거나 잊어버린 채 보내 버린 일들은 너희들 성장에 큰 아쉬움을 줄 수도 있다. 매일 발전하는 삶이 아닌 그냥 그렇게 한곳에 멈춰진 채로 살아간단다. 그러면 어떻게 하면 목표를 갖고 발전하는 삶을 살 수 있을까? 누군가가 처음으로 홀로 서울에서 부산을 간다고 가정해 보자. 처음에는 걱정이 태산만큼 클 것이다. 한 번도 가보지 않았고 거리도 멀어서 가는 도중에 길을 잃을 수도 있고 사고가 날 수도 있다. 그런 부정적인 생각으로 인해 시작도 하기 전에 포기하는 사람이 많다. 하지만 이번 껄로 트래킹(미얀마 껄로에서 인레 호수까지 가는 등산 트래킹)처럼 일단 시작하면 되는 것이다. 목표를 결정하고 시작하면 대부분 어떤 방법을 통해서든 이루어지는 것이 세상의 이치다. 그리고 예정 목적지에 도착하지 못하고 대전쯤에서 포기한다고 해도 그것만으로도 많은 것을 해낸 것이라 할 수 있

다. 이번 산행처럼 시작할 때는 하루에 12km를 어떻게 걸을까 상상할 수 없었지만, 일단 시작하니 한 걸음이 100m가 되고 1km가 되고 10km가 되어 결국은 완주할 수 있었다. 목표인 목적지가 있기에 가능한 일이다.

어린아이 2명을 데리고 1박 2일 산행을 한다고 하니 아빠를 아는 많은 사람들은 위험하다고 하지 말라고 조언한다. 너희들도 그냥 트럭이나 버스를 타고 트래킹의 목적지인 인레 호수까지 가자고 한다. 충분히 이해는 갔지만, 아빠는 너희들과 도전을 하고 싶었고 할 수 있다고 믿고 시작한다. 대신 3일을 줄여서 빡빡한 2일로 도전한다. 우리와 함께한 독일인 저널리스트 부부, 가이드, 요리사 등 모두 7명은 첫 만남이지만 서로 배려하고 도와주며 용기를 주고받는다.

그렇게 시작한 트래킹은 그림 같은 풍경들과 자연 관찰 학습이라고 할 만큼 다양한 풀, 나무, 꽃, 야생과일, 동물, 새 등을 만나면서 힘들 겨를이 없이 나아간다. 산 중턱에서는 산딸기를 많이 따 먹을 수 있었고, 'Shiny girls'가 애칭인 미모사라는 작은 나무들을 만지며 놀기도 한다. 한국에서는 쉽게 볼 수 없는 갓 부화한 새끼 새가 있는 둥지도 가까이서 자세히 관찰한다. 물론 지루한 길도 있었고 식사할 때 불편함도 있었지만, 너희들은 큰 불평 없이 하루 일정을 잘 완주한다.

다음 날 이른 아침에 시작한 트래킹은 전날 무리한 이유로 속도가 느리다. 끝없이 이어진 길을 걷는 것과 더위에 지쳐 자꾸 쉬자고 한다. 힘이 들어서인지 처음 보는 식물과 곤충에도 큰 관심이 없다. 마지막 두 시간은 계속 이어지는 오르막, 내리막과 함께 직접 내리쬐는 태양으로 큰 위기에 봉착한다. 계속 걸어도 목적지인 큰 호수는 보이지 않는다. 한 시간을 더 걸어서야 끝날 것 같지 않던 길도 결국 마지막을 보여준다. 시작점에서는 불가능할 것만 같았던 것을 한 발 두 발 걷다 보니 어느새 목적지에 도착한다. 도착했을 때 다리는 후들거리고, 숨 쉬기는 힘들었지만 거친 숨 속에서도 번뜩이는 깨달음이 있다. 성공의 반은 너희들 몸이 한 것이고 나머지 반은 하고자 했던 목표가 한 것이다. 많은 일들이 이와 비슷하다. 걱정되고 불가능한 것처럼 보이지만 한 걸음부터 시작하면 이렇게 목표 지점에 다다를 수 있다. 앞으로는 큰 과제나 프로젝트가 있을 때 이번의 경험을 거울삼아 도전해보자. 그렇게 반복하다 보면 우리 자신도 모르는 잠재력을 깨워서 목표 이상으로 성취할 수 있다.

아이들이 처음으로 도전하여 목적지까지 완주한 이 경험은 '목표를 결정하면 이루어진다!'를 잘 보여주는 사례다. 불가능해 보이지만 목표를 정하고 시작하면 대부분 이루어진다. 지금 가장 소중한 시기에 있는 모든 청소년들에게도 똑같이 해당된다. 여기에서 중요한 것은 '목표와 시작'이다. 꿈이나 목표를 정하기만 하고 시작하지 않으면 아무 소용이 없다. 시작이 반이다. 아니, 시작이 전부고 성공이라 해도 과언이 아니다.

도중에 그만두더라도 그 자체로 충분히 소중한 경험이고 의미 있는 결과다. 자유학기제를 통해 진로 목표를 정해도 좋고 개인적으로 원하는 작은 배울 거리나 즐길 거리도 괜찮다. 끊임없이 목표를 설정하고 시작하는 것이 중요하다.

그 중요한 목표를 잘 세우려면 무엇보다 자신에 대해 바로 아는 것이 먼저다. 기본적인 자기 분석을 통해 현재 자신의 모습을 정확하게 알아야 한다. 자신을 알 수 있는 몇 가지 방법을 소개한다.

첫째, 자기 자신이 이제까지 살아오면서 경험했거나 생각했던 것들을 되돌아보는 것이다. 특히 특정한 날에 본인이 했던 행동과 말로 파악할 수 있다. 중학생부터는 진정한 자신의 모습을 찾아가는 시기다. 과연 나는 어떤 사람인지 과거를 돌이켜보면서 진지하게 생각해야 한다. 과거의 자기 분석을 통해 자신이 가지고 있는 장단점과 스스로 최고라고 부를 만한 것이 무엇인지 알면 그 자체로 성공적인 청소년 시기를 보내는 것이다. 분석을 제대로 했다면 본인의 강점은 키우고 약점은 보완하는 것을 어렵지 않게 할 수 있기 때문이다.

둘째, 자유학기제에서 기본으로 포함된 내용으로 적성과 흥미 테스트를 하여 자신을 알아가는 방법이 있다. 옛날과는 다르게 요즘은 학교 및 관련 기관에서 다양한 프로그램을 준비해놓고 청소년을 기다리고 있다. 온라인으로도 쉽게 접속하여 진로 교육 및 체험을 할 수 있게 되어 있다. 워크넷(www.work.go.kr)과 커리어넷(www.career.go.kr)에 가서 다양한 종류의 적성검사와 심리검사를 할 수 있다. 모두 무료이고 부모님 및 모든 사람이 편하게 이용할 수 있다. 제2의 인생을 설계하는 40대, 50대에게도 도움이 되는 프로그램들이 많이 있다. 내가 진로코칭 상담을 하면서 느낀 점은, 워크넷과 커리어넷을 통한 적성 및 심리검사가 학생들의 적성과 흥미를 매우 객관적으로 잘 분석해준다는 것이다. 혼자 하거나 부모님과 함께 해도 좋고, 해당 지역의 진로센터에 요청하여 전문가의 도움을 받아도 된다.

셋째, 내가 아닌 제3자의 입장에서 나를 바라보는 의견이나 평가를 참고하여 나를 분석할 수 있다. 가장 가까운 가족과 선생님, 학교 친구, SNS 친구, 학원 선생님 등으로부터 생각이나 평가를 정리하면서 내 자신을 알 수 있다. 타인의 의견이라고 무시하기보다는 열린 마음으로 받아들이면 된다. 어떤 경우는 오히려 나보다 남이 나를 바라보고 평가하는 것이 맞을 수도 있기 때문이다. 타인을 통해 나를 아는 과정에서 다른 사람의 가치도 알게 되고 생각하지도 못했던 정보와 기회도 얻을 수 있으니 꼭 시도할 가치가 있는 좋은 방법이다. 그렇다고 타인이 나를 바라보는 시각을 너무 심각하게 생각할 필요는 없다. 참고하면서 나의 또 다른 면이 있다는 것을 인지하면 된다.

위의 방법들을 통해 자기의 깊은 내면까지 잘 분석하면 어떤 것을 좋아하고 적성이 맞는지 알게 되어 제대로 된 진로 선택이 가능하다. 진로 선택과 함께 목표가 정해지면 거의 이루어졌다고 해도 과언이 아니다. 물론 행동이 따라야 가능한 일이다. 청소년들은 본인이 생각한 것보다 훨씬 잠재력이 높다. 목표는 본인을 과소평가하지 말고 '내가 할 수 있을까'라고 생각되는 수준으로 정하면 된다. 내 아들과의 산행도 태어나 처음으로 하는 어려운 1박 2일 산행이었지만 목표를 정하고 시작하니 어떻게든 성공적으로 마무리가 가능했다. 도중에 그만두는 경우는 거의 없지만, 혹시 그런 일이 발생되더라도 잃을 것이 전혀 없는 시도 자체에서 많은 것을 배우고 느끼게 된다. 거창한 인생의 목표나 진로의 목표를 정하기가 힘들다면 작은 목표부터 정하고 시작하면 된다. 작은 목표의 성공이 모여 자신감이 생기고, 성공 습관이 만들어진다. 그때부터는 두려움이 없어지고 더 큰 목표를 정하고 도전하는 마음과 힘이 생긴다. 목표! 지금 관심을 갖고 가능하면 작은 결정이라도 해보자! 그리고 시작하자! 그러면 모두 이루어질 것이다.

7. 좋은 습관 만들기

모든 사람들이 아는 속담에 "세 살 버릇 여든까지 간다"가 있다. 어릴 때 몸에 밴 버릇은 늙어 죽을 때까지 고치기 힘들다는 뜻으로, 어릴 때부터 나쁜 버릇이 들지 않도록 잘 가르쳐야 함을 비유적으로 이르는 말이다. 그만큼 한번 길들여진 습관은 고치기가 힘들다는 것이다. 습관이란 어떤 행위를 오랫동안 되풀이하는 과정에서 저절로 익혀진 행동 방식이다. 우리는 우리가 인지하든 아니든 습관으로 인해 특정한 상황에 노출되면 무의식적으로 같은 행위를 하게 된다. 친구들에게서 쉽게 볼 수 있는 다리를 떤다든지, 머리를 긁는다든지, 손톱을 물어뜯는다든지 하는 것도 모두 습관의 일종이다. 습관이란 무서운 것이라 생각한다. 좋은 습관이든 나쁜 습관이든 한번 몸에 배어버리면 쉽사리 그 습관을 버리기가 힘들다. 그래서 요즘에는 많은 사람들이 나쁜 습관을 고치기보다는 새로운 습관으로 만드는 것에 심혈을 기울이고 있다. 나쁜 습관은 바꾸기가 쉽지 않으니 새로운 좋은 습관으로 바꾸는 것이다. 그렇다고 나쁜 습관을 바꾸는 것이 불가능한 것은 아니다. 목표를 정하는 것과 비슷하게 나쁜 습관을 바꾸려 너무 큰 계획을 세우기보다는 작은 일부터 반복하며 바꾸어나가면 가능하다. 중요한 것은 좋은 습관 만들기는 남들이 해주지 못하고 오직 자신만이 할 수 있다는 사실이다. 내 삶을 결정할 수 있는 좋은 습관을 만들고자 하는 강한 의지가 있어야 한다. 매일 책상 정리하기, 가족에게 긍정적인 말 해주기, 수업 시간마다 질문하기, 한 달에 한 번 봉사하기, 설거지하기, 교복 다리기, 신발 정리하기, 요리하기 등 학교나 집 안에서 할 수 있는 작은 목표를 세우고 매일 도전을 반복하면 나도 모르는 사이 성장하고 변화한 모습을 볼 수 있을 것이다. 이 과정에서 얻은 자신감은 나의 목표를 찾아나가는 힘이 되고 삶을 결정하는 중요한 수단이 된다.

청소년 시기는 이러한 좋은 습관을 만들 수 있는 기회다. 아니, 꼭 만들어야 한다. 자유학기제에도 습관 들이기와 관련한 프로그램이 있으니 참고하면 도움이 될 것이다. 좋은 습관들이 많지만 그중에서도 청소년들에게 도움이 되고 인생 전체에 도움이 될 수 있는 습관들을 이야기하고자 한다. 공부, 독서, 글쓰기, 매너가 그것이다. 자칫 너무 평범해 보일 수 있는 4가지 습관을 잘 들이면 주도적으로 원하는 삶을 살 수 있다.

첫 번째가 공부다. 공부가 습관 만들기에 포함돼 거부감이 드는 학생들이 있을 수 있다. 이미 앞에서 여러 번 얘기했듯이 의미도 모른 채 피동적으로 그냥 따라 하는 공부가 아니고, 진로 선택과 미래 목표를 어느 정도 정한 후의 주도적인 공부를 의미한다. 공부하는 습관이라고 함은 학과와 관련한 것일 수도 있고 자신이 좋아하는 새로운 분야까지 포함된다. 예를 들어 진로 체험에서 경험한 드론에 관심과 흥미가 생겨서 드론 전문가가 되고자 공부할 수도 있다. 드론은 원래 무선전파로 조정할 수 있는 무인 비행기를 이르는 말로 카메라, 통신 시스템, 센서 등 다양한 기술이 포함된 새로운 기계다. 처음에는 군사용으로 개발되었으나 현재는 개인용 드론과 방송용, 농업용 등 많은 분야에서 편리함을 제공해주고 있어 직업적으로도 관심이 높아지고 있는 산업 분야다. 요즘은 정부 행사나 각종 축제에 가면 항상 드론을 활용한 프로그램이나 촬영 등을 볼 수 있다. 화려하게 막을 내린 2018 평창 동계 올림픽에서도 상상하지 못했던 화려한 드론 쇼가 펼쳐져 많은 사람들의 관심도가 높아졌다.

드론 전문가가 되고자 한다면 매일 드론에 대해 공부하는 계획을 짜고 반복해 실행하는 습관을 만들어보자. 하루 중에 자기 전이나 아침에 일찍 일어나서 1시간 정도 드론에 대한 책을 읽거나 유튜브를 보는 것을 계획한다. 처음부터 1시간이 길다고 생각하면 매일 30분씩 해도 된다. 이런 경우는 흥미가 있기 때문에 아침 일찍 일어나기도 어렵지 않을 것이다. 경험상 처음 일주일이나 길게는 2주일이 힘들고 1~2주의 시간이 지나면 습관이 자리를 잡아서 큰 갈등이나 고민 없이 매일 진행하게 된다. 학자들의 의견이나 나의 경험상 매일 할 일은 가능한 일찍 하는 것이 좋다. 마음속에 해야 될 일들을 계속 생각하고 신경 쓰기보다, 좋아하고 꼭 해야 할 일들은 일찍 진행하는 것이 시간을 효율적으로 사용하는 데 도움이 된다. 이런 습관을 만들 때는 필요하면 부모님이나 다른 식구들의 도움을 받는 것도 좋다. 내 의지도 중요하지만 의지만으로 잘 안 될 수도 있기에 다른 사람의 도움을 받는 것도 좋은 방법 중의 하나이니 꼭 요청하기 바란다.

일단 공부하는 습관이 만들어지면 30분이나 1시간을 훨씬 더 효율적으로 쓰는 방법을 자연스럽게 알게 된다. 드론을 공부하다 보면 관련 정보를 외국 전문가나 회사에서 구할 때도 있다. 그러면 드론을 계기로 영어도 공부할 수 있게 된다. 관심 있는 분야를 더 깊게 공부하려다 보면 자연스럽게 영어가 필요하다. 전문용어, 유튜브 영상과 기술들도 영어로 된 내용들이 많기 때문이다. 그전에는 영어 수업이나 학원을 그냥 하라고 해서 했다면 이제는 영어가 필요해서 공부하기 때문에 집중도도 높고 학습 효과도 좋아지게 된다. 이렇게 어떤 한 분야에서 한번 공부하는 습관에 빠지게 되면 다른 분야의 공부에도 시너지 효과가 발생돼 짧은 시간에 더 많은 것을 배우게 된다. 이 모든 것들은 목표와 습관이 만들어낸 긍정적인 결과다. 진로 체험에서 처음 접하게 된 드론에 새로운 관심이 생기고 미래 생활 및 직업과도 관련이 있어 배워보자고 도전한 것이 나비효과처럼 큰 영향으로 나타나는 것이다. 모든 공부가 마찬가지다. 공부가 싫어지고 힘들 때는 '왜?', '무엇을 위해서?'를 생각해보면 어떨까? 미래의 자기 모습을 상상해보고 원하는 진로에 대해 구체적으로 그리다 보면 공부가 의무가 아닌 나의 필요에 의한 주도적인 학습으로 바뀔 것이다. 생활하면서 학교 공부가 됐든 자기가 좋아하는 것이 됐든, 공부하고 연구하는 습관을 만들어보자. 하루하루의 생활이 의미 있고 활기차게 될 것이다.

두 번째는 독서다. 어린 시절부터 대부분의 청소년들은 독서의 중요성에 대해 자주 듣기도 하고 실제로 많은 책을 읽으며 생활한다. 운 좋게 어려서부터 책 읽는 습관이 있는 사람도 있겠지만 대부분은 의무나 강요에 의해서 책을 보거나 도서관에 가곤 한다. 나도 마찬가지로 목적의식 없이 막연하게 좋다고 해서 그냥 도서관 자리를 지켰던 경우가 많았다. 독서는 공부보다는 조금 덜하지만 역시나 목표의식을 가지고 하는 것이 더 효과적이다. 처음에는 가능하면 쉬운 것으로 선택해서 꾸준히 하는 것이 중요하다. 다독과 속독보다는 꾸준히 매일 조금씩이라도 읽는 습관이 더 필요하다. 읽은 책의 권수는 중요하지 않다. 1페이지를 읽어도 생각할 수 있고 무엇인가를 느낀다면 충분하다고 본다. 그런 면에서는 전자책보다 종이책의 효과가 조금 더 좋다고 생각한다. 한편 책과 독서를 얘기할 때 항상 언급되는 사람들이 있다. 말콤 엑스, 빌 게이츠, 워런 버핏, 볼테르 등이다. 이렇게 성공적인 삶을 사는 많은 사람들 중에는 지독한 독서광들이 많다. 그중에서 내가 가장 공감했던 세계적인 투자가인 워런 버핏Warren Buffett의 독서 습관을 공유한다.

① 독서의 목적을 먼저 세운다.

첫 번째 습관인 공부와 똑같이 습관 만들기의 기본이다. 독서를 통해 무엇을 할 것인가를 결정하면 책을 읽을 필요성을 깨닫고 열정을 깨울 수가 있다.

② 책을 통해 능력을 키운다.

책은 중요한 학습 도구이다. 현재의 나보다 더 나은 나를 생각하고 성장할 수 있도록 책이라는 도구를 활용하여 능력을 향상시키는 것이다.

③ 나의 수준을 뛰어넘는다.

어떤 상황에 있든지, 어떤 환경에 있든지 노력 여하에 따라 미래가 달라진다. 자신이 가고자 하는 한계를 넓혀 미래로 나아가는 원동력을 독서를 통해서 만들 수 있다.

④ 끊임없이 노력한다.

노력은 어떤 습관이나 목표든 모두 포함되는 항목이다. 세상에는 공짜나 쉽게 얻어지는 것이 없다. 내가 주도적으로 해야 가능하다. 책 읽기를 통한 학습은 쉬운 과정이 아니지만 책을 통해서 배우고 이루는 결과는 달콤할 것이다.

끝으로 "최고를 지향하라"는 독서 습관이 있는데 청소년 시절에 책 읽는 것과 관련해서는 최고를 지향하기보다는 다양한 분야의 책을 꾸준히 더 읽는 것이 중요하게 생각되어 포함하지 않았다. 하지만 목표를 세우거나 인생 도전을 할 때는 꼭 필요한 습관이다. 자신의 한계를 규정하고

낮은 목표를 세우기보다는 고차원의 목표를 세우면 잠재력을 더 발휘하여 자신이 달성 가능한 목표보다 더 큰 것을 이룰 수 있다.

어렵지 않게 만들 수 있는 독서 습관이 있다. 『샘터』나 『좋은 생각』과 같은 월간지를 거실이나 책상, 또는 화장실에 두고 매일 10페이지 정도씩 읽는 훈련을 하는 것이다. 내용들이 1~2페이지로 짧게 구성되어 있어 어렵지 않고 일상생활에서 모두 접할 수 있는 내용이라 10분 정도만 투자하면 시작할 수 있는 독서 습관이다. 그다음에는 관심이 있는 다른 분야의 책도 시작하고, 필요하면 전문서적까지 읽을 수도 있다. 독서 습관은 환경이 큰 영향을 준다. 집 안이나 학교 어느 장소에서나 간단하게 읽을 수 있는 분위기가 조성된다면 어렵지 않게 독서 습관을 만들 수 있다. 오늘부터 1페이지씩 읽는 것을 시작하면 된다. 그것으로도 충분하다.

다음은 글쓰기 습관이다. 스마트폰과 전자기기의 발달로 글쓰기 자체는 많이 늘었다고 할 수 있다. 하지만 좋은 습관으로서의 글쓰기는 많이 하지 못하고 있는 것이 현실이다. 글쓰기도 연습이 필요하고 좋은 습관으로 만들어야 한다. 글쓰기를 너무 거창하게 생각하면 습관으로 만들지 못한다. 시, 소설, 수필 등과 같은 전문적인 글쓰기를 상상하지 말고 그냥 일기처럼 나의 생활이나 느낌을 연필 가는 대로 쓴다고 생각하면 된다. 청소년 시절부터 글쓰기 습관이 만들어진다면 미래에 무엇을 하든 할 수 있다는 자신감이 생길 것이다. 좋은 글쓰기 습관 만들기도 시작은 목표다. 내가 하고자 하는 공부, 나의 취미 또는 게임에 대해 쓰겠다고 주제를 정해야 한다. 그러면 쉽게 시작할 수 있다. 위에서 언급했던 공부나 독서, 또는 아래에서 얘기할 매너에 대해서 글쓰기를 시작한다면 2가지 좋은 습관 만들기를 동시에 할 수 있으니 실행해 보기를 추천한다.

드론을 공부하는 것과 글쓰기 습관을 예로 들어보자. 일단 매일 써야 한다. 노트북 등 전자기기에 글쓰기를 해도 좋지만 가능하다면 노트에 손으로 쓰는 것을 추천한다. 드론 또는 공부에 대한 진행 사항이나 작은 도전 등 관련된 무엇이라도 기록해야 한다. 쓰는 것이 먼저다. 그리고 계획한 대로 진행되지 못했더라도 기록하고 써야 한다. "오늘 할 것은 무엇이었는데 어떤 일이 발생하여 하지 못했다"라고 글쓰기를 해야 한다. 실패를 기록하면 실패 원인을 돌아보고 나를 분석하고 습관을 보완하게 된다. 끝으로 사실대로, 있는 그대로 써야 한다. 글쓰기 습관은 누군가에게 보여주기 위함이 아니고 나의 성장을 위해 쓰는 것이다. 남의 시선이나 기준은 신경 쓸 필요 없다. 일기를 쓰듯 도전 과정을 매일 기록한 글이 쌓이면 그것을 노력한 나의 성과로도 생각할 수 있다. 진솔하게 매일 쓰다 보면 그 자체가 자산이 되고 차츰 성장해가는 자신을 발견할 수 있을 것이다. 청소년 시기에 목표를 세우고 진행한 소중한 노력들을 붙잡아두고 나중에라도 볼 수 있는 기록으로 영원히 남기는 것이 글쓰기의 결과다.

마지막으로 매너에 대해 언급하고자 한다. 청소년 시기에 가져야 할 좋은 습관 중 하나는 매너다. 집에서나 학교에서나 매너를 잘 모르는 친구들이 있다. 유행가 가사 중에 "젓가락질 잘해야만 밥 잘 먹나요?"가 있다. 물론 대충 먹어도 잘 먹을 수 있다. 하지만 가장 기본적인 매너 중 하나가 식탁 매너다. 요즘에는 집에서 가족끼리 식사하는 횟수가 줄어들어서 그 중요성이 예전보다 약해진 느낌이다. 밥상머리 예절 중에서도 입안에 음식물을 남긴 채 대화하는 것은 절대 금물이라는 것이 기본이다. 이렇게 가정에서 식사할 때 지키는 식사 예절 하나로 충분히 성실한 사회인이 될 수 있다. 그리고 내가 먹은 그릇들은 내가 치워야 한다. 청소년은 집안에서 더 이상 손님이 아니다. 스스로 알아서 본분을 다해야 한다. 따라서 식탁에서의 기본 예절은 지켜주어야 한다.

그리고 바야흐로 지구촌 시대이기에 글로벌 매너도 습관으로 잘 갖추어야 한다. 외국인 친구를 만났을 때는 상대방이 불편을 느끼지 않도록 하는 것이 융통성 있고 유연한 진짜 매너라는 사실을 이해해야 한다. 그리고 외국인을 만나든 가정에서든 "Thank you"나 "감사합니다!"를 자주 하는 것이 좋다. 우리 문화에서는 이심전심으로 내 뜻과 감정이 상대에게 전해질 것이라고 생각하기 때문에 굳이 고맙다는 말을 할 필요가 없다고 생각하는 경우가 많은데, 이제부터는 "감사합니다, 고맙습니다!"를 가능한 한 많이 표현해야 한다. 그래야 우리 삶이 의미 있고 더 행복해질 수 있다. 아무리 가까운 사이라 할지라도 기본 매너는 지켜야 한다는 것이 나의 생각이다.

일상생활에서도 습관화하면 좋은 것이 있다. 학교 교실 문을 통해 오갈 때나 차에 타거나 내릴 때, 뒷사람이나 탈 사람을 배려해서 문을 잡아준다거나 자동차 문을 열어주는 것이다. 내가 외국 출장을 갔을 때 나보다 선배인 일본 분이 습관적으로

타인을 배려하면서 자동차 문을 열어주는 것을 보고 배워서 그 후부터는 항상 그렇게 하려고 노력하고 있다. 이런 작은 배려인 매너를 습관화하면 내 자신부터 기분이 좋아진다. 꼭 자신을 위해서 하는 것은 아니지만 매너를 습관화하면 기쁜 마음으로 더 자주 하게 된다.

좋은 습관 만들기와 관련해서는 완벽한 준비와 결심보다는 이렇게 해보는 것이 좋겠다는 판단이 서면 일단 시작하는 것이 좋다. 좋은 습관 만들기에 실패하는 중요한 요인 가운데 하나가 바로 완벽함에 대한 환상을 갖고 있어서다. 완전히 준비된 다음에 비로소 시작하겠다는 식이라면 자꾸 미루게 된다. 그러는 사이에 시간은 흘러간다. 좋은 습관을 만들 때 불완전함을 받아들이지 않으면 효과를 거둘 수 없다. 처음에는 다짐한 대로 실천하지 못할 수도 있다. 충분히 그럴 수 있다고 생각하고 받아들이고 더 노력해야 한다. 중요한 것은 습관이다. 남들에게는 사소해 보일지라도 나만의 습관으로 활동을 꾸준히 한다면 중요한 일과가 될 것이다. 청소년 시기에 앞에서 언급한 네 가지 습관만 제대로 잘해도 스스로 원하는 삶을 살 수 있는 훌륭한 기본 조건이 된다. 그리고 좋은 습관을 새롭게 갖게 되면 스스로에게 어떤 것이든 보상을 해주는 것이 좋다. 그

것도 내 자신을 위한 것이니 내 자신에게 보상하는 연습도 하고 습관도 들이는 것이 좋다. 노력의 결과로 주어진 나만의 보상은 새로운 습관을 강화시키는 큰 힘이 되기도 한다.

8. 나의 적성 및 흥미 유형 알아보기

나는 어떤 유형의 사람일까? 나는 미래에 어떤 직업이 잘 맞을까? 내가 진정으로 재미있어 하는 것은 어떤 것일까? 내가 잘하는 것은 뭘까? 이와 같은 고민을 많이 하는 시기가 청소년 시기다. 다행히 자유학기제가 있어서 그러한 고민들을 이해하고 해답도 찾을 수 있다. 진로 목표를 정하기 위해서는 자유학기제를 통해서 나를 잘 알아야 한다. 나를 알기 위한 다양한 검사들이 있는데 가장 많이 활용하고 있는 것이 미국의 심리학자인 존 홀랜드John Holland의 직업성격 유형이다. 워크넷(www.work.go.kr)이나 커리어넷(www.career.go.kr)에 로그인하여 청소년 직업흥미검사를 무료로 받을 수 있다. 직업흥미검사는 청소년기에 진로를 결정하고 직업 세계를 탐색하는 데 도움을 줄 수 있도록 개인의 흥미에 대한 과학적인 분석과 다양한 직업 세계에 대한 폭넓은 정보를 제공한다. 이 검사는 능력이나 재능을 측정하는 것이 아니고 다양한 직업 세계에서 학생들의 흥미가 어떻게 나타나는지를 측정 및 분석하는 것이다. 그래서 직업흥미검사의 결과를 직업 선택의 결정적인 단서로 사용하기보다는 다양한 직업 정보자료, 학업 성적, 기타 다른 검사의 결과를 함께 활용하는 것이 바람직하다. 앞의 2개 사이트에 들어가면 성인 대상 검사와 청소년 대상 검사가 있다. 부모님도 함께 검사하여 자녀와 함께 분석하고 진로에 대해 대화하면 부모님과 학생 모두에게 의미 있는 시간이 될 것이다. 요즘에는 초등학교 5학년부터 이러한 검사를 시행하는 학교도 있고, 관심 있는 부모님들은 지자체별 청소년 진로센터의 상담센터를 이용하여 자유학기제 이전부터 진로 탐색을 시작하고 있는 추세다.

직업흥미검사 유형은 분류 유형의 앞 철자를 따서 리아섹RIASEC검사라고도 한다. 홀랜드는 6가지 유형의 진로 선택 이론을 정립한 사람으로, 그는 직업적 적성을 현장형 Realistic, 탐구형 Investigative, 예술형 Artistic, 사회형 Social, 진취형 Enterprising, 사무형 Conventional 등 6가지로 분류했다.

현장형(R)은 신체를 활용한 활동이나 모험적인 작업, 기계를 조작하는 작업에 흥미를 갖고 있고, 눈에 보이는 결과가 나타나는 직업이나 조각, 만들기, 기구 활용, 야외활동 등에 관심이 많다. 즉, 생각하는 것보다는

행동하는 것을 즐거워하는 유형이다. 당면한 문제를 해결할 때는 복잡하고 애매한 것이나 논리, 추론보다는 구체적이고 현실적인 해결책을 좋아한다.

탐구형(I)은 지적 호기심이 강하며 새로운 정보를 분석하고 해석하는 것에 강한 흥미를 가지고 있다. 현장형과는 다르게 사실이나 이론을 논리적이고 분석적으로 해결하기를 선호하는 스타일이다. 이 유형 학생들은 학구적이고 연구하는 활동을 선호하며 스스로 일할 수 있는 환경을 중요하게 생각한다.

예술형(A)은 많은 학생들이 쉽게 이해할 수 있는 유형이다. 창의적인 욕구가 강하고 사물을 자신만의 방식으로 표현하는 것에 흥미를 갖는다. 예로 상상력을 발휘할 수 있는 미술, 음악 등의 활동을 좋아하며, 예술 활동에 직접 참여하거나 관찰자가 되는 것을 선호하기 때문에 예술과 관련된 여가를 즐길 수 있는 생활 환경을 중요하게 생각한다.

사회형(S)은 타인에 대한 관심이 많고 함께 활동하는 것에 흥미를 가지고 있다. 특히 남을 돌보기, 교육하기, 사람들과 함께 협력하기 등 공동체 활동을 선호하는 유형이다. 봉사활동을 좋아하고 사람들과 만나서 대화하고 조직적으로 활동하는 것을 좋아한다. 그래서 이 유형은 사람들과 함께 의견을 나누고 문제를 해결해 나가는 대화와 토론이 가능한 환경을 중요하게 생각한다.

진취형(E)은 공동의 목표를 달성하기 위해 다른 사람들을 이끌고 지도하는 활동에 흥미를 가지고 있는 유형이다. 이 유형의 특징은 목표를 달성하기 위해 문제점이 무엇인지를 빠르게 찾아내 신속하게 파악하는 성향이다. 현재 상황을 파악해 남보다 앞서 나가기를 원하고, 경쟁적인 활동에 참여하기를 좋아한다. 기업가형이라고 하는 만큼 달성 가능한 목표, 대가가 분명한 결과를 예상하고 리더십을 발휘할 수 있는 환경을 편하게 생각한다.

마지막으로 사무형(C)은 일의 목표, 절차, 수단이 명확한 업무에 큰 흥미를 가지고 있다. 특히 잘 짜인 틀 안에서 자료 관리와 같은 정확성이 필요한 업무에서 큰 결과물을 만들어내곤 한다. 따라서 자신에게 기대하고 있는 것, 해야 하는 것을 분명히 알고 질서 정연한 조직에서 활동할 수 있는 환경을 중시한다. 이 유형 사람들은 주로 변화가 적은 환경을 선호하고 창의적인 활동보다는 일 자체의 능률, 효율성, 정확성, 세심함을 더 생각한다.

6가지 유형을 이해하는 것은 청소년 자신을 알 수 있을 뿐만 아니라 친구들이 나와는 다르다는 것을 인정하는 것이다. 각 유형은 독립적이며 어떤 유형에 대한 좋고 나쁨 없이 직업에 대한 흥미의 차이만 있는 것이다. 유형은 독립적이지만 사람에 따라 여러 가지 유형을 가질 수 있고, 유형과 유형이 비슷하게 높은 경우 2가지 유형 모두가 직업흥미라고 생각하면 된다. 유형 해석 시에 원점수가 높은 순서에 따라 두 자리 흥미코드를 사용하기도 한다. 이 검사를 통해 얻을 수 있는 또 다른 하나는 모든 청소년들이 한 방향으로만 가지 않아도 되고 각자의 흥미에 맞게 다양한 직업 분야로 갈 수 있다는 다양성과 차이에 대해 이해하고 받아들이는 것이다. 자신의 흥미와 적성을 제대로 알게 되면 공부에 대한 스트레스도 줄어들고 자신을 위해 스스로 공부하는 발판을 만들 수 있을 것이다.

검사를 하면 해당 유형별로 원점수와 표준점수가 있다. 원점수는 검사에 체크한 숫자를 그대로 합한 것이고 표준점수는 각 흥미 분야에 대한 청소년의 흥미 수준이 다른 친구들과 비교해서 상대적으로 어떤 수준인지를 확인시켜주는 것이다. 표준점수의 평균은 50점으로 되어 있으며 50점보다 높으면 흥미 수준이 상대적으로 높다고 할 수 있다. 즉 원점수는 개인의 흥미를 보여주는 것으로 스스로 좋아하거나 싫어한다고 주관적으로 여기는 흥미를 나타낸다. 반면 표준점수는 다른 친구들과 비교한 상대적인 나의 흥미 수준을 보여주는 것으로 보조적으로 잘 활용할 수 있다. 일반 흥미 유형은 유형별 흥미 특징, 자기 평가, 타인 평가, 선호 직업활동, 적성, 성격, 가치, 회피활동, 대표 직업 등이 표시되어 있다.

표 8-1 유형별 특징

흥미 유형	코 드	흥미	직업활동	잠재능력	가치
현장형	R	기계, 컴퓨터, 네트워크, 육상, 야외활동	기구 조작, 도구 사용, 건축, 수리, 안전 제공	기계 발명, 손재주, 신체조정 능력	전통, 실용성, 상식
탐구형	I	과학, 의학, 수학, 연구	연구실 작업, 연구 활동, 추상적인 문제 해결	수학적 능력, 분석력, 연구, 집필 능력	독립성, 호기심
예술형	A	자기표현, 예술 감상, 커뮤니케이션, 문화	작곡, 공연, 작문, 시각예술 창조	창의성, 음악성, 예술 표현	아름다움, 독창성, 독립성, 상상력
사회형	S	사람, 공동 작업, 봉사, 공동체 서비스	교육, 상담, 직업 훈련, 간호	대인 간 능력, 언어 능력, 청취 및 관심 표현	협동, 관대, 타인에게 봉사
진취형	E	경영, 정치, 리더십, 창업	판매, 경영, 설득, 마케팅	언어 능력, 지시 능력, 동기부여 능력	모험, 지위, 경쟁, 영향력
사무형	C	구성, 자료 관리, 회계조사, 정보시스템	절차 구조 설정, 구성, 자료 기록, 컴퓨터 응용 개발	숫자 능력, 자료 분석, 금융, 세부 내용 다루기	정확성, 안정성, 효율성

검사를 완료하면 흥미 육각형 모형에 대한 정보도 제공된다. 검사한 6가지 흥미 수준을 육각형 모형으로 옮겨 놓은 것으로 정육각형 내부에 그려진 육각형이 흥미 특성을 나타낸다. 육각형 모양과 크기의 2가지로 해석할 수 있다. 육각형 모양이 한쪽으로 튀어나와 있으면 다른 흥미 유형에 비해 튀어나온 쪽의 유형에 아주 강한 흥미를 가지고 있다고 해석할 수 있다. 반면에 모양이 정육각형에 가까우면 모든 유형에 비슷한 정도의 흥미를 가지고 있는 것으로 아직 정확한 유형을 파악하기에는 시기상조라 할 수 있다. 육각형의 크기가 크면 전반적으로 모든 유형에 높은 흥미를 가지고 있다고 볼 수 있고, 크기가 작으면 모든 유형에서 낮은 흥미를 가지고 있다고 볼 수 있다.

기초 흥미 분야는 일반 흥미 유형을 보다 더 다양하고 구체적으로 세분화하여 특정한 분야에서 개인의 흥미를 나타내준다. 일반 흥미는 개인의 흥미 경향성을 유형화한 것인 반면, 기초 흥미 분야는 구체적인 분야에서 수행하는 일의 내용과 관련한 흥미 정도를 13개의 영역에서 보여주는 것으로 검사한 청소년의 적성과 직업에 조금 더 다가서는 분석 방법이다. 기초 흥미 분야부터 대표 직업 및 학과 목록까지 표시되어 진로 설계에 많은 도움을 받을 수 있다.

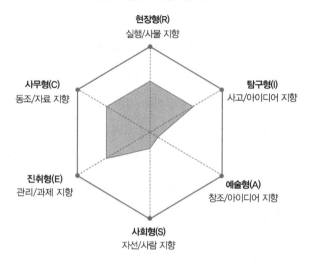

표 8-2 흥미 육각형 모형 예시

현장형(R)
실행/사물 지향

탐구형(I)
사고/아이디어 지향

사무형(C)
동조/자료 지향

예술형(A)
창조/아이디어 지향

진취형(E)
관리/과제 지향

사회형(S)
자선/사람 지향

이 검사는 학생 본인의 적성을 알아보기 위한 직업흥미검사다. 30여 분 동안 검사하며, 많은 질문이 있지만 집중해서 솔직하고 성실히 각 문항에 체크를 해야 한다. 검사 결과에는 부주의성, 사회적 바람직성, 일관성, 변별성 등이 표시되어 검사의 신뢰도를 확인할 수 있다. 예로 부주의성의 경우 집중해서 성실하게 응답한 정도를 나타내는 것으로 부주의성 점수가 기준 점수보다 높은 사람은 성격검사의 문항을 건성으로 읽고 성실하게 답하지 않았을 가능성이 있는 것으로 판단한다. 상담을 하면서 검사를 하다 보면, 가끔 어떤 학생은 검사를 시험과 같은 테스트로 잘못 생각하는 경우가 있다. 이 검사는 아마도 자신을 알아가고 바로 세우기 위한 첫 번째 시도일 것이다. 학교 선생님, 부모님 또는 진로상담사의 눈치를 전혀 볼 필요 없이 오직 자신만을 위해 제대로 된 분석을 해야 한다.

성실한 자세로 검사를 하고 나면 학생들은 본인의 적성 유형을 제대로 파악할 수 있다. 자신의 적성을 정확하게 알게 되면 진로 목표도 어렵지 않게 정할 수 있다. 자유학기제를 통한 심리검사가 진로 탐색의 첫 출발이다. 검사 결과에서 가장 많이 나온 유형부터 관련된 직업 체험과 공부를 시작해서 3번째 유형과 관련된 직업까지 경험해 볼 것을 권장한다. 왜냐하면 앞에서도 언급했듯이 검사 결과가 절대적인 것은 아니기에, 진로의 폭을 더 넓게 경험하고 알아보는 시도가 필요하기 때문이다. 나를 알아가는 첫 번째 경험인 직업흥미 유형을 통해 삶을 결정할 수 있는 좋은 기회를 놓치지 않기를 희망한다.

9. 4차 산업혁명과 자유학기제

나는 매일 접하는 뉴스, 유튜브를 보거나 강의를 들으면서 다가오는 미래가 심상치 않음을 피부로 느낀다. 고민도 많이 되고 공부도 많이 필요해 책과 강의를 통해 정보를 구하고 있다. 현재 중학생들이 10년 후에 맞이할 사회에는 4차 산업혁명, 인공지능과 로봇, 빅데이터, 3D 프린터 등이 핵심이 될 것이다. 미래 변화의 핵심이 기술 혁신인 사회에서는 위에 언급한 분야에서 일하는 사람뿐만이 아닌, 동시대를 살아가는 모든 사람이 기술을 이해하고 적응해야 한다.

10년 후를 위해서 자유학기제는 4차 산업혁명의 핵심인 기술 혁신과 관련된 프로그램을 준비하고 청소년들을 기다리고 있다. 지방자치단체별로 차이는 있지만 4차 산업혁명 체험센터가 있어서 언제든지 찾아가서 드론 스쿨, 3D 프린터 스쿨, 코딩 스쿨, 로봇/Iot 스쿨, VR 스쿨 등을

배우고 체험할 수 있다. 이렇게 자유학기제는 미래 직업인이 될 우리 청소년들에게 반드시 필요한 정보와 교육과정을 준비해, 주입식 교육에서 벗어나 체험하며 느끼고 배우는 질적인 성장을 할 수 있도록 도와주는 든든한 징검다리 역할을 하고 있다.

앞에서 잠깐 언급한 것처럼 4차 산업혁명 시대에는 가장 중요한 것이 융합Convergence이라고 했다. 진로 목표가 IT나 기타 기술에 관련한 것이 아니라고 할지라도 관심을 가지고 알아야 본인이 추구하는 목표와 잘 조화시켜 살아갈 수 있다. 창의적인 인재가 필요한 4차 산업혁명 시대가 다가옴에 따라 정부에서도 학생들이 자율적으로 배우고 싶은 분야를 선택하도록 교육체계를 마련할 예정이다. 학생들이 원하는 교과목을 집중해 배울 수 있는 교과중점학교를 기존 231곳에서 300곳까지 늘리고 운영 과목을 다양화하기로 했다. 학교에서 직접 개설하기 어려운 과목은 쌍방향 온라인 실시간 수업(미네르바 스쿨)을 5개 시도에 시범적으로 운영하도록 신규 도입하여 학생들의 학습 선택권을 확대하기로 했으니 잘 찾아서 배우기만 하면 된다.

그럼 4차 산업혁명이란 무엇일까? 18세기 증기기관 기반의 기계화 혁명이 1차 산업혁명이고, 19세기에 전기 에너지를 기반으로 대량생산이 가능해진 것이 2차 산업혁명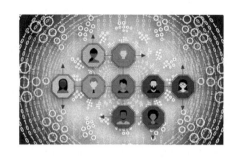
이다. 20세기 후반의 컴퓨터
와 인터넷 기반의 지식정보
혁명이 3차 산업혁명 시대
였다. 그리고 현재부터 시작
해 앞으로 가속화될 전혀 다
른 세상으로의 변화가 4차 산업혁명이다. 원래 '4차 산업혁명'이란 용어
는 2016년 세계경제포럼 WEF: World Economic Forum에서 처음으로 언급된 개
념이다. 이것은 2차 정보혁명이라고도 할 수 있고, AI 및 SW 기반의 지
능과 클라우드와 빅데이터 그리고 사물인터넷과 같은 정보가 하나 되는
지능정보 기술의 시대라고 할 수 있다. 즉 인공지능, 사물인터넷, 빅데이
터, 모바일 등 첨단 정보통신 기술이 기존 산업과 서비스에 융합되거나
3D 프린팅, 로봇공학, 생명공학, 나노 기술 등 여러 분야의 신기술과 결
합되어, 일상생활의 모든 제품과 서비스를 네트워크로 연결하고 사물을
지능화하는 것이 4차 산업혁명 시대다. 대부분의 업종과 산업 분야에서
4차 산업혁명이 더 확대되고 빠른 속도로 다가오고 있고 그 영향이 클 것
이라 예상되는데, 아마 상상 그 이상의 시대가 올 수도 있을 거라는 생각
이다.

4차 산업혁명 시대를 살기 위해 우리는 어떤 준비를 해야 할까? 청소
년들의 부모님 세대는 미래 사회에 큰 변화가 있을 것으로 인지는 하지
만, 현실에 당면한 문제들로 인해 준비할 시간이나 의지가 부족한 상황
이다. 반면에 지금 자유학기제라는 제도와 함께하고 있는 청소년들은 선

배들이나 부모님 세대보다 환경적으로나 시간적으로 충분히 잘 준비할 수 있는 여건 속에 있다. 4차 산업혁명이 오기 전에 대한민국의 교육 정책에 자유학기제나 자유학년제가 가져온 패러다임의 변화는 청소년들에게 천군만마와 같은 든든한 지원군이 될 것이다. 그러한 분위기를 반영하여 최근 교육부에서 4차 산업혁명을 대비한 추가적인 업무 목표도 추진하고 있다. 창의융합 인재 양성을 위한 교육의 기치 아래 흥미와 적성을 살리는 수업 기회 확대, 지능정보 사회 대비 맞춤형 교육 제공, 자유학기-일반학기를 연계하는 학교 운영, 코딩 교육을 위한 정보 과목 신설 등을 진행 중이다. 청소년 입장에서는 정말 좋은 기회이고 감사해야 할 것이다. 그리고 이 기회를 잘 활용하여 인공지능과 로봇이 대세인 사회에서 잘 살아남기 위해 중학교 3년 동안 최선을 다해서 나를 알아가고 진로 목표를 정해야 한다.

산업혁명 구분	시기	내용
1차 산업혁명	1784년	증기, 기계 생산
2차 산업혁명	1879년	전기, 노동 분업, 대량 생산
3차 산업혁명	1969년	전자, 정보 기술, 자동 생산
4차 산업혁명	?	사이버-물리 시스템

4차 산업혁명 시대 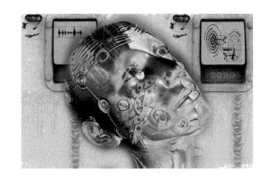 는 한 가지에만 뛰어난 능력이 있는 인재보다 는 다재다능한 인재를 더 필요로 하는 사회가 될 것이다. 이러한 사 회 변화에 따라서 학생 들의 인식도 변해야 한다. 앞으로 10년 후에 어떤 산업이나 직업이 주목 받을 것인가를 생각해 봐야 한다. 여러 번 언급한 것처럼 미래 시대의 인 재상은 한 가지 업종에서 뛰어난 사람보다 다양한 경험을 통해 다방면 에 지식을 가지고 있는 사람을 필요로 한다. 그래서 중학교 1학년에 진 행하는 자유학기제나 자유학년제가 아주 중요해졌다. 앞으로 우리 청소 년들이 사회에 나갈 시기에는 4차 산업혁명으로 인해 인간과 사물, 현실 과 사이버가 융합되는 시대가 오기에 이 기회를 잘 활용하면 충분히 대 비를 잘할 수 있다. 당장 눈앞의 현실이 아니라 멀리 보고 진로를 선택할 수 있는 시간을 가질 수 있다.

예를 들어 코딩 교육은 단순히 컴퓨터 프로그래밍 기술을 배우는 것 이 아니다. 단순히 블록으로 된 컴퓨터 언어를 채워 넣어서 뭔가를 만 드는 것을 넘어, 그 과정에서 문제 해결을 위해 논리적으로 생각하는 능력을 키우는 데 근본적인 목적이 있다. 다행스럽게 코딩에 관련해서 는 2018년부터 중학교 1학년 정보 과목 시간에 34시간 이상, 2019년부 터는 초등 5, 6학년 아이들도 실과 과목에서 17시간 이상 배울 수 있게 포함되었다. 그래서 자유학기제를 통해 진로를 체험할 때는 기술이나 컴퓨터에 관심이 없더라도 적극적으로 참여해 문제 해결 능력을 키우는 것이 중요하다.

4차 산업혁명이 없더라도 자유학기제는 중요한 제도다. 다양한 관심 분야를 경험할 수 있기에 소중하게 생각하고 적극적인 참여를 해야 한다. 그리고 정부와 교육부 및 지방자치단체에 속해 있는 교육지원청은 이를 위해 '진로 교육을 위한 지속적인 예산 투입', '공공기관, 지자체, 민간기업의 협력 체제'가 활성화되도록 적극적으로 이끌어가고 있다. 다행히 올해부터 진로 교육에 대한 예산도 높아지고 투자도 좋아져서 학생들이 좋은 환경에서 공부할 수 있다. 그리고 청소년은 교육부와 지방자치단체에서 진행하는 자유학기제를 통해 학생 참여형 수업과 다양한 프로그램에 적극 참여하면 된다. 그러면 결국 '창의성, 인성, 사회성' 등과 같은 미래 지향적 역량을 기르고, 자유학기제의 주된 목적인 꿈과 끼를 키워 제4차 산업혁명 시대를 이끌 수 있는 창의적인 미래형 인재로 성장할 수 있다.

제3장

자유학기제,
이렇게 활용하라

꿈을 찾는 자유학기제

이제 어느 정도 자유학기제가 얼마나 소중한 기회인지 알게 되었으리라 생각한다. 청소년들이 삶을 결정할 수 있는 자유학기제를 어떻게 활용하느냐에 따라 앞으로의 진로와 장래 목표에 큰 차이가 있을 것이다. 지방자치단체별로 어떤 학교는 1학기 동안 자유학기제를, 어떤 학교는 1년 동안 자유학년제를 실시한다. 교육부는 작년 11월에 '중학교 자유학기제 확대, 발전 계획'을 확정해 발표했다. 핵심은 자유학년제 도입이다. 자유학기제를 2번 진행하여 1년 동안 한다는 의미다. 희망 학교를 접수한 결과 전국 3,210개 중학교 가운데 약 46%인 1,470곳이 1학년 내내 시험을 치르지 않는 자유학년제를 운영하기로 했다. 나머지 학교들은 예년처럼 한 학기만 무시험으로 운영하는 자유학기제를 유지하는데, 지역별로는 광주, 경기, 강원교육청이 관내 모든 중학교에 자유학년제를 적용하기로 했다.

　받아들이는 학생에 따라서는 6개월이나 1년이 길 수도 짧을 수도 있다. 시험을 치르지 않고 내신에도 들어가지 않는 기간이니 그냥 편하게 학교만 다니면 된다고 생각할 수도 있다. 그러한 태도로 6개월이나 1년을 그냥 보내버리면 그 이전과 비교해서 변화된 것은 아무것도 없이 또 그냥 선배들이 지나갔던 전철을 답습할 수밖에 없을 것이다. 정확한 자기 분석에 의한 진로 목표 없이, 부모님이나 남들이 좋다고 하는 고등학교나 대학교를 가기 위해 즐거운 공부보다는 지겹고 힘든 공부를 할 것이다. 반면에 6개월이든 1년이든 자유학기제라는 제도의 취지를 잘 이해하고 하나씩 잘 따라간다면 인생을 통틀어 최고의 1년을 만들 수가 있다. 학교나 기관에서 준비한 프로그램뿐만 아니라 평상시 관심 있었던 분야도 스스로 찾아다니면서 그 분야의 전문가도 만날 수 있고, 막연하게 알았던 지식이나 정보도 깊고 확실하게 알 수 있을 것이다. 그렇게 자유학기제나 자유학년제를 잘 활용하게 되면 자신이 무엇을 좋아하는지와 어른이 되어 어떤 직업으로 살아갈지를 결정할 수 있다.

　진로 목표가 결정이 나면 그다음부터는 인생 자체가 즐거움으로 변한다. 아침에 일어나는 것도 기쁘고 학교에 가서 공부하는 것도 즐겁고 스스로 시간을 정해 게임하는 것도 예전과는 다르게 더 재미있고 소중한 시간이 된다. 너무 어렵게 생각하지 말고 매주 오후에 진행하는 주제 선택 활동, 예술 체육 활동, 동아리 활동, 진로 탐색활동 등에 적극적으로 참여하기만 해도 자기 자신을 분석할 수 있고, 어렵지 않게 진로 목표를 찾을 수 있다. 다만 자율과정 관련 수강 신청은 선착순으로 진행하다 보니 원하는 과정이 아닌 다른 과정을 수강할 수도 있다. 이때는 전화위복으로 생각하고 새로운 산업과 직업 분야를 배우는 좋은 기회로 삼는 긍정적인 태도가 필요하다. 그것 또한 자유학기제를 통해 배우는 사회생활 중 하나라고 생각한다. 자유학기제에는 학교에서 진행하는 다양한 진로 탐색활동도 가능하지만 스스로 만들어가는 탐색활동도 필요하다. 매일 오후 시간이나 주말을 효과적으로 잘 활용하는 습관을 만들어 주도적인 학교생활 및 사회생활을 할 수 있는 기틀을 마련하기 바란다.

1. 여행을 떠나요

사실 많은 기성세대는 청소년기에 장래 무엇이 될지 치열하게 고민해본 적 없이 그 시기를 보냈다는 생각이 든다. 한마디로 '우물 안 개구리' 시절이었다. 대양이 존재하는지도 모르고 우물 안의 사회만 보고 자라다 보니 그것이 전부라고 생각하며 살았다. 대부분 삶들이 비슷하기도 했고 특별하게 다른 삶을 사는 사람도 많지 않았다. 그러나 지금은 지구촌 시대다. 한국을 넘어 다양한 나라와 큰 바다가 있는 것을 알고, 지구를 벗어나면 다른 행성이 있는 것을 청소년들은 모두 알고 있다. 이미 우물 안의 개구리를 벗어난 상태다. 그러나 우물 밖에 대한 막연한 지식만 있고 생각은 여전히 한국에 머물러 있다면 그것은 또 다른 '우물 안 개구리'다. 자신만의 신념이나 생각을 갖지도 못한 채 매일 학교와 학원만 다람쥐 쳇바퀴 돌듯이 다닌다면 이미 SNS 등으로 모든 지구촌 사람들이 연결되어 있는 이 시대에 또 다른 이방인이 될 수도 있다는 얘기다.

'우물 안 개구리'의 사고를 벗어던지고 자유학기제를 더 잘 활용할 수 있는 첫 번째 방법이 여행을 떠나는 것이다. 바쁜 일상에 지친 사람들에게 생각하는 것만으로도 단비와 같은 기쁨을 선사해주는 것이 여행이다. 어른들에게 하고 싶은 게 무엇인지 물었을 때 여행이라고 대답하는 사람들이 아주 많다. 몇 년 전 취업포털 회사에서 진행한 '가장 하고픈 버킷리스트'를 묻는 설문에서는 약 75%가 여행이라고 답변할 정도였다. 그러나 아직 청소년들에게는 어른들이 필요로 하는 그런 여행은 많지 않을 것이다.

여행을 떠나게 되는 이유는 제각기 다르고, 여행을 떠나야 하는 이유도 셀 수 없이 많다. 기념일, 계절맞이, 힐링, 극한 체험, 현실도피, 역사 탐방, 사색, 쇼핑, 스포츠, 도전, 식도락, 공부, 가족, 출장, 독서, 콘서트 등 어떤 이유로든 누군가가 떠나면 그것이 여행이 된다. 사람들은 무엇인가 큰 결정을 할 때, 또는 외로울 때, 또는 자신만의 세계를 상상하고 그것에 깊이 빠져들기 위해 여행을 떠나기도 한다. 그런 여행 후에는 열정적으로 창의성을 발휘하기도 한다.

흔히 "인생은 여행과도 같다"라는 말을 자주 한다. 사실 하루하루 살아가는 것이 여행이며 인생일 수 있다. 이렇듯 사람은 여행을 통해서 자신의 삶을 성찰하고 많이 배우고 성장한다. 특히 어린 시절 및 청소년기에 여행이란 삶의 목표나 가치관을 형성하는 데 큰 자양분이 된다. 그 자양분을 진로 탐색활동에 쏟아부어 자신에게 맞는 진로 선택을 하면 된다. 여행을 자주 못 하는 학생들도 자유학기제에 준비된 프로그램들만 열심히 해도 여행하면서 배우고 느끼는 것을 유사하게 경험할 수 있을 것이다. 청소년 시기에 나를 키우고 미래 진로를 선택하는 방법은 다양하지만, 여행은 더 폭넓고 직접적인 경험을 제공하기에 청소년기에 꼭 기회를 만들어 실행해 보기를 바란다.

나는 어려서부터 여행하기를 좋아했다. 모르는 곳에 가는 두려움이 항상 존재했지만 기대 또한 항상 함께하기에 자주 떠나곤 했다. 스스로 큰 성취를 했을 때는 그것에 대한 보상으로 가까운 산이나 도시로 여행을 떠나기도 했고, 힘들고 불안하고 방황과 마주할 때도 자연을 친구 삼아 여행을 떠나기도 했다. 신기한 것은 나에 대한 보상으로 떠난 여행이든 해답을 찾기 위해 떠난 여행이든, 출발하면서부터는 여행에 집중하게 되면서 다른 생각들은 하지 않는다는 것이다. 물론 사람마다 차이는 있겠지만 일단 떠나면 그 자체로 많은 것을 얻게 된다. 그러는 과정에서 뜻하지 않게 나의 고민거리가 해결되고, 새로운 방법들이 생각나서 즐거운 마음으로 돌아오곤 했다.

여행은 반나절도 좋고 하루도 좋고 일주일도 좋다. 학교생활과 병행해가며 자주 여행을 간다고 생각하면 자주 여행을 갈 수 있다. 해외로 장기 여행을 가는 것처럼 너무 거창하게 생각할 필요는 없다. 동네 주변 도서관 여행도 괜찮고 공원 여행도 좋다. 공부하면서 생각이 많아지거나 진로 체험활동을 하면서 자신의 미래 목표를 깊게 생각하고 싶을 때 짧게라도 떠나면 된다. 한적한 자연은 자연대로 소통할 수 있고, 사람이 많은 번화가에서는 다양한 사람들이 살아가는 모습을 보면서 나의 생각과 나의 미래를 정리할 수 있다. 기회가 된다면 해외여행을 가보는 것도 추천한다. 우리는 초고속 인터넷 세상에 살고 있고, 하루가 다르게 급변하고 있는 거대한 SNS 세상 속에서 살고 있다. 온라인상에서 세상을 이해하는 것도 나쁘지는 않지만, 직접 세상을 겪고 만나면서 경험하는 것이 실질적으로 진로 목표를 결정하는 데 더 큰 도움이 될 것이다.

"세상은 넓고 할 일은 많다"를 직접 세상을 경험하며 배우기 위해 아들 둘과 해외 장기 여행을 한 적이 있다. 장기 여행의 목적은 내 2번째 인생 진로 목표를 세우기 위함과, 청소년인 아들이 세상과 부딪치면서 자신을 알고 삶의 목표도 진지하게 생각할 수 있는 시간을 갖기 위함이었다. 따라서 나와 아들 모두의 진로 목표를 찾기 위해 떠난 여행이었다. 각자 배낭에 걱정과 기대를 가득 안고 출발했다. 각자 가지고 있었던 걱정들은 여행을 하면서 먹고 자는 것에 신경 쓰느라 까마득히 잊어버린 채 그냥 다양한 문화와 사람들을 만나는 것에 대한 기대와 흥미를 느끼며 다녔다. 아시아, 유럽, 북아메리카, 남아메리카 등 여러 대륙에 걸친 많은 나라들에서 먹고 자고 현지인들과 부대끼면서, 세상은 넓고 사람들은 다양하고 수많은 직업도 있다는 것을 몸소 체험했다. 불가능해 보였던 시도들도 일단 시작하면 끝낼 수 있다는 무한한 잠재력도 알게 되었다. 어쩌면 그 하나로도 충분한 여행이었다. 이곳저곳 지구촌 구석구석 여행하는 시간을 의미 있게 만드는 방법 몇 가지를 청소년들에게 공유하고자 한다.

1) 인간도 처음에는 동물로 태어났다는 것을 인지하고 내가 누구인지 알려고 노력한다

인도나 일부 아프리카 나라에서 지내다 보면 나 또한 동물의 일부라는 것을 느낄 수 있다. 낯설고 힘든 환경에 점차 인간의 본래 모습도 이해하게 되면서 내 자신을 있는 그대로 볼 수 있고 개선할 수 있는 부분도 알게 된다. 나의 무한한 잠재 능력과 가치 또한 발견하는 소중한 경험이 된다.

2) 길을 알아도, 언어가 통하지 않아도 무조건 물어보는 것이다. 사람을 사귀는 첫 번째 방법이다

세상에 완벽한 것이 없듯이 여행도 마찬가지다. 아무리 준비를 많이 한다고 해도 떠나면 모든 것이 새롭게 다가온다. 숙소를 찾든 여행지를 찾아가든 식당에서 식사를 할 때든, 항상 물어보는 습관을 들이는 게 좋다. 처음에는 두렵고 어떻게 해야 할지 모를 수 있다. 그것은 지극히 당연한 심리 상태다. 우리들 또한 그랬다. 한 번, 두 번 횟수가 많아지자 조심스럽고 자신감 없던 마음은 사라지고 오히려 물어보면서 현지 사람도 알게 되고, 기대하지 않았던 좋은 정보를 얻었던 기억에 더 적극적으로 자주 물어보게 되었다. 질문하는 습관은 학교 수업이나 학원 또는 친구

들 간의 대화에서도 중요한 역할을 한다. 혹시라도 이해가 조금 부족한 부분이 있다면 오늘부터 바로 물어보도록 하자! 인생에 큰 긍정적인 변화를 가져올 수 있고 질문하는 과정에서 귀인을 만날 수도 있다.

3) 무엇이든 하고 싶으면 지금 당장 시도하는 것이다

나로부터 시작된 것이 아니라도 괜찮다. 팔랑귀가 되어 남들이 제안한 것을 하는 것도 나쁘지 않다. 시행착오 속에서 소중한 가치를 알게 된다. 그러나 여행을 하는 사람의 대부분은 정해진 일정에서만 움직이려고 하는 습성이 있다. 환경과 언어가 낯설기에 섣불리 행동하지 못한다. 미국의 교육학자인 존 셰드가 했던 말이 있다. "항구에 닻을 내리고 있는 배는 안전하다. 하지만 그것이 배의 존재 이유는 아니다." 맞는 말이다. 여행을 하는 이유는 안전하게 정박해 있는 것이 아니다. 두렵고 걱정되지만 어떤 일이 벌어질지 모르는 새로운 세계로 나아가는 것이다. 그것이 여행이다. 그러한 경험을 통해 우리들 자신이 더 강해지고 세상을 바라보는 시야도 더 넓어진다. 인터넷이나 TV를 통해서 얻을 수 있는 정보도 물론 중요하고 도움이 되지만 한계가 있다. 직접 경험해 보아야 실패도 내 것으로 만들 수 있다. 처음에는 모든 사람을 믿고 따라 해 보자! 나중에 하려고 하면 평생 못 할 수도 있다. 여행에서의 기회비용은 조금 높을 수 있다는 것을 감안하고 일단 해보는 것이 중요하다. 사람마다 느끼는 기분과 감정이 달라서 다른 사람들이 대부분 부정적인 피드백을 주었던 여행 장소가 자신에게는 더없이 소중한 추억으로 남을 수도 있기 때문이다.

나와 아들들에게는 그리스 카르페니시Karpenisi라는 작은 마을이 그랬다. 대부분 알지 못하고 추천하지 않았던 장소였지만 다른 나라 배낭여행자에게 우연히 좋다는 소리를 듣고는 무작정 갔던 여행지였다. 가는 길은 좁고 꼬불꼬불 험했지만, 다음 날 맞이한 마을은 한 폭의 그림처럼 아름다웠고 기대하지 않았던 장관을 맞이한 소중한 경험이었다. 친절하고 똑똑한 호텔 아주머니와 한국과 그리스 경제 이야기, 사람 사는 이야기도 오랫동안 하며 충만한 감정도 나눌 수 있었다. 무모할지라도 이렇게 시도하다 보면 좋은 경험이 되어 더 단단한 사람이 될 수 있다. 물론 그 과정에서 실패도 하겠지만 그 실패조차도 청소년의 미래에는 좋은 경험의 밑거름이 될 것이다. 실패는 과정이다. 두려워하지 말고 무엇이든 매일 시도하는 여행자의 삶을 사는 태도로 하루를 보내기 바란다.

4) "깎아주세요!"라고 하면서 진정한 협상력을 배울 수 있다

청소년들에게는 아직 협상이라는 단어가 친숙하지 않다. 깎아달라는 말도 쉽게 하지 못한다. 아마도 전혀 다른 세계에서 사용하는 언어로 취급할 수도 있다. 그러나 이 말로 세상 살아가는 중요한 수단을 배울 수 있고 협상력도 키울 수 있다. 협상이라고 하면 왠지 비즈니스상에서 쓰이는 거창한 말처럼 느껴질 수도 있다. 하지만 우리의 삶은 아침부터 저녁까지 온통 협상 속에서 이루어진다. 특히 우리가 좋아하는 여행은 더욱더 협상과 밀접한 관련이 있다. 일반적인 표현으로 흥정이라고 한다. 우리 속담에 "흥정은 붙이고 싸움은 말려라!"라는 말이 있다. 좋지 않은 일은 말리고, 좋은 일은 권해서 이루어지도록 해야 한다는 뜻이다. 이처럼 옛날부터 흥정은 좋은 일이라고 생각했다. 그 좋은 일을 배울 수 있고 실력을 발휘할 수 있는 장이 바로 여행이다. 패키지로 가든 자유 여행으로 가든 비용이 발생하는 순간부터 흥정은 시작된다.

협상력을 키우는 데 가장 중요한 것은 '일단 요청해라'라는 것이다. 택시를 이용할 때, 숙소를 예약할 때, 식사를 할 때, 주차할 때, 선택 관광을 하고자 할 때 습관적으로 한 번만 "깎아주세요!"라고 요청하면 된다. 실패는 없고 밑져야 본전이라 생각하고 진행하면 기대 이상으로 많은 것을 얻을 수 있다. 내 경험상 50% 이상은 협상이 가능했다. 여행하면서 배운 작은 협상들은 학교생활이나 사회생활에도 유용하게 활용할 수 있다. 사실 협상은 말로만 하는 것이 아니고, 적당한 가격을 알기 위해 사전에

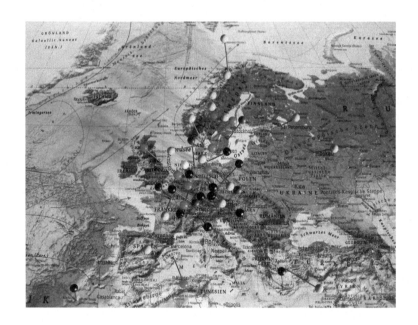

여기저기 가격 등을 알아보며 많은 공부를 해야 하기 때문이다. 요청하는 것이 첫 번째이지만 첫 번째를 위해 정보를 많이 찾아보는 등 공부를 해야 성공 확률이 높아진다. 세상에는 그 무엇도 그냥 얻어지는 것이 없다. 흥정이나 협상도 마찬가지다. 상대방이 아는 만큼은 아닐지라도 사고자 하거나 하고자 하는 것들의 시장 평균은 알아야 흥정도 가능하다. 여행하면서 자연스럽게 배운 흥정은, 앞으로 진로 목표를 세우고 사회생활을 할 때도 많은 도움이 될 것이다.

5) 여행하는 지금 이 순간 행복을 느끼고 만끽한다. 미래의 행복을 담보하는 것은 행복한 오늘이다

나도 그렇듯이 대부분의 사람들은 미래의 행복을 위해 오늘을 살아간다. 나의 부모님 세대가 그랬고 요즘도 많은 사람들이 비슷한 사고로 살아가고 있다. 행복은 맞다, 틀리다의 문제가 아닌 현재 내가 느끼고 추구하는 것이라고 생각한다. 즉 내가 행복하다고 느끼면 되는 것이다. 특히 여행지에서는 모든 것들을 좋게 받아들이며 행복함을 즐길 줄 알아야 한다. 집과 학교가 아닌 다른 장소에 존재한다는 것 자체가 축복이다. 다른 땅의 기운을 느끼고 다른 사람들을 만나고 새로운 자연을 보는 것 자체로도 충분히 행복한 시간이다. 내가 10대인 두 아들을 데리고 장기 여행을 했던 것은 어렵고 힘든 일상의 연속일 수도 있었다. 하지만 무엇을 하든 우리가 함께하는 것은 처음의 의미가 있었기에 그 자체로 행복했다. 이제까지 세상을 살아오면서 그 누구와도 오롯이 24시간을 함께한 적이 없기에 그 시간이 더 소중하고 행복하게 다가왔다. 어떻게 생각하느냐에 따라 많은 것이 달라진다. 여행할 때 친구나 가족과 함께하면서 새로운 경험을 한다는 것에 초점을 두면 그 자체로 행복해진다.

의미 있는 여행을 위해서는 다른 방법들도 많이 있겠지만 위의 5가지만이라도 실천하고 노력한다면 청소년 시기에 큰 재산이 된다. 서두에 얘기한 것처럼 여행은 먼 나라로의 여행뿐만이 아니라 학교나 집 주변에서도 쉽게 할 수 있다. 여행은 내 자신과 대화하고 생각하는 시간을 갖는다는 의미가 크다. 그런 면에서 청소년 시절에 일주일에 한 번은 자신만의 시간을 보내는 여행을 해 보기를 권한다. 정신적으로도 성장할 것이고 건강한 사회인으로서의 자질도 자연스럽게 갖추게 된다. 여행을 통해서도 부모님이나 선생님의 진로 목표가 아닌 진짜 자신의 꿈과 목표를 찾을 수 있다. 아마도 세상을 여행하며 다양한 사람들과 문화를 경험한 사람들은 긍정적인 생각, 타인을 위한 배려, 정의감, 강한 의지, 실행력, 무엇이든 할 수 있는 체력, 책 읽기, 다양한 도전 등이 공부나 학력, 배경, 인맥보다 훨씬 가치 있다는 것을 깨달을 것이다. 그런 경험과 깨달음은 연봉이 높고 안정된 직장만을 위해 공부하는 현재의 시대가 아닌 미래의 4차 산업혁명 사회에서 빛을 발할 수 있는 중요한 가치와 판단 기준이 될 것이라고 확신한다. '미래를 어떻게 알 수 있어?'라고 의심할 필요 없다. 이미 세상은 변하고 있고 많은 전문가가 예견한 사회를 향해 갈 것이다. 낮은 가능성이지만 그런 사회가 오지 않는다 하더라도, 어떤 사회에서든지 여행에서 얻었던 좋은 가치와 깨달음이 인정받고 주도적인 삶을 사는 데 큰 도움이 될 것은 확실하다.

자유학기제 기간은 다른 학년보다 시간적 여유가 조금 있을 수 있다.

시간을 만들어 패키지 여행이든 나 홀로 여행이든 나를 찾아 떠나는 여행을 할 수 있는 행복한 시기다. 수동적으로 따라다니며 하는 패키지 여행에서도 배우고 느끼는 것이 많다. 하지만 청소년들이 능동적으로 탐색하는 자기 주도적 학습과 유사한 나 홀로 여행이나 친구들과의 자유 여행 기회를 더 많이 만들기를 권한다. 여행을 하면서 자신의 꿈을 찾고 끼를 키우는 데 한 발짝 더 가까이 다가갈 수 있다. 나는 자유학기제가 청소년들에게 정신적 해방구가 되어주고 심신의 에너지를 충전해줄 것이라 믿는다. 오롯이 스스로를 마주하고 생각할 수 있는 공간을 제공해주는 여행을 하고 나면 바쁘고 정신없는 학교생활을 감당할 에너지가 생길 것이다. 내 인생을 한 편의 영화로 본다면 주인공은 당연히 내 자신이기 때문이다. 청소년들은 여행을 통해 여행이 곧 삶의 축소판이라는 것을 알게 되고, 여행에서 보내는 하루하루가 삶을 살아가는 방법과 내용이라는 것도 배우게 될 것이다. 아울러 진정한 여행은 새로운 곳을 가는 것이 아니라 새로운 눈으로 보는 것이라는 것도 몸과 피부로 직접 느끼고 배울 것이다. 여행을 통해 내가 만들어가는 나의 인생, 주도적으로 실행해야 할 때다.

2. 진로 탐색

중학교에서 '자유학기제'가 실시되면서 청소년 진로 탐색에 대한 관심이 높아지고 있다. 이 시기에 직업들의 차이점을 이해하고 흥미와 적성에 맞는 직업군에 대한 탐색이 이루어진다. 나의 학창 시절에는 이런 제도가 없었기에 현재 진로 탐색을 할 수 있는 청소년들이 많이 부럽다. 개인이 알아서 주도적으로 진로 탐색을 해야 하는데 학교나 지역기관에서 준비하고 도와주기에 감사하게 생각하고 적극적으로 참여해야 한다. 진로 목표, 커리어 관리라고 하면 어떤 학생들은 '남들 보기에 좋은' 직업이나 직장을 가지기 위한 준비라고 생각한다. 진로 탐색이나 진로 목표에 대한 정의부터 제대로 이해해야 한다.

진로 탐색이란 진로 발달 과정의 한 단계로서, 학생들이 흥미를 가지고 있는 직종에 관하여 다양하게 조사하고 진로 계획에 반영할 수 있도록 현장 체험, 직업 실습, 견학, 직업 관련 종사자와의 만남 등으로 기회를 가지는 시간을 말한다. 이전에도 이와 유사한 제도가 진로 설정이라는 이름으로 진행되기는 했지만 상담이나 심리검사, 교육 등이 대체적으로 학생 개인의 특성에 맞는 진로 탐색이 아닌 선생님의 희망이나 명문대 진학, 취업 잘되는 학과만을 강조하는 식으로 이루어졌다. 그런 결과로 모두가 힘들어하는 '진학난'과 '아픈 청춘들'이 나왔을지 모른다. 이전까지 진행했던 진로 설정과는 다르게 현재 진행하고 있는 자유학기제의

진로 탐색은 학교의 진학 목표에 따르기보다는 학생 개인이 주도적으로 인생 전체를 이해하며 진로 목표를 세울 수 있도록 프로그램을 준비하고 실행하고 있다. 특히 4차 산업혁명 시대에 살아갈 청소년들은 예전과 다르게 진로 탐색 방향을 재설정해야 한다. 앞으로 다가올 불확실한 미래 시대에는 변화를 예상하고 미리 대응해서 자신이 선택한 직업을 지속적으로 업데이트해야 한다.

자신의 적성에 맞고 사회에도 기여할 수 있는 직업을 찾아 전문성을 키운다는 관점에서 본다면, 10대부터 자신에게 맞는 직업을 적극적으로 찾고 탐색하는 것이 큰 도움이 되리라 생각한다. 요즘은 인터넷과 스마트폰 등으로 학생들이 다양한 정보를 쉽게 접할 수 있고 온라인, 오프라인의 교육 기회도 많아지고 있다. 하지만 청소년 스스로 자기가 무엇을 좋아하고 잘하는지 모른다면 진로 탐색의 방향을 잡기 어렵다. 지금부터 나만의 꿈길을 찾는 진로 탐색의 방법 및 단계를 알아보도록 하자. 진로 탐색의 단계는 여러 가지가 있을 수 있으나 자기 이해, 일과 직업의 이해, 진로 목표 수립 등 크게 3단계로 구분할 수 있다.

첫 번째 단계에서 가장 먼저 해야 할 것은 '나'는 어떤 사람인지 자기를 이해하는 것이다. 자기 이해란 자신의 지각, 감각, 정서, 인식, 가치, 경험 등 자기 자신을 있는 그대로 이해하는 것을 말한다. 사람마다 생김새가 다르듯 타고난 소질, 특기, 흥미, 적성도 다르다. 따라서 진로를 탐색하고 설계하는 데 있어서 남과 다른 나의 특성을 객관적으로 파악하는 것이 선행되어야 한다. 나의 장점과 잘할 수 있는 일, 좋아하는 일 등을 꼼꼼히 살펴보면, 나에게 적합한 일과 직업을 좀 더 구체적으로 파악할 수 있다.

그 외에도 선생님, 친구, 가족 등에게 물어보는 방법, 진로심리검사 등의 표준화된 검사로 알아보는 방법이 있다. 자신을 이해하는 방법 중 하나는 자신이 좋아하고 잘하는 일, 자신의 장점과 단점, 평소 생활 습관과 환경, 가치관 등을 종이 위에 하나씩 써보는 것이다. 막연했던 것들을 하나둘씩 써 내려가면서 나에 대해서 구체적으로 알 수 있게 된다. 표준화된 검사로는 앞에서도 언급했던 홀랜드검사를 포함한 MBTI검사, 다중지능검사 등이 있다. 워크넷과 커리어넷에서도 다양한 적성 및 흥미검사를 진행할 수 있고 진로 탐색과 관련된 각종 사이트에서도 진행할 수 있다.

고용노동부의 워크넷(www.work.go.kr)에서는 청소년용 직업흥미검사, 고등학생 적성검사, 청소년용 적성검사, 직업가치관검사, 직업심리검사, 직업 정보 등을 무료로 이용할 수 있다. 한국직업능력개발원의 커리어넷(www.career.go.kr)에서는 미래의 직업 세계, 진로심리검사, 진로 상담, 진로 교육자료 등 자기 이해를 돕기 위한 심리검사와 진로 선택에 도움을 줄 수 있는 프로그램들을 이용할 수 있다. 비슷한 검사도 있지만 각각 질문 내용도 다르고 결과도 다른 각도로 해석하기 때문에 커리어넷과 워크넷에서 진행하고 있는 적성, 흥미, 가치관 등을 모두 검사해 보기를 추천한다.

자기 이해와 관련해 나의 경험을 공유하고자 한다. 나는 학창 시절에 달리기를 잘해서 학교 대회는 물론이고 관내외 대회에도 선수로 참가하

곤 했다. 당시 나는 육
상에 소질이 있다고
생각하고 진로까지 심
각하게 고민한 적이
있었다. 그때 담당 선
생님께서 인생 전체를
펼쳐 놓고 하나부터

자세히 설명하면서, 내가 잘하면서도 경쟁력이 있는 것을 하라고 소중한
진로 상담을 해주셨다. 나는 우물 안 개구리의 사고로 진로를 결정하려
고 했지만, 선생님께서는 내 능력과 환경 등 여러 가지를 보고 조언을 해
주셨기 때문에 더 적성에 맞고 잘할 수 있는 방향으로 진로를 결정할 수
있었다. 이렇게 자기 이해 단계에서는 부모님이나 가족 그리고 선생님의
조언을 소중히 한다면 더 정확한 자기 분석을 할 수 있다.

두 번째 단계는 일과 직업을 이해하는 단계다. 자기 이해와 탐색이 완
료됐다고 하더라도 이것만으로 미래의 진로를 결정할 수는 없다. 이를
결정하기 위한 기본 작업으로 학생들은 직업에 대한 탐색 단계를 거쳐
야 한다. 나를 분석하고 관심 있는 직업이나 분야에 대한 윤곽이 어느 정
도 잡혔다면, 해당 직업이나 분야에 대해서 충분한 이해를 해야 한다. 학
생 본인의 성향에 따라 직업이나 진로 목표를 정하는 것도 중요하지만,
먼저 그 직업이 정확히 무슨 일을 하는지, 업무 환경과 미래의 변화는 어
떻게 될지에 대해 이해하고 탐구하는 것이 더 중요하다. 자유학기제에서

준비한 프로그램을 둘러보면서 일과 직업을 이해하는 단계를 거치면 학생들은 앞으로 어떤 직업을 갖고 싶은지 정확하게 정리하는 것이 가능해진다. 다양한 진로 체험활동을 할 때에는 절대로 단순 체험을 해서는 안 되고 반드시 사고의 과정을 거쳐 깨달음을 얻어야 의미가 있다.

진로 체험과 깨달음에 관련해서는 아주 좋은 사례가 있다. 몇 년 전에 영화로 나온 〈파파로티〉의 실제 주인공 이야기다. 적성과 흥미도 모른 채 방황하다가 한 선생님을 만나서 성악을 체험한 후 인생이 180도 달라진다는 감동적인 내용이었다. 진로 체험에는 청소년들이 생각하지도 못한, 관심도 없는 직업들이 많이 있다. 체험 현장에서 진행한 작은 '경험'에서 청소년 자신의 적성을 찾을 수도 있고 그것이 인생의 전환점이 될 수도 있다. 학생들이 원하는 체험처로 가게 되든, 같은 곳을 원하는 친구들이 많아서 어쩔 수 없이 다른 체험을 가든 그 체험을 소중한 기회로 받아들이고 적극 동참하는 자세가 필요하다.

자유학기제의 체험활동을 하면서 얻을 수 있는 부가적인 큰 장점은 바로 청소년들의 성격이 좋은 방향으로 변화하거나 사회성이 좋아진다는 것이다. 일주일에 한 번씩 외부로 진로 체험을 나가고, 예체능 활동이나 동아리 활동을 하면서 서로를 이해하고 친해질 기회가 많아져 자연스럽게 사회성을 키울 수 있는 좋은 기회의 장이 된다. 일과 직업

을 이해하는 방법으로는 관련된 사이트의 검색을 통해서 기본적인 정의, 업무, 전망 등을 알아보는 방법, 진로 목표로 하는 직업과 관련된 책을 읽는 방법 등이 있다. 예전보다 훨씬 좋아진 인터넷 환경 덕분에 관심 있는 직업군에서 활동하는 사람들의 이야기나 강연을 들으면서 구체적인 진로 탐색을 할 수도 있다. 주로 해외 유명 연사들의 강연 영상을 공유하는 'TED'와 국내의 '세바시(세상을 바꾸는 시간)'를 통해서도 다양한 직업에서 활동하고 있는 전문가들을 만날 수 있다. 주말에 가족과 함께 30분이나 1시간을 투자해서 함께 컴퓨터나 TV를 보며 관련 지식도 배우고 진로에 대해서도 공부하며 부모님과 생각을 공유할 수도 있다. TED에서 우연히 미래학자의 3D 강의를 듣고 관심을 가지게 되어 동아리 활동, 관련 대회, 프로젝트 등에 참여하면서 직업과 해당 분야에 대해 확실히 이해하고 진로 목표까지 세우게 될지도 모른다. 그리고 학교에서 진행하는 진로 체험 과정에서 만날 수 있는 전문가나 롤모델을 통해서 관련 직업 세계에 대해 깊이 알 수 있다. 진로 탐색에 있어서 중요한 체험처 활동을 소중한 기회로 생각하고 적극적으로 나서서 참여하는 의지가 필요하다. 소중한 기회는 아무 때나 찾아오는 것이 아니고 바로 가까이에 있어도 잘 모를 수 있다. 자유학기제는 그 소중한 기회 중 하나다. 직업과 일에 대해 잘 알 수 있도록 다양한 프로그램으로 기다리고 있는 만큼 이 제도를 마음껏 활용하기 바란다.

세 번째 단계는 탐색한 직업들을 확인하고 진로 목표 수립하기다. 자유학기제 프로그램과 관련하여 진로 체험처 활동 등으로 직업에 대해 이

해했다면 진로 목표를 수립해야 한다. 즉, 꿈을 구체화하는 단계다. 미래에 희망하는 진로 목표를 정했다면 꿈을 구체화하고 실제로 달성하는 계획을 수립하면 된다. 이 단계에서 청소년들은 꿈과 비전, 목표 등을 진지하게 생각할 시간을 갖는 것이 좋다. 목표를 수립한다는 것은 꿈과 비전이 있다는 것이다. 꿈과 비전은 쉽게 말해서 내가 되고 싶은 것이라 할 수 있고, 목표는 그 꿈과 비전에 단계별로 시간을 정해 놓은 것이다. 반드시 하고 싶고, 잘할 수 있는 일과 일치시켜서 구체적인 실행 계획을 수립해야 한다.

목표를 수립하기 위해서는 스마트SMART 법칙이 필요하다. 내가 사회생활을 하거나, 책을 쓰거나, 상담을 하거나, 강의를 하거나, 여행을 할 때에 항상 사용했던 법칙이다. 이미 많은 책이나 수업 시간에 접해서 알고 있는 내용일 것이다. 이번 진로 목표 수립을 계기로 스마트 법칙을 습관화한다면 그 자체로 청소년의 인생은 성공의 길로 들어섰다고 말할 수 있다.

스마트SMART 규칙은 영어 첫 글자를 따서, 목표는 구체적이어야 하고Specific, 측정 가능해야 하고Measurable, 달성 가능해야 하고Achievable, 현실적이고 결과 지향적이어야 하며Realistic, 시간의 제한이 있어야 한다Time-Based는 것이다. 나는 기본 5가지에 '수정 가능한Revised'을 더해 스마트라SMARTR 법칙을 따르기를 추천한다. 스마트SMART만 충실히 해도 훌륭한 목표와 실행이 될 수 있지만, 아직 청소년이고 모르는 것이 많기에 언제든지 심사숙고해서 목표와 계획을 수정하는 것이 중요하다는 생각에서 내가 추가한 것이다. 특히 진로 목표와 관련해서는 기간을 1주일, 1개월,

3개월, 1년, 3년, 5년, 10년, 20년과 같이 단기, 중기, 장기로 간단하면서도 자세하게 적어보는 것이 중요하다. 손으로 쓰거나 프린트해서 책상에 두고 자주 보고 필요하면 수정할 수 있도록 하는 것이 목표에 한 발짝 더 가까이 다가갈 수 있는 방법이다.

목표를 달성할 수 있는 효과적인 방법 중 하나를 내 경험을 토대로 공유하고자 한다. 나는 하고자 하는 것이 있으면 종이에 써서 책상과 다이어리에 붙이는 습관이 있었다. 더 나아가서 가족들에게도 선포(?)하고 주변 친구들에게도 목표를 얘기하곤 했다. 심지어는 선생님께도 말씀드려서 내 의지를 강하게 만들었다. 이렇게 종이에 써서 내가 직접 보고, 다른 사람들이 나의 목표를 알게 하면 의지가 더 강해지고 게을러지는 마음도 다잡을 수 있었다. 나도 처음에는 내가 하고자 하는 것을 나 아닌 다른 사람과 공유하는 것이 쑥스럽고 창피하다는 생각에 내 마음속으로만 진로 목표 등을 담아두곤 했다. 공표하지 않는 나의 목표는 의지도 약해지고 자꾸 실패하게 되었다. 혼자서 노력하는 것보다 공개적으로 알리고 노력하는 것이 실행력과 성공 확률을 높일 수 있는 방법이다. 진로 목표를 잘 설정하고 주변 사람들과 공유하는 것은 목표를 달성하는 지름길 중 하나다.

목표 수립 단계에서는 어떤 고등학교로 진학할지도 계획에 포함해야 한다. 대학교 학과 선택보다는 조금 편안하게 선택할 수 있더라도 인터넷이나 SNS를 통해 많은 정보를 얻고 원하는 학교를 찾아가서 직접 정보를 얻는 등의 노력을 해야 한다. 대학에서 전문적으로 공부할 전공은 고등학교보다 훨씬 고민을 많이 한 후에 결정해야 후회 없는 생활이 가

능하다. 대학의 학과들은 언뜻 비슷한 전공처럼 보이지만, 전공 과목에 따라 배우는 내용과 취업 분야가 전혀 다른 경우가 많다. 더욱이 4차 산업혁명 시대에 살아야 하는 청소년들인 만큼 미래의 유망 직업도 함께 고려해야 한다. 이 과정에서는 앞의 목표 수립 원칙에서 추가로 얘기한 '수정 가능한Revised' 원칙을 적극적으로 활용하여, 진로 목표 과정에서 변경 및 수정은 당연하게 이루어질 수 있다는 것을 인지하고 즐기기 바란다. 목표를 한번 정했다고 해서 힘들고 불편함에도 끝까지 유지할 필요는 없다. 진로 목표 수립을 했더라도 학생들의 또 다른 잠재력은 항상 열려 있다고 믿으며 하고 싶은 것들을 경험하면서 자신의 능력을 하나씩 늘려가는 것도 좋다.

자유학기제의 진로 탐색을 통해 학교생활이 더욱 즐거워지고 자신의 꿈을 찾는 행복한 시간을 만들 수 있다. 한 학기나 1년 동안 시험을 보지 않고 자신의 진로를 고민해 볼 수 있는 자유학기제를 효율적으로 잘 활용하면, 자신의 꿈과 진로 목표를 누구에게나 분명하게 구체적으로 말할 수 있게 되고 학교생활에도 새로운 활력이 찾아올 것이라 확신한다. 나의 꿈과 희망을 키울 수 있는 진로 탐색! 내가 스스로 나서서 찾아야 한다.

3. 넓은 세상, 다양한 직업 체험

우리나라에는 얼마나 많은 직업이 있을까? 세계적으로는 얼마나 많은 직업이 있을까? 진로 상담을 하면서 학생들에게 물어보면 대답은 30개, 100개, 300개, 아주 많아도 500개를 벗어나지 않는다. 그만큼 직업에 대한 관심과 경험이 아직은 적다는 의미다. 통계청은 한국표준직업분류를 10년 만에 개정 고시하고 2018년 1월부터 시행 중이다. 2007년 이후 10년 만에 개정한 이유는 4차 산업혁명과 같은 기술의 진보와 저출산, 고령화에 따른 사회구조의 변동으로 직업구조 전반에 변화가 생겼기 때문이다. 한국표준직업분류는 국제표준직업분류에서 많은 정의와 기준을 가져온다. 여기서 정의하는 직업 occupation은 '유사한 직무의 집합'이고, 여기에서 유사한 직무란 '주어진 업무와 과업이 매우 높은 유사성을 갖는 것'을 말한다. 직무Job는 '자영업을 포함하여 특정한 고용주를 위하여 개별 종사자들이 수행하거나 또는 수행해야 할 일련의 업무와 과업tasks and duties'이라고 정의하고 있다. 직업은 유사성을 갖는 직무를 지속적으로 수행하는 계속성을 가져야 하는데, 일의 계속성이란 일시적인 것을 제외한

다음에 해당하는 것을 말한다.

① 매일, 매주, 매월 등 주기적으로 행하는 것
② 계절적으로 행해지는 것
③ 명확한 주기는 없으나 계속적으로 행해지는 것
④ 현재 하고 있는 일을 계속적으로 행할 의지와 가능성이 있는 것

또한 직업은 경제성을 충족해야 하는데, 이는 경제적인 거래 관계가 성립하는 활동을 수행해야 함을 의미한다. 따라서 무급 자원봉사와 같은 활동이나 전업 학생의 학습 행위는 경제활동 혹은 직업으로 보지 않는다. 요즘 청소년들이 가끔 장래희망을 건물주라고 하는데, 건물주는 직업이 아니다. 왜냐하면 직업의 성립에는 비교적 엄격한 경제성의 기준이 적용되는데, 노력이 전제되지 않는 자연 발생적인 이득의 수취나 우연하게 발생하는 경제적인 과실에 전적으로 의존하는 활동은 직업으로 보지 않기 때문이다. 대신 정식 사업자 등록을 한 임대업은 직업이라고 할 수 있다.

위의 한국표준직업분류의 정의에 따르면 현재 우리나라의 직업의 개수는 2017년 기준으로 약 11,993개(한국직업사전, 한국고용정보원)라고 한다. 생각보다 많은 직업이 우리 주변에 존재한다는 것을 알 수 있다. 워크넷에 들어가면 직업에 대한 정의 및 해당 직업군에 대해서도 자세하게 알 수 있다. 직업의 세계는 다른 나라까지 포함하면 훨씬 다양해진다. 일본은 17,000여 개, 미국은 31,000여 개로 전 세계에는 약 4만 가지 정도의 직업이 있다고 한다. 직업의 수가 이렇게 많다는 것은 청소년들에게

는 아주 긍정적이다. 그만큼 기회가 많고 선택의 폭이 아주 넓다는 의미다. 한국만 보더라도 직업이 만 가지 이상으로 다양하고 해외까지 눈을 확대하면 4배 이상의 기회가 있다고 생각하면 된다.

자유학기제뿐만이 아니라 현재 정부 및 모든 산업과 미디어에서 4차 산업혁명을 얘기하고 있다. 4차 산업혁명과 관련하여 ICT(정보통신 기술 Information and Communications Technology)와 인공지능이 만드는 10년 후의 직업을 얘기하면서 바늘에 실 가듯이 항상 언급되는 것은 미래에는 생애 직업으로 한 개가 아닌 5~6개를 가져야 한다는 것이다. 그 의미는 '평생 직업'이라는 것도 의미가 없어진다는 것이다. 따라서 진로를 탐색할 때 좀더 멀리 보고 계획을 세워야 한다. 이를 위해서 중학생 시절부터 '인생 곡선'을 그려보기를 추천한다. 사실 인생 곡선은 학생들도 필요하지만 부모님 세대에서도 꼭 필요한 것이니 자녀들과 함께 만들어보면 좋은 공부와 경험이 될 것이다. 중학생부터 100세까지 인생 곡선을 그려보고, 앞으로 다가올 사회 변화를 예상해 진로 계획을 촘촘하게 담아보면 급변하는 미래 직업 세계가 그렇게 두렵거나 걱정되지 않을 것이다. 인생 곡선은 책상 앞에 붙여두고 앞으로 사회에 대한 정보를 새롭게 얻을 때마다 업데이트하면 미래에 대한 대응력도 자연스럽게 생길 것이다.

이렇게 넓은 세상에 다양한 직업이 있는데 어디서부터 체험을 해야 할까? 어떤 미래가 우리 앞에 펼쳐질지는 모르지만 확실한 것은 인공지능, 로봇, 빅데이터와 관련된 것들이 현재의 스마트폰처럼 아주 익숙해질 거라는 것이다. 그렇다고 해서 모든 학생들의 미래 직업이 IT에 기반을 둔 기술 중심의 직업이어야 하는 것은 아니다. 지금의 나나 부모님 세대처럼 똑같이 본인의 흥미와 적성을 파악하여 그 방향으로 진로 목표를 세우면 된다. 예전과 다른 점은 목표를 세우면서 위에 언급한 단어들과 본인의 직업을 연관 지어야 한다는 것이다. 목공예나 한복 등 한 분야의 뛰어난 기술자인 장인을 예로 들어보자. 예전에는 30~40년 동안 한 우물만 열심히 파면 장인이 될 수 있고 나름 인정도 받으며 살 수 있었다. 하지만 청소년들이 살아가게 될 ICT(정보통신 기술) 시대에는 이렇게 한 우물만 파더라도 때로는 어려운 공학과 첨단 기술을 배워서 융합할 수 있는 전문성을 더 키워야 그 분야에서 새로운 것을 창조할 수 있다. 미래의 다양한 직업 세계를 탐험하기 위해서는 홀랜드의 적성에 맞게 현장형, 탐구형, 사무형, 진취형, 사회형, 예술형 등을 중심으로 하는 것을 권한다. 정확하게 구별하는 것이 어려운 직업군도 있지만 가능한 한 자신이 직접 검사해서 나온 결과를 우선으로 체험해보기 바란다.

현재 각 지자체별로 진로 교육 체험처를 운영하고 있다. 학교가 속해 있는 동이나 구에 있는 청소년 진로센터에 문의하여 정보를 얻을 수 있고, 교육부에서 진행하는 꿈길(www.ggoomgil.go.kr) 사이트에 들어가서 인증된 진로 체험기관에 예약하고 진행하면 된다. 2018년 1월 현재 1,552곳에서 직업 체험을 할 수 있고, 각 지자체별로 추가로 체험할 수 있는 사업장이 계속 증가하고 있다. 체험처 분류는 국가직무능력표준NCS 개발 분류 체계를 기본으로 대/중/소 분류까지 쉽게 이해할 수 있게 되어있다. 학교와 가까운 곳에도 체험처가 많기에 관심 있는 체험처에서 봉사활동을 하면서 해당 직업에 대해 더 깊게 이해하고 실제 어떤 생활을 하는지도 자세히 알 수 있다. 애완견이나 고양이에 관심이 많다면 유기견 센터 같은 곳에서 봉사할 수도 있고, 경찰이나 공무원에 관심이 많다면 그 관련 기관에서 봉사할 수 있고, 교육이나 지도에 관련한 꿈이라면 학교나 진로센터 또는 교육 관련 체험처에서 봉사하는 기회를 찾을 수 있다. 일회성으로 하는 것보다는 한 학기나 1년 정도를 정기적으로 경험하면서 정말로 자신과 적성, 흥미가 잘 맞는지 확인하는 것이 중요하다. 그리고 좋아하는 직업과 관련된 자신의 롤모델을 만들고 찾는 것도 좋은 진로 체험활동이다. 롤모델이나 그 분야에서 뛰어난 분들을 찾아가서 직접 대화를 나누며 그 직업이 갖는 보람, 어려운 점, 어떤 공부가 필요한지 등을 생생하게 듣고 배우는 것도 필요하다. 이런 기회를 갖기만 해도 자연스럽게 동기 부여가 되고 다양한 방면의 공부도 적극적이고 즐겁게 할 수 있는 힘이 생긴다.

직업 체험을 할 때는 또 깊게 생각해야 될 것이 있다. 자신이 일하고 싶은 직업에 대한 가치관을 분명히 해야 한다는 것이다. 4차 산업혁명 시대에는 열심히 공부해서 일류 대학을 나오고 대기업에 취업하는 성공 방정식은 더 이상 유효하지 않을 것이다. 이제는 장래희망이 '무엇이 되고 싶은지'보다 '무엇을 하고 싶은지'로 변해야 한다. 정보통신 기술의 발달로 더 빨라진 변화의 흐름에 잘 대응하기 위해서는 청소년 스스로 정확히 무엇을 하고 싶은지를 찾아야 한다. 자유학기제를 위해 꿈길 사이트에 등록된 체험처의 경험이나 잡월드와 같은 직업 체험은 자신의 직업에 대한 가치관을 명확히 할 수 있는 좋은 기회다.

다양한 직업 체험의 결과로 하고 싶은 일과 잘하는 일을 구분할 줄 알게 된다. 이것은 직업 체험의 궁극적인 목표일 수 있다. 많은 청소년들은 선망의 직업으로 연예인을 하고 싶어 한다. 또는 전통적으로 부모님들이 선호하는 의사나 법조인도 하고 싶어 할 것이다. 좋아하기도 하고 잘할 수도 있다면 최고의 직업이 될 수 있다. 그런데 대부분 학생들은 각기 다른 적성과 흥미가 있다. 따라서 친구나 부모님의 관점에서 좋게 생각되고 선망의 대상이라는 이유로 자신의 진로 목표를 정하면 나중에 결국 후회하는 일이 발생한다.

그러한 시행착오를 방지하기 위해서 흥미 및 적성검사를 진행해야 한다. 검사로 나온 결과를 바탕으로 실제로 관심 있고 적성에 맞는 직업군에 대해 공부도 하고 체험을 하는 것이다. 법조인을 하고 싶고 적성도 비슷하게 나왔다면 직접 체험해보고 법조인과의 대화를 통해 해당 분야를 경험해본다. 두꺼운 법률책에 실린 헌법, 민법, 형법 등의 조항을 외우고 많은 판례를 공부해야 하는 것과, 한 사람의 운명에 영향을 미치는 큰 책임을 가진 직업이라는 것을 확인한다. 그러한 과정을 통해 자신의 적성과는 다르다는 것을 깨닫고 다른 직업 체험을 신청한다. 이것이 바로 청소년들이 자유학기제를 통해서 배울 수 있는 좋은 과정이라 생각한다. 많은 시도를 통해 잘하는 일을 찾을 수 있다면 최고의 한 해를 보냈다고 할 수 있다. 하지만 모든 학생이 같은 시기에 자신의 적성에 맞고 잘하는 일을 찾을 수는 없으니, 너무 서두르거나 조급해할 필요는 없다. 항상 관심을 가지고 지속적으로 시도하고 배운다면 자신이 잘할 수 있는 일을 발견할 것이다.

10년 또는 20년 후에는 지금의 삶보다 훨씬 정보통신 기술이 생활 깊숙이 들어와 있을 것이다. 지금 인터넷이나 스마트폰이 없으면 생활하기 힘들듯이 아마도 미래에는 인공지능, 로봇, 빅데이터를 모른다면 현재의 컴맹처럼 로봇맹이라고 하는 것이 유행할 수도 있다. 이런 것을 깨닫고 자유학기제를 통해 자신이 하고자 하는 일을 실천하고 경험한다면 미래 시대에 대응할 힘을 키울 수 있다. 물론 처음의 기대와는 달리 좌절도 하고, 적성이 도대체 무엇인지 혼란스러울 때도 있을 것이다. 하지만 그때 우리가 할 일은 좌절해서 주저앉는 것이 아니라 다시 도전하기 위해 일어서는 것이다. 단 한 번뿐인 우리 인생에서 가장 많은 시행착오가 허락된 시기가 바로 청소년기일 것이다. 실패나 좌절은 당연한 것으로 받아

들이면 된다. 어떤 누구도 그것에 대해 나무라거나 질타할 수 없다. 아직은 경험도, 아는 것도 부족한 나이이므로 계속 부딪치며 앞으로 나아가면 된다. 중요한 것은 스스로 도전해야 한다는 것이다. 그러한 도전과 다양한 직업 체험을 바탕 삼아서 100세 시대의 진로 목표와 직업을 잘 설계할 수 있다.

4. 한 걸음 더 성장하기

청소년기, 특히 중학생은 어린이에서 성인으로 성장하는 과도기다. 우리나라에서는 10~18세를 청소년기라고 한다. 초등학교 고학년부터 청소년에 포함되지만 보통은 중학생부터 청소년이라고 한다. 이 시기에 청소년은 신체적, 정신적 변화가 일어나는 사춘기를 겪는다. 일부 학생들은 사춘기를 힘들게 보내기도 하지만 어떤 학생들은 큰 고민 없이 지나가기도 한다. 환경이나 성격에 따라서 반응하는 정도의 차이도 크다. 대부분 중학생부터는 급격한 신체 성장과 발달이 일어날 뿐만 아니라 정신적, 정서적, 사회적 발달이 급속도로 폭넓게 이루어진다. 정신적, 신체적으로 부적응 상태인데 어른들은 중학생에게 독립심을 요구하며 기대치 또한 높아진다. 이것을 잘 알면서도 나 또한 아들에게 거는 기대감이 커지는 것은 어쩔 수 없는 부모의 마음인가 보다.

이 청소년기는 어린이 시절에 사회로부터 받던 보호 요소들이 없어지고 사회의 구성원으로서 인정받는 첫 번째 시기라는 큰 의미가 있다. 또한 청소년기에는 자신의 정체성을 갖기 시작한다. 자신이 좋아하는 것과 싫어하는 것의 개념이 명확해지고 표현 또한 정확하게 하게 된다. 자신

에게 맞는 취향을 알게 되고 앞으로 살아가는 방법을 알게 되는 시기다. 그런데 주변에서는 청소년에 대한 이해 없이 여전히 공부에 대한 압력을 가하기 때문에 학업을 소홀히 하게 되고 일탈을 일삼기도 한다. 이때 명확해지는 정체성을 다른 곳에 분출하기보다는 자신의 적성과 흥미를 파악하는 데 반영하여 자신이 진정으로 좋아하고 잘할 수 있는 일이 무엇인가를 찾아야 한다.

여기에서 중요한 것은 큰 그림 속에서 나의 변화를 인정하고 그 변화를 잘 다스리는 것이다. 선생님이나 부모님께 내가 좋아하는 것을 표현하기도 하고 진로에 대해 고민하며 하고 싶은 것을 찾는다면 일탈이 아닌 제대로 된 성장으로 이어질 것이다. 다양한 변화 때문에 청소년기를 아주 힘들게만 생각할 수도 있지만, 한편으로는 성숙해지는 과정을 통해 조화를 이루고 안정을 찾는 어른이 되어가는 좋은 시기로도 생각할 수 있고, 청소년 자신의 노력과 부모님이나 선생님의 관심으로 충분히 행복한 시간으로 만들 수도 있다.

어른으로 가는 길목의 복잡한 환경 속에서도 청소년은 한 걸음 더 성장하는 방법을 찾아야 한다. 자신이 원하는 방향으로 잘 갈 수 있는 디딤돌을 만들면 된다. 다행스럽게도 자유학기제라는 제도가 있어서 어렵지 않게 한 걸음 더 성장할 수 있는 환경이 만들어져 있다. 이 제도가 없었다면 이전 선배들이 지내왔던 것처럼 변화 속에서 자신을 제대로 분석하거나 찾지도 못한 채 상급 학교 진학에만 모든 노력을 쏟아붓는 악순환을 되풀이하고 있을 것이다. 이 어려운 질풍노도의 시기에 제대로 된 한 걸음의 성장은 학생 자신의 인생에 아주 큰 영향력을 미칠 것이다.

대부분의 학생들은 왜 공부를 해야 하는지 진지하게 생각해 본 적이 많지 않다고 한다. 전체적인 인생을 바라보지 못하고 부모님과 선생님들이 하라고 하니까, 또는 친구들이 하니까 그냥 따라 하는 학생들이 많았다. 이제까지는 외부에서 오는 외적 동기에 의해 공부하고 학교생활을 했다면 이번 자유학기제부터는 청소년 자신의 가슴속 깊은 곳에서 나오는 내적 동기를 한번 만들어 봤으면 한다. 교과목 점수를 어떻게 올리는지, 반에서 등수를 어떻게 올리는지와 같이 '어떻게'를 버리고 내가 왜 공부하고 왜 사는지에 대한 '왜'를 찾아보기 바란다. 자기가 좋아하는 것이 무엇인지 명확하게 알고 있다면 꿈 역시 명확해질 것이며, 진로 목표를 구성하는 일은 훨씬 부담 없이 진행할 수 있다.

한 걸음 더 성장하기 위해서는 다음 2가지가 필요하다. 첫째는 '100% 준비가 될 때까지 기다리지 말고 50% 수준이라도 시작하라'는 것이다. 100% 준비가 되지 않더라도 50% 수준이라도 먼저 시작해야 한다. 한 걸음 더 성장하기 위해서는 먼저 무엇인가를 시작해야 한다. 사실 청소년기 학생은 경험이 많지 않기에 어떤 것을 시도하든 두렵고 걱정이 앞서기 마련이다. 그렇다고 실패가 두려워 생각만 하거나 망설이다가는 하루, 이틀, 1년, 2년이 나도 모르는 사이에 빠르게 지나가 버린다. 지나버린 소중한 중학교 시절은 다시는 오지 않는다. 자유학기제 시행으로 매주 오후 시간에 많은 활동 시간이 있는데, 그 시간들을 소중하게 생각하고 하고 싶은 것을 해야 한다.

나는 어린 시절 잘하고 싶어서 준비만 하다가 결국 아무것도 하지 않은 채 끝나버린 슬픈 기억이 있다. 좋아했던 조립 탱크를 사고 싶어서 스스로 용돈을 벌고 싶었는데 용기가 없어서 일하고자 했던 가게 앞만 수십 번 들락날락했던 경험이 있다. 친구들과 셋이서 여행 가기로 약속하고 어디를 어떻게 다닐지 계획만 짜다가 결국 포기했던 경험도 있다. 지금 생각해 보면 아무것도 아닌데 그때는 누군가에게 거절당할 수도 있다는 두려움이 큰 나머지 시도 자체를 포기했던 아까운 경험이다. 그 중학교 1학년 시절에 내가 하고자 했던 시도를 했다면 그것이 더욱 다양한 경험으로 이어져서 이제까지 내가 겪어야 했던 시행착오를 많이 줄였을 거라 확신한다. 지금 중학생들에게는 자유학기제나 자유학년제로 여러 프로그램에 자주 노출되고 커리큘럼에 의해서도 경험할 수 있는 기회가 있어서 내가 어린 시절 겪었던 힘든 고민과 두려움 같은 것은 많이 줄어들 것으로 본다.

청소년들이 성장하기 위해서 버려야 할 것은 바로 실패라는 두려움이다. 실패는 당연히 하는 것이고 실패 없이 한 걸음 성장한다는 것은 불가능하다. 미국의 유명한 자동차 회사 포드의 창업자는 실패와 관련하여

"실패를 두려워하지 마라! 실패란 전보다 훨씬 풍부한 지식으로 다시 시작할 수 있는 좋은 기회이다"라고 긍정적으로 표현했다. 학교 선배나 부모님, 그리고 선생님들도 비슷한 경험을 했듯이 청소년 시절에는 두려움 없이 무엇이든 도전한다는 것이 쉽지 않다. 그럼에도 불구하고 그 시행착오를 겪지 않고, 실패는 큰 경험이고 자산이라는 마음으로 시작한다면 오히려 더 큰 도움이 될 수 있을 것이다. 실행이 중요하며 실패는 그냥 친구처럼 따라다니는 것이라 생각하고 편안하게 받아들이면 시작이나 성공에 대한 두려움은 사라진다. 따라서 무엇인가를 간절하게 하고 싶다면 준비가 덜 되었다고 하더라도 일어나서 한 걸음 나아가면 된다. 그 한 걸음은 진정한 성장으로 청소년들을 이끌어 줄 것이다. 중요한 것은 일어서서 한 발짝을 떼는 것이다. 그러면 시작이 되고 원하는 것을 얻을 수 있다. 100% 준비된다는 것은 세상에 없다. 자신이 할 수 있는 선에서 진행하면 된다. 완벽한 준비 후에 시작하려고 하면 평생 아무것도 하지 못한 채 생각이나 준비만 하다가 끝이 날 것이다.

둘째는 '나에게서 나온 것은 나에게로 돌아간다'는 것이다. 우리 속담 중에 "뿌린 대로 거둔다"는 말이 있다. 좋은 씨앗을 뿌리면 풍성한 곡식을 얻을 수 있듯이, 사람도 어떻게 하느냐에 따라 그 결과가 달라진다. 꿈을 이루고 성공하는 것은 다름 아닌 바로 내 자신에게 달려 있다. 미래에 자신의 삶이 만족스럽거나 불만족스럽거나 모두 나로부터 비롯되는 것이다. 자신의 진로 목표를 위해서라면 타인의 의식이나 시선에 신경 쓰기보다는 나에 대해 더 집중하는 것이 필요하다. 지금 무엇인가 얻는 것이 있다면 지난날 우리가 뿌린 것을 그대로 거둔 것이다. 내일에 무엇인가 거두기를 꿈꾼다면 오늘 소중한 경험이나 실행을 '뿌리면' 된다. 뿌린 대로 거두는 것은 만고불변의 진리다. 인생에서 요행은 없다고 생각하고 적극적으로 무엇인가를 시작하고 성실하게 자신의 시간을 투자하면 결국 자신에게 귀한 결과를 안겨줄 것이다.

지금 이 순간이 다양한 씨를 뿌리기에 아주 좋은 시기다. 중학교 시절에 해야 될 진로 탐색을 제대로 하지 않으면 그에 대한 결과는 자기 자신이 고스란히 떠안아야 한다. 중학생들에게 자유학기제는 소중한 씨를 뿌리는 시기라고 생각하면 된다. 씨를 뿌리는 것은 한 걸음 성장하는 것과 같은 것이다. 만약에 지금 자유학기제라는 씨앗을 제대로 뿌리지 못한다면 가을이라는 인생의 수확기에 거둘 수 있는 것도 차이가 있을 것이다. 너무 당연하고 너무도 평범한 진리인 만큼 잊지 말고 가슴속에 새기고 노력하며 살아가길 바란다. 때를 놓치지 않고 씨를 뿌리기만 하면 한

걸음 더 성장하는 것은 자동적으로 따라온다고 믿는다. 그러면 지속적인 추진 동력도 얻게 되고, 풍부한 경험도 더 많이 하게 되고, 자기만의 학습 방법과 학습 효과도 좋아진다. 자신이 없고 준비가 부족하더라도 무조건 시작하는 의지가 청소년들을 한 걸음 더 성장하게 한다.

5. 멘토 만들기

학교생활을 하거나 사회를 살아가면서 크든 작든 항상 도움을 주고받고 사는 것이 우리의 생활이다. 도움을 주고받는 사람은 친구, 선생님, 부모님, 책 속의 위인, 정치인, 기업인, 연예인 등 누구나 될 수 있다. 그중 멘토는 현명하고 신뢰할 수 있는 상담 상대를 의미한다. '멘토'라는 단어는 원래 『오디세이Odyssey』에 나오는 오디세우스의 충실한 조언자의 이름에서 유래한 것이다. 오디세우스는 트로이 전쟁에 출정하면서 집안일과 아들 텔레마코스의 교육을 그의 친구인 멘토에게 맡기고 떠난다. 전쟁에서 돌아오기까지 10여 년 동안 멘토는 텔레마코스의 친구, 선생, 상담자, 때로는 아버지가 되어 그를 잘 돌보아주었다. 이후 그의 이름은 지혜와 신뢰로 한 사람의 인생을 이끌어주는 지도자라는 뜻으로 사용되기 시작했다.

멘토의 상대자를 멘티mentee 또는 멘토리mentoree라 하고 멘토와 멘티의 관계로 도움를 주는 것을 멘토링이라고 한다. 학교나 직장에서는 멘토링 시스템이 잘 발달해서 많은 사람들이 도움을 받아 어려움에 처했을 때 현명하게 대처하고 있다. 각 학교에 진로 교육 상담사가 있기도 하고 지자체별로 운영되는 청소년 진로센터에서도 멘토링 시스템을 운영하고 있으니 잘 활용하면 자유학기제를 더 뜻깊게 보낼 수 있다. 일부 진로센터에는 단순한 멘토링이 아닌 학생이 원하는 분야의 전문가와 1:1 매칭까지 시켜주는 멘토링 시스템도 있으니 해당 진로센터나 학교에 문의해 적극적으로 멘토 만들기에 동참하면 된다.

지금 청소년들은 멘토라는 단어를 많이 들어서 익숙하겠지만, 내가 어렸을 때는 거의 들어보지 못했다. 하지만 나에게는 스승이 두 분 계셨다. 지금으로 말하면 멘토가 두 분 계셨던 것이다. 한 분은 초등학교 6학년 때 담임선생님이시고 다른 한 분은 나의 아버지다. 지금도 많은 학생들에게 가장 존경하는 사람 또는 멘토가 누구냐고 물어보면 나와 비슷한 대답을 할 것이다. 특히 아버지라고 하는 학생들이 많을 것이다. 상담하면서 어떤 학생이 멘토가 아버지라는 사실을 왠지 평범하다고 생각했는지 답변을 주저하는 것을 본 적이 있다. 하지만 멘토라고 해서 꼭 유명한 사람이나 위인일 필요

는 없다. 가까운 주변에서 내가 그분의 언행을 보고 배울 수 있고, 내 자신에게 긍정적이고 좋은 영향을 준다면 충분히 멘토로서 자격이 있다. 친구일 수도 있고 심지어 자신보다 어린 사람도 충분히 멘토가 될 수 있다. 나에게도 스승처럼 따르고 존경하는 후배가 있다. 많은 면에서 배울 점이 많아 지금도 여전히 관계를 유지하면서 인생의 자극도 받고 배우고 있다.

초등학교 6학년 때 담임선생님은 내 인생의 첫 번째 멘토셨다. 인생의 진로라는 개념도 전혀 없던 나에게 인생과 진로를 말씀해주셨고, 특히 나도 잘 몰랐던 장점들을 찾아주시면서 나에 대한 '자기 이해'를 가르쳐주셨다. 선생님과의 만남을 계기로 나는 생각도 많이 커지고 주도적이고 적극적인 학교생활을 할 수 있었다. 멘토라는 개념도 몰랐지만, 그 이후로 나는 주기적으로 선생님께 상담을 요청하여 학교생활, 친구 관계, 가족 문제, 진로 등을 얘기하며 해결책도 찾고 좋은 조언도 받을 수 있었다. 그런 관계가 고등학교와 대학교 때까지 이어져서 진로뿐만 아니라 가치관 형성에도 많은 도움이 되었다. 아마도 내 인생에 다른 다양한 도움들도 있었겠지만, 진로의 첫 단추를 잘 끼운 선생님과의 멘토링이 가장 기본적이고 결정적인 계기였던 것은 확실하다. 학창 시절 청소년들에게 삶의 가치관이나 태도에 큰 영향을 주는 것이 선생님의 역할인 듯하다. 내 아들도 초등학교 시절 담임선생님에 따라 학년별로 생활의 차이가 있었다. 다행스럽게도 담임선생님이 아들 녀석의 작은 장점을 긍정적으로 보아주시고 격려해주신 덕분에, 아들은 자신감을 가지고 잘 생활하고 있다.

두 번째 멘토는 나의 아버지다. 어릴 적부터 지금까지도 여전히 나의 가장 큰 스승님이자 조력자이고 후원자이시다. 아버지께서는 평범하신 분이셨지만, 집안일이나 농사와 관련된 일을 하실 때는 선구자, 발명가, 선생님 그리고 개발자였다. 성실과 근면을 기본으로 하고 열정과 효율성에 대한 끊임없는 연구를 더해, 항상 새로운 기계나 방법을 만들어서 주변 사람들을 놀라게 하셨다.

고등학교 시절 갑자기 떨어진 밑바닥의 성적표를 받아보시고는 "공부가 힘드냐? 힘들면 쉬어가면서 천천히 해라! 학교 성적보다는 네가 어떻게 사느냐가 더 중요하단다"라고 딱 한 번 말씀하셨다. 그 전에도 이후에도 공부해라, 뭐 해라 하신 적이 한 번도 없었다. 나는 그냥 아버지가 열심히 사시는 것만 보고 그대로 따라 생활했다. 고등학교 학창 시절, 어긋난 길로 가려고 방황했을 때 어느 날 밤 아버지를 생각하며 하염없이 울고 난 후 스스로 바른 길로 갈 수 있었다. 평상시 보여주신 말씀과 행동이 중요한 갈림길에 섰을 때 절대적으로 작용한 것이다. 내가 아버지로부터 받은 사랑과 가르침을 내 자식들에게도 해주기 위해 부족하지만 매일 노력하고 있는 중이다. 힘들 때도 있고 즐거울 때도 있지만 항상 행복한 시간이라 여기며 함께 공유하는 시간을 많이 가지려고 노력하고 있다. 아버지가 멘토의 대상은 아니더라도 오늘 바로 어떤 시간이든 함께 공유하는 시간을 갖기 바란다.

그리고 나의 세 번째 멘토는 영화다. 멘토 하면 대부분 역사적 인물이나 현재 영향력을 행사하는 사람일 것이라 생각한다. 그러나 멘토를 꼭 사람으로 제한할 필요는 없다. 청소년 자신이 책이든 만화든 영화든 보고 나서 긍정적이고 좋은 영향을 꾸준히 받을 수 있다면 멘토라고도 할 수 있다. 영화는 책을 보며 느끼는 감동만큼 많은 것을 배우게 해준다. 나는 영화를 보면서 인생의 새로운 모토를 만든 경우다. 정확하게는 〈죽은 시인의 사회〉(1990)라는 영화에서 나온 선생님의 대사 중 하나다. 나는 아버지의 영향으로 하루하루를 최선을 다해 사는 것이 인생 좌우명이었다. 그런데 어느 날 영화 속의 저 대사를 듣고 속으로 '카르페 디엠Carpe Diem!'을 외쳤다. 그 영화를 본 뒤로는 이것이 더 확실하게 좌우명이 되어 멘토 역할을 하고 있다.

원래 "카르페 디엠"은 로마의 시인 호라티우스가 쓴 풍자시에 나오는 라틴어 표현이다. 영어 표현으로는 "Seize the day", 우리말로는 "현재를 즐겨라"다. 그렇지만 요즘에 유행하는 "욜로YOLO: You Only Live Once"와는 조금 다른 의미다. 막연하게 오늘만 즐기라는 의미보다는, 미래를 염두에 두기는 하지만 현재 학창 시절의 낭만과 즐거움을 포기하지 않고 지금 살고 있는 이 순간이 무엇보다도 중요한 순간임을 알라는 것이다. "지금 현재에 최선을 다해라!"라는 말과 일맥상통한다. 영화 속에서는 전통과 규율에 도전하는 청소년들의 자유 정신을 상징하는 말로 표현됐다. 어느 누구에게나 가장 젊을 때는 바로 지금이고, 젊음을 그리워하거나 아쉬워하기보다 가장 젊은 때인 지금을 최선을 다해 즐기듯 열심히 살아야 한다는 것이다. 오늘이 가장 젊은 날이고 지금이 가장 행복한 날이기에 최선을 다해서 살아야 된다는 의미이기도 하다. 이러한 마음가짐으로 오늘 하루를 살다 보면 하루가 일주일이 되고 한 달이 되고 1년이 되어 평생 원하는 삶을 살 수 있다. 아직 이 영화를 못 봤다면 자유학기제 활동을 하면서 혼자 또는 친구들과 함께 본다면 많은 것을 느낄 것이다.

멘토를 만드는 것은 아주 좋은 일이지만 사실 중학생이 제대로 된 멘토를 만나기는 쉽지 않은 것이 현실이다. 그래서 대안으로 롤모델을 만드는 것을 제안해 본다. 롤모델이란 내가 원하는 진로와 관련해 일이나 업적에서 본보기가 된 사람이나, 내가 닮고 싶은 어떤 한 사람을 정해서 그 사람을 표본으로 자신이 성숙할 때까지 모델로 삼는 것이다. 우리나라를 비롯해 세계적으로 많은 사람들이 특정한 분야에서 업적을 남기고 다른 사람에게 긍정적인 변화를 주는 삶을 살았거나 살아가고 있다. 청소년들이 롤모델을 찾는 데 도움이 되도록 몇 분을 추천한다. 우리는 그런 분들을 대부분 책으로 만날 수 있거나 SNS의 다양한 애플리케이션을 통해서도 접할 수 있다. 아래 언급할 사람들은 ㈜한국콘텐츠미디어 부설 한국진로교육센터에서 2015년에 출간한 『다중지능으로 알아보는 롤모델 직업카드』에 주로 나와 있다. 자유학기제에서 진행하는 다중지능검사의 결과별로도 나눠져 있어 자신의 성향에 맞는 롤모델을 찾을 수 있다.

한글을 만들고 언어를 연구하신 세종대왕, JTBC 뉴스 앵커인 손석희, 광고계의 천재 카피라이터 데이비드 오길비, 『해리포터』 작가 조앤 K. 롤링, 소프트웨어 개발자이자 페이스북 창시자 마크 저커버그, 애플 창업자 스티브 잡스, 국회의원이면서 프로파일러이자 범죄심리학자인 표창원, 패션으로 문화까지 변화시킨 가브리엘 샤넬, 위대한 남극 탐험가 어니스트 섀클턴, 독립운동가이자 임시정부 주석인 김구, 미국 대통령 버락 오바마, 조선 시대 명장 이순신, 학교 급식과 가정 요리에 혁신을 일으킨 요리사 제이미 올리버, 꿈과 도전의 대명사 노무현 대통령 등이 있다. 물론 위에 예를 든 분들은 그냥 참조로 삼고 청소년 자신이 생각하는 사람을 롤모델로 삼으면 된다. 친구, 학교 교장선생님, 부모님, 가족, 운동선수 등 주변의 누구라도 자신에게 긍정적인 변화를 주는 사람이라면 롤모델이 될 수 있다. 시간을 내서 위에 언급된 분들의 삶을 한 번씩만 읽어봐도 진로 목표 설정에 많은 도움이 될 것이다.

한 학기나 또는 1년 동안 진행하는 자유학기제를 통해 인생에 큰 영향을 줄 수 있는 멘토나 롤모델을 만들 수 있는 절호의 기회다. 정말 자기가 좋아하고 원하는 삶을 살고 있는 분을 찾아서 멘토나 롤모델로 삼는다면 중학생 시절부터 인생이 달라진다.

멘토나 롤모델 만드는 것을 너무 어렵게 생각할 필요는 없다. 누군가와 새로운 인연을 만든다는 것이 어렵다는 것을 인지하고 도전하면 기대 이상으로 많은 것을 얻을 수 있다. '중학생이 어떻게 한 분야의 유명인과 쉽게 연결될 수 있을까'라는 부정적인 생각보다는, 유명하거나 한 분야에서 최고 위치에 있는 사람들은 누군가가 자기에게 도움을 청한다면 잘 응할 것이라는 긍정적인 마음을 가지면 된다. 배짱 좋게 실행하기 위해서는 위험이나 두려움을 감당할 용기도 필요하다. 청소년들은 무엇을 진행하든지 위험이 있다.
따라서 리스크를 두려워
하는 것보다는 적극적으
로 정면 대결하여 극복하
는 것이 필요하다. 어떤
경우에는 이것은 그냥 게
임이라고 생각하고 용기를 낼 필요도 있다. 멘토 만들기는 시작만 한다
면 도중에 멈추더라도 실패는 없는 성공이라 믿고, 자신이 살고 싶어 하
는 삶을 사는 분들을 잘 찾길 바란다. 한번 시도하면 그 자체로 최고의
경험이 될 것이다.

멘토 만들기는 자유학기제의 꽃이라 할 수 있다. 자유학기제에서 진행
하는 많은 프로그램 중에서도 멘토를 찾을 수 있다. 지역에 있는 체험처
에서도 존경할 만한 좋은 분을 만날 수 있고 각종 강의장에서도 만날 수
있다. 모든 활동에 의미를 두고 참가하여 진행하시는 분의 말씀을 귀 기
울여 들을 필요가 있다. 특히 지역 진로센터에서 진행하는 멘토링 프로
그램을 이용하면 청소년들의 직접적인 노력은 줄이면서도 다양한 멘토
들을 만날 수 있다. 주변 분들에게 요청하고 직접 발로 뛰면 방법이 많아
지고 기회가 찾아온다. 어려운 도전이지만 시도하면 이루어진다.

6. 작은 성공 이루기

청소년기 중에서도 중학교 시절은 진로에 대해 깊이 고민하는 시기이
고 인생 전체를 결정지을 수도 있는 아주 소중한 시기다. 모든 것이 새로

운 시작처럼 느껴지고 진로 체험활동이나 기타 자유학기제 관련 활동들도 낯선 것은 당연하다. 처음부터 하고 싶어 하는 것을 잘하는 사람은 거의 없다. 그런데 여기 잘할 수 있는 방법이 하나 있다. 작은 성공을 경험해보는 것이다. 자신을 너무 과대평가하지 말고 작은 것부터 시작하면 어렵지 않다. 어른이 되어 내가 원하는 것을 하면서 살고 싶다면 오늘부터 자신이 할 수 있는 작은 목표를 세우고 성취하는 기분을 경험하길 바란다. 경쟁과 승부의 세계가 달갑지는 않지만 우리 사회 속에서 필연적이라고 한다면, 작은 성공에 대한 경험은 경쟁과 승부에서 중요한 한 발짝이 된다. 나 자신과의 싸움에서도 마찬가지이고 사회의 경쟁에서도 한 발짝만 앞서면 된다. 그 시작은 내가 직접 시도하고 경험해서 성취하는 작은 성공이다.

　시작할 때 너무 많은 생각은 하지 말고, 멋있게 하려고도 하지 말고, 자신의 능력을 믿으면 된다. 다른 사람의 의견에 많은 비중을 둘 필요도 없고, 걱정하고 망설이지 말고 그냥 시작하면 된다. 작은 성공의 목표는 심할 정도로 작을수록 좋다. '하루에 2페이지씩 책 읽기', '매일 수학 문제

2문제씩 풀기', '하루에 팔굽혀펴기 두 번 하기', '매일 사물에 대한 표현 2줄 쓰기'와 같은 것이다. 작은 성공을 위한 목표는 너무도 간단해서 쉽게 잊을 수 없을 정도로 작아도 된다. 아주

간단한 일이지만 하고 나면 뿌듯한 기분은 큰일을 해낸 것과 비슷하다. 작은 성취감은 성공을 내 몸에 배게 해 성공 습관으로 정착하게 만들어 준다. 이것이 작은 성공 만들기의 가장 큰 목표다.

내가 상담했던 한 학생은 매사에 열정이 없었다. 특별히 잘하는 것도 없고 하고 싶은 것도 없어서 진로에 크게 관심이 없었다. 스스로에 대한 자신감이 많이 떨어져 있어서 회복이 필요한 상태였다. 학생이 직접 하고 싶고 좋아하는 것을 찾는 데 시간이 걸렸다. 거창한 취미도 아니고 공부와도 연결되지 않고 시간을 많이 들이지 않아도 되는 것들을 연습장에 글로 써본 결과 한 가지를 찾았다. 어렵게 찾은 작은 목표는 큐브 맞추기였다. 학창 시절에 게임을 좋아하듯이 한 번은 빠지게 되는 것이 큐브 맞추기다. 큐브는 한번 시작하면 손을 뗄 수 없는 마력이 있다. 흔히 '마법의 육면체'라고 불리는데, 여러 개의 작은 정육면체가 모여 만들어진 하나의 큰 정육면체를 맞추는 퍼즐의 일종이다. 나도 학창 시절에 한참 빠져서 며칠 밤낮을 큐브만 했던 기억이 있다. 지금은 알아보니 공식이라는 것이 있어서 정말 잘하는 친구들은 3×3의 경우 10초 안에 맞추는 학생들도 있다고 한다. 그 학생은 일단 기본으로 3×3 큐브부터 시작하더니 1주일이 안 돼 거의 마스터했다. 하교 후 집에서 1시간씩 연습한 결과였다. 그리고는 4×4와 5×5까지 조금 더 어려운 큐브에 도전했고 역시 각각 1주일 안에 마스터했다. 큐브를 마스터하는 3주일 동안 매일 도전하는 즐거움 속에 행복했다는 말을 들으니 작은 성공의 첫 단추를 잘 끼웠다는 생각이 들었다. 작은 목표를 정하고 성공의 맛을 느끼는 첫 번째

도전을 큰 마음으로 축하해주었다.

매일 그냥 습관처럼 학교만 왔다 갔다 했던 이 친구는 학교생활이 더 재미있어졌다고 한다. 특히 큐브가 수학과 직접적으로 연관은 없었지만, 어렵게만 느낀 큐브도 일정한 공식으로 풀어나가는 재미를 알고 난 후에는 수학에 조금씩 흥미가 생겼다고 한다. 이것이 작은 성공 습관의 나비 효과라고 할 수 있다. 학생 스스로 직접 노력해서 얻은 작은 성공 습관의 변화는 다른 광범위한 변화를 유도할 수 있기 때문이다.

그런 사례 중 생각하기에 따라서 어렵지만 간단한 것이 하나 더 있다. 가족 환경에 따라서 차이는 있겠지만 '저녁 식사는 가족과 함께하기'를 추천한다. 이 목표는 가족 모두가 노력해야 하는 것이지만 효과는 기대 이상이다.

2달 정도만 꾸준히 진행해도 전혀 기대하지 않았던 변화가 학생에게 일어난다고 한다. 가족 모두에게도 긍정적인 변화가 일어날 것이다. 요즘 부모님 세대는 직장이나 집안일로 바쁘고 자녀들은 학교와 학원 등으로 바빠서 서로 얼굴 볼 시간도 많지 않다고 한다. 평일 저녁 2~3일이라도 가족 모두가 함께 저녁 식사를 하기로 뜻을 모아 실행하면 청소년 학생을 포함하여 가족 모두가 정신적으로나 육체적으로 건강해질 것이라고 확신한다. 다행스럽게도 요즘은 사회적으로 '워라밸Work Life Balance'을 중요하게 생각하는 사람들이 늘어나고 있다. 특히 그런 시간을 통해 부모님과 하루 일과를 공유하면서 좋은 조언도 받을 수 있는 일석이조의 효과도 얻을 수 있다. 간단해 보이는 가족과 함께 저녁 먹기를 하다 보면 시간 관리 능력이 좋아지며 자신감이 넘치게 되고, 숙제하는 능력이 개선되고, 집중력도 좋아져 성적도 오르며, 가족 간의 많은 대화로 감정 조절도 잘하고 정서적으로 안정된다고 한다.

이렇듯 작은 목표 달성의 변화는 기대 이상의 큰 변화를 경험할 수 있는 좋은 도전이다. 작지만 스스로 목표를 세우고 성공하는 경험을 하면 다른 일을 할 때에 탄력이 붙으며 사기도 올라간다. 또한 지속적으로 달려갈 힘도 생기게 된다. 목표가 인생 전체에 걸쳐 있고 결과를 바로 볼 수 없다면 열심히 하더라도 맥이 빠지고 도중에 포기할 확률이 높아진다. 그래서 위의 예처럼 작은 것이라도 성공하는 습관을 들이고 그러한 목표를 자주 설정하는 것이 도움이 많이 된다. 작은 성공에 익숙해지면 인생 전체를 아우르는 큰 목표도 기간 단위로 나누어서 세분화할 수 있는 능력이 생겨 도전도 쉽게 하고 결국 목표를 달성하는 확률도 높아진다고 한다.

　중학생을 이러한 원칙에 적용해보자. 학생이 좋아하는 전공을 정하고 원하는 대학을 중장기 진로 목표로 정한다. 'A대학을 갈 거야'라고 정한 후에 그 대학을 가기 위한 조건들을 작은 것부터 다시 목표로 세운다. 처음에는 2주일이나 한 달에 할 수 있는 작은 성공에 집중하는 습관이 중요하다. 너무 완벽하게 훌륭한 무언가를 하겠다는 목표를 세울 필요는 없다. 당장 시작할 수 있는 무언가면 충분하다. 그 후에 한 학기나 1년 단위로 세분화된 목표를 세우고 진행하다 보면, 어느새 원하는 대학교에서 즐겁게 공부하고 있을 것이다. 5~6년 후만 보고 공부하다 보면 매년 똑같은 열정을 유지하기가 어렵다. 단기 목표를 세우고 성공하면서 새로운 의욕이 충전되면 지속적인 진행 및 발전이 가능하게 된다. 단기적으로 작은 성공을 하게 되면 다음 단계의 작은 목표도 어렵지 않게 설정 가능하고 성공 확률도 더 높아진다.

　자유학기제를 활용하는 만큼 작은 목표를 설정할 때 '진로 체험활동 1주일에 1개씩 하기'를 해 보는 것을 추천한다. 자유학기제의 가장 큰 목적이 진로 목표 설정인 만큼, 가능한 진로와 관련된 작은 목표를 설정하면서 알아가는 것도 좋다. 꿈길(ggoomgil.go.kr) 사이트에 등록되어 있는 체험처를 예약하고 찾아가는 것도 좋지만, 평상시 동네에서 자주 가는 마트, 식당, 문구점, PC방 등을 방문하여 사장님과 관련 분야에 대해 이야기하는 것이 더 쉽고 현실적인 방법일 수도 있다. 작은 성공 만들기에 관련해서는 자기만의 성공노트를 만들어서 기록하는 것도 계속적으로

목표와 성공을 관리하는 데 큰 도움이 된다. 중학생이 되기 전까지 스스로 목표를 세우고 달성하는 경우가 적었던 학생이라도 충분히 할 수 있는 작은 목표를 만들어 성공하는 습관을 만들면, 더 큰 목표에 가까이 갈 수 있을 것이다. 이러한 작은 성공은 과거 평범하고 목표의식이 없었던 학생들에게도 충분히 좋은 동기 부여가 될 수 있다. 작은 성공은 학생들의 생각에 변화를 이끌어내고 결국 스스로 삶을 이끌어가는 태도까지 변화시켜 행복한 학창 시절을 만들어줄 것이다.

제4장

자유학기제의
소중한 시간

꿈을 찾는 자유학기제

요즘 많은 곳에서 인생 100세 시대를 이야기한다. 현재 남자의 평균수명은 약 80세, 여자의 평균수명은 85세로 매년 높아지고 있다. 실제로 기대수명이 100세에 근접하고 있다. 예전의 진로 교육으로는 100세 인생을 커버하지 못한다. 다행인 것은 2015년에 새롭게 진로교육법이 제정되어 그 일환으로 자유학기제가 시행되고 있다는 것이다. 자유학기제는 4차 산업혁명으로 진입하는 미래 직업 세계에서 생애 전반의 관점으로 청소년들의 진로 개발 역량을 지원하고, 상담과 지도로 100세 시대의 첫발을 제대로 떼게 하는 제도다. 사실 40대에게도 이러한 진로 교육이 꼭 있었으면 한다. 청소년에게 당연히 필요한 진로 교육이 100세 시대를 살려면 부모님 세대에게도 꼭 필요하기 때문이다. 어른에게도 꼭 필요한 진로 교육이 청소년들에게는 자유학기제를 통해 주어졌다. 얼마나 소중한 시간인지 피부로 느낄 수 있도록 자유학기제의 의미와 취지, 프로그램 등을 꼼꼼히 따져보고 내 것으로 만들어야 한다.

　이미 앞 장에서 설명한 대로 자유학기제는 중학교 교육과정 중 한 학기나 학년을 중간, 기말고사 등 시험을 치르지 않고 학생들 개개인의 꿈과 끼를 찾을 수 있도록 유연하게 운영하는 제도다. 수업 방향도 기존의 주입식에서 토론, 실험, 실습 등 학생 참여 수업으로 개선하여 실시하고 있다. 더 중요한 것은 진로 탐색활동 강화와 함께 다양한 체험활동도 할 수 있어서 어렵지 않게 적성과 소질을 찾아낼 수 있다는 것이다. 학교마다 차이는 있겠지만 다양한 분야를 스스로 경험하고 자신의 진로를 탐색하기 위해 국어, 수학, 사회, 과학, 영어, 체육, 음악 등 과목당 1가지 활동에 참여하도록 유도하는 학교도 많다. 한쪽으로 치우치지 말고 다양한 분야를 경험해 보고 그중에서 자신의 진로를 탐색해보라는 뜻이기도 하다.

지역별로 시기와 장소의 차이는 있지만 학생들은 다양한 외부활동을 통해 진로를 고민할 수 있는 기회가 많이 있다. '진로 체험 박람회', '진로 교육 페스티벌', '직업 체험 초청강연' 등에 참가해 생각하지 못했던 직업 세계를 경험하고 해당 직업에 종사하고 있는 분들과 대화하며 자신의 미래 직업 세계를 탐색하는 시간도 있다. 학교나 시도 교육청에 문의하면 한 해 동안 예정되어 있는 다양한 프로그램 등을 확인할 수 있다. 이런 체험을 통해 일과 직업에 대한 올바른 이해를 할 수 있고, 특정 직업에 대한 편견이나 선입견도 해소할 수 있다. 학생 자신의 진로를 부모님이 원해서, 안정적이고 편안한 미래를 보장해주기 때문에 선택하는 것이 아니라, 스스로 부딪치고 경험해 보면서 진정으로 내가 원하고 바라는 미래를 찾아갈 수 있는 것이 바로 자유학기제의 소중한 시간이다. 그리고 이미 진로를 뚜렷하게 결정한 학생들은 심화활동도 연계해주는 진로센터나 교육청도 있기 때문에 문을 두드리면 그 이상의 것도 얻을 수 있다.

이런 소중한 시간을 후회하지 않도록 잘 보내야 한다. 물론 고등학교나 대학교에서도 자신의 정체성을 확립하고 진로를 결정할 수 있지만,

중학교의 자유학기제라는 좋은 제도와 프로그램을 통해서 조금 더 일찍 진로를 결정하면 더 일찍 자신이 원하는 미래를 설계하고 행복하게 보낼 수 있다. 청소년에게 자유학기제의 시간은 미래 100세 시대를 좌지우지 할 만큼 아주 소중한 시간이다. 앞으로 우리가 살아가야 할 미래를 생각하고 자신의 꿈과 적성이 무엇인지 찾아가는 시간이다. 이 귀한 시간을 그냥 흘려보내기보다는 아래의 조언을 참고하여 알차고 재미있게 즐기는 것은 어떨까?

1. 청소년에게 시간은

가고 싶은 곳이 있으면 가면 되고, 필요한 물건이 있으면 사면 되고, 몸이 아프면 치료를 하면 된다. 그러나 시간은 한번 흘러가버리면 다시 되돌릴 수가 없다. 우리 모두에게는 두 번 다시 오지 않을 소중한 하루가 똑같이 주어진다. 매일 하루하루가, 그리고 모든 1년들이 전 생애에 걸쳐서 소중하고 중요하지만 그중에서도 중학교 1학년의 시간은 특히 더 소중하고 의미 있는 기간이다. 내 세대만 해도 이런 중요성을 느끼지 못한 채 꼭 겪어야 하는 청소년 시기로만 인식하며 보냈다. 학교생활을 열심히 했던 기성세대들도 많이 아쉬워하는 것이 중학교 1학년 시절이다. 그런데 지금 청소년에게는 소중한 하루를 더 알차게 보낼 수 있도록 자유학기제가 준비되어 있다. 비록 알 수 없는 미래 때문에 근심과 걱정이 많고 불안하겠지만, 이 시간을 소중히 여기고 매일매일 열심히 참여하고 경험한다면 기대한 것보다 더 큰 기쁨과 행복한 시간들이 많아질 것이다.

중학생이 되면 청소년들은 대부분의 시간을 학교에서 보낸다. 등교와 하교 시간, 수업 시간, 쉬는 시간, 점심 시간, 시험 기간 등 1년의 일정이 거의 모두 정해져 있고 그 시간표에 따라 어긋남 없이 생활을 하고 있다. 부모님 입장에서는 짜인 틀이라 어긋날 시간이 없기에 안정감을 느낄 것이고, 학생들은 여전히 주어진 틀 안에서 생활하는 게 익숙할 것이다. 그 갖추어진 틀을 자유학기제가 긍정적인 방향으로 옮기고 있다. 자유학기제의 프로그램에 참여함으로써 학생들은 자신에게 주어진 시간을 스스로 계획하고 관리하는 연습을 하게 된다. 기존에는 똑같은 과제가 주어져도 항상 시간에 쫓기며 완성했다면, 1년 후에는 더 큰 그림을 보고 자신의 스케줄을 관리하며 완성도가 더 좋아질 것이다. 시간 관리를 잘할 수 있는 계기는 바로 자유학기제를 통해서 진로에 대해 고민하고 미래 목표를 세움으로써, 매일 실행할 수 있는 동력과 의지에서 나오게 된다. 자신의 미래를 신중하게 생각하고 진로 목표를 세우는 것만으로도 시간을 효율적으로 관리할 수 있는 능력이 생기고 즐거운 인생을 살 수 있는 밑바탕이 된다는 것을 기억했으면 한다.

이제까지의 교육과정에 시간 관리와 관련된 교육이 많지 않아서 크든 작든 목표를 정하고, 계획을 짜고 실행하는 것을 어려워하는 학생들이 많을 것이다. 진로와 관련된 많은 교육과 상담에 참여하면서 자신의 잠재력과 시간 관리의 재미에 빠져보기 바란다. 스스로 자신의 스케줄을 정하고 하나씩 실행해가는 과정에서 수많은 선택과 만나고 결정하면서, '삶의 주체는 나'라는 큰 깨달음도 얻을 수 있다. 동시에 시간은 유한한 자원이라는 것도 알게 되고, 결코 되돌릴 수 없다는 것도 깨달으면서 시

간의 소중함을 알게 되는 중요한 시기다. 특히 청소년기는 미래의 인생을 설계하고 준비하는 때이기 때문에 공부와 자유학기제를 병행해가며 합리적인 시간 관리를 하는 것이 절대적으로 필요하다.

자유학기제와 함께 보내야 할 청소년기의 소중한 시간을 어떻게 하면 내 것으로 만들 수 있을까? 먼저 왜 이 시기가 중요한지를 아는 인식 전환이 필요하다. '나는 무엇을 위해 존재하는가?', '나는 이 세상에서 어떤 일을 할 수 있는가?'를 가장 먼저 고민하는 것이다. 이것은 진로 탐색 이전의 단계로, 이 시기에 내가 무엇을 할 수 있고 얼마나 많은 가능성이 있는지를 진지하게 생각하고 가족이나 선생님과의 대화를 통해 중요한 시기라는 것을 스스로 알아가는 것이다.

인식 전환이 되었다면 자유학기제의 작은 프로그램부터 먼저 시작한다. 이때는 작을지라도 중요한 것을 선택하는 것이 좋다. 바로 진로 체험

을 하는 것보다 나를 검사하고 분석하는 것부터 시작하는 것을 의미한다. 큰 부담 없이 편하게 참여할 수 있는 것에서부터, 공부하고 준비해야 하는 더 전문적인 것으로 강도를 높여가면 된다. 한번 진행하기로 마음먹은 일들은 반드시 목표한 날짜에 끝내는 습관을 가져야 한다. 소중한 시간을 잘 보내는 방법으로 꼭 지켜야 하는 것 중 하나다. 그렇게 하나둘 진행하다 보면 어떤 것이 나에게 더 중요하고 급한지도 알게 되고, 등교 전이나 쉬는 시간 등의 자투리 시간을 생산적으로 활용할 수 있게 되며, 하고 싶은 일이나 해야 할 일이 많을 때에 어떤 것은 진행하고 어떤 것은 포기할지를 빨리 결정할 수 있는 판단력이 생기기 시작한다. 스스로 시간 관리를 하게 되면 자신감 및 자존감이 높아지고 주도적인 삶의 자세를 갖출 수 있다. 특히 학습 습관에도 긍정적인 효과가 있어서 '공부를 왜 꼭 해야 하나?'라는 의문에서 '이 공부는 나와 진로 목표를 위해서 필요한 거야'라는 긍정적인 의지를 찾게 된다. 소중한 시간을 값지게 보내는 것이 낯설다면 목표 정하기, 시간 계획하기, 실천하기 그리고 전체적인 과정과 결과를 되짚어보는 기본 단계를 따라 하면 어렵지 않게 시작할 수 있다. 청소년에게 지금 이 시간은 너무나 소중하다는 것을 알아야 하며, 가볍게 보내서는 안 된다.

청소년에게 자신을 이해하고 미래의 진로에 대해서 고민하는 것은 중요하다. 하지만 지금 이 순간을 즐기는 것 또한 중요하다. 학창 시절에는 물론 공부를 열심히 해야 하지만, 자신의 끼를 확인하고 발산할 기회를 갖는 것도 자아를 만들어가는 청소년기에 소중한 경험이 될 것이다. 그런 기회를 자주 갖도록 항상 관심을 가지고 노력하는 것이 좋다. 우리의 인생에 있어서 14살은 두 번 다시 돌아오지 않는다.

오래전에 TV 토크쇼를 본 적이 있다. 현재도 영화와 드라마에서 왕성한 활동을 하는 배우인데 아마 그 당시 그 배우의 딸이 7살이었을 것이다. 바쁜 배우 생활을 하면서도 딸과 많은 시간을 갖기 위해 심지어 일부 스케줄은 취소하거나 포기한다고도 했다. 진행자가 이유를 묻자 배우는 "아영(가명)이의 일곱 살은 두 번 다시 돌아오지 않습니다"라고 말했다. 딸이 그 시기에 공유할 수 있는 것과 아빠로서의 역할을 모두 의미하는 것이다. 그 얘기를 듣고 나는 신선한 충격을 받았다. 그리고 '아! 저렇게 살아야 하는구나!'라고 다짐했다. 그 TV 프로그램을 통한 의미 있는 경험이 지금까지 나의 삶의 태도에 큰 영향을 미치고 있다. 마찬가지로 중학교 시절에 할 수 있는 것들은 가능한 한 모두 해보는 것이 좋다고 생각한다.

현재 입시 위주의 경쟁사회를 살아가는 우리 청소년들은 여전히 스스로를 불행하다고 말한다. 한국방정환재단과 연세대 사회발전연구소가 발표한 「2017 한국 어린이 청소년 행복지수」 보고서를 보면 한국 어린이, 청소년의 주관적 행복지수는 여전히 하위권(20위)에 머물러 있는 것으로 나타났다. 특히 공부나 학교 성적으로 인한 스트레스 경험 비율이 높다.

하지만 진로 교육과 체험을 통해 공부와 진로를 다른 시각으로 바라볼 수 있게 될 것이다. 이제까지 우리 사회가 수십 년에 걸쳐 학생들의 가치를 성적으로 판단해 왔고 학생들마저도 인간의 가치는 학교 성적에 따라 매겨진다는 인식이 있는데, 이제는 사고의 변화가 필요하다. 스스로 긍정적인 사고의 변화를 주도해야 하고 청소년기에만 할 수 있는 다른 행복한 경험을 해야 한다. 청소년들의 열정을 다양한 경험을 하는 데 효율적으로 쏟아부어야 후회 없는 학창 시절이 된다.

자유학기제에 참여하면서 시간 관리나 우선순위를 정하는 것을 연습하면 더 많은 시간 동안 다양한 새로운 경험을 할 수 있을 것이라 본다. 친구들끼리의 여행이나 캠프, 지리산 또는 한라산 등반, 온라인 멀티게임, 장거리 자전거 하이킹, 연극이나 뮤지컬 등 공연 보기, 직접 용돈 벌기, 악기 하나 배워보기, 친구들과 물건 팔아보기, 가족 여행 진행하기, 고전과 근대문학 명작 읽기, 신문 보기, 하루 종일 걸어보기, 24시간 만화 보기, 운동 한 종목 마스터하기 등 공부 이외에도 할 수 있는 재미있는 경험들이 많다. 이런 다양한 경험은 평생 동안 의미 있는 좋은 추억으로 남을 것이다. 나중에 언제든지 중학교 시절을 떠올리며 추억 많은 부자로 행복한 시간을 보낼 수 있을 것이다. 후회 없는 한 해 한 해를 보내는 것이 가장 행복한 학창 시절일 것이다. 두 번 다시 오지 않을 시기를 헛되이 보내지 않고 하고 싶은 것을 마음껏 하면서 보내기 바란다. 새롭게 시작하는 중학교 생활은 큰 그림 속에서 인생 전체를 결정할 수 있는 소중한 시간이다. 그 주어진 시간을 어떻게 활용하느냐에 따라 진로의 방향과 목표 달성의 속도가 크게 달라질 것이다. 시간의 소중함을 꼭 깨닫고 후회 없는 청소년 시절을 보내길 바란다.

2. 내 아이를 위한 아빠의 조언, 당부

나도 중학생 시절을 겪어보았고, 지금은 중학생 아들을 둔 아빠 입장에서 중요한 자유학기제의 기간을 어떻게 보내는 것이 좋을지 경험을 바탕으로 얘기하고자 한다. 청소년 시절에 피가 되고 살이 되는 말들이 많지만 그중에서도 내가 아들과 함께 여행하면서 아들에게 이야기해주었던 잔소리 중 몇 가지를 공유하려고 한다. 나는 당시 초등학생이었던 아들과 잠시 학교 다니는 것을 쉬고 여행을 다녀왔다. 세상 살아가는 삶의 지혜를 얻고자 했던 내용을 정리해서 책 『1년 동안 학교를 안 갔어!』 (2017, 책과 나무)를 출판했다.

첫째는 하고 싶거나 원하는 것이 있다면 무엇이든지 바로 시작하는 것이다. 진로와 관련이 된다면 더 좋겠지만 직접적으로 관련이 없더라도 하고 싶은 것이 있다면 시작하라. 너무 깊게 생각하지 말고 당장 시작하는 것이 중요하다. 시작이 있어야 즐거운 삶이 가능하다. 하고 싶은 것이 공부와 관련돼도 괜찮고 게임과 관련돼도 상관없다. 어떤 것이든 괜찮다. 시작을 하게 되면 실행력이 좋아진다. 학교와 학원 공부 때문에 바쁜 하루지만 하고 싶은 무엇인가를 시작하면 하루 24시간이 더 알차지고 자기도 모르는 사이에 자신감도 올라간다. 일단 시작하는 습관을 갖게 되면 자기 자신이 생각했던 것을 능가하는 목표를 달성할 수 있다. 내가 어떤 잠재력을 가지고 있는지 궁금하다면 하고 싶은 것을 찾아서 시작해보는 것이다. 꿈이 갈수록 더 커지고 꿈에 더 가까이 갈 수 있다.

두 번째는 첫 번째와 연결된 것으로 자유학기제를 포함한 다양한 학교 활동이나 동아리 등에 적극적으로 참여하는 것이다. 작은 경험은 집안일에서부터도 시작할 수 있다. 내 방 청소와 옷장 정리, 설거지, 빨래, 교복 다리기, 명찰 바느질하기 등 나와 관련되는 일들은 스스로 하는 것이다. 자생력을 키우는 가장 기본적인 경험 훈련이다. 4차 산업혁명 시대에 살아갈 청소년들에게는 기성세대나 지금의 청년들보다도 경험이 더욱 중요하다. 융합적인 사고와 판단을 위해서라도 많은 경험은 필수다. '세상에 경험보다 소중한 것은 없다'는 것이 나의 좌우명 중 하나다. 무엇인가를 시작하고, 실패하고, 다시 시작하면서 쌓인 경험은 청소년이 결정할 진로 목표를 이루는 데 큰 역할을 한다. '경험이 먼저다'라는 생각으로 하

루를 다양한 체험 및 경험으로 채운다면 자유학기제 기간에 기대 이상으로 많은 것을 얻을 것이다. 그러한 경험은 학교

나 사회생활을 하면서 만나는 어려운 환경에서 문제를 해결하고 새로운 아이디어로 접근할 수 있는 능력을 만들어준다.

세 번째는 스스로 기념일을 만들어 자축하고 만끽하라는 것이다. 이것은 내 자신을 가장 소중히 하고 사랑하는 것과 같은 의미다. 세상에서 제일 소중한 존재는 자기 자신이다. 그 어떤 것도 나보다 먼저일 수 없다. 그렇다고 이기적인 사람이 되라는 의미는 아니다. 내 자신을 가장 사랑하는 사람은 자기 자신이어야 한다는 의미다. 성과가 크든 작든, 과정이 어려웠든 쉬웠든 결과가 있을 때 스스로에게 보상하는 의미로 '그래, 너 이번에 고생했어!', '네가 최고야'라고 자기 자신에게 상을 주는 것이다. 나를 포함한 많은 기성세대들은 자신에 대한 보상은 익숙하지도 않고 인색한 편이다. 청소년 시기부터 자신을 소중히 하고 보상해주는 습관을 가진다면 더 즐거운 학교생활과 사회생활을 할 수 있다.

나의 경우에는 시험을 망쳤더라도 최선을 다했기에 끝나는 날에는 나 자신을 위해 작은 선물을 하곤 했다. 예로 좋아했던 가수의 CD를 사거나 평상시 먹고 싶었던 비싼 음식을 마음껏 먹곤 했다. 가끔은 옷을 구매하기도 했고 목도리와 같은 작은 액세서리를 사면서 나를 위해 즐거운 소비도 했다. 청소년 시절에는 시험을 끝냈거나 작은 목표를 달성했을 때 하루 종일 원 없이 게임하는 것으로 자신에게 보상할 수도 있고, EXO, 워너원, 레드벨벳 또는 방탄소년단의 공연 예약을 할 수도 있다. 물론 평상시 부모님께 스스로 열심히 하고 알아서 한다는 신뢰를 주는 것이 먼저다. 스스로 알아서 하는 자녀를 위해서 부모님들은 원하는 것

은 어떤 것이든 들어 줄 의지가 있고 적극 지원할 것이다. 이제 부터는 자기 자신을 위해 자축하는 기념일도 만들고 마음껏 즐기는 보상을 주는 습관을 갖는다면 자유학기제 프로그램도 더 의미 있어지고, 준비된 프로 그램보다 더 많은 경험을 스스로 하게 될 것이다.

네 번째는 다양한 분야에 대한 호기심을 갖는 것이다. 다양한 호기심 으로 진행하는 경험이 진로의 목표를 세우고 실행해가는 디딤돌이다. 다 양한 호기심은 사고의 다양성을 갖추게 하고 자연스럽게 인생을 설계하 는 데 장기적인 안목도 생기게 한다. 다양한 호기심으로 자유학기제 프 로그램 참여도 많아지면 미래 직업의 선택도 잘할 수 있다. 직업은 청소 년들의 인생을 좌우하는 가장 중요한 선택이다. 흔히 4차 산업혁명 시대 에 살아가야 할 젊은이들은 직업을 4~5개 이상 가져야 한다고 한다. 그 것이 틀린 말은 아니다. 하지만 당장 직업의 목표를 4개나 5개로 할 수 는 없다. 그중에서도 가장 하고 싶고 잘할 수 있는 것 한 가지를 선택해 야 한다. 자신의 적성과 가치관에 부합되는 한 가지를 선택하고 모든 열 정을 쏟는다면 일단 성공이다. 그리고 다른 호기심으로 경험을 확대한다 면 다른 직업으로도 어렵지 않게 이동할 수 있다. 관심과 호기심이 없더라도 학교나 자치단체에서 준비한 자유학기제의 프로그램에 적극적으로 참여만 해도 많은 경험을 하게 되고 거기서 또 다른 호기심이 생길 것이다. 나에 대한 선입견이나 고정관념을 버리고 모든 것을 수용한다는 마음으로 자유학기제의 다양한 프로그램에 참여한다면
청소년들의 미래는 아주 밝아질 것이다.

다섯 번째는 중학교 시절부터 생활 속에서 협상 능력을 키우는 것이다. 협상이라고 해서 거창하게 생각할 필요는 없다. 우리의 일상생활에서 많은 부분들이 협상이다. 엄마, 아빠에게 용돈을 타는 것이나 하고 싶은 게임을 하거나 좋아하는 것을 얻기 위한 많은 활동들이 모두 다 협상이다. 친구들과의 관계에서도 협상은 항상 존재한다. 친구들끼리 모둠활동을 하거나 운동할 때 규칙 및 포지션을 정하는 것도 큰 협상 중의 하나다. 협상은 어렵지 않다. 아무리 사회나 학교가 합리적으로 변한다고 하더라도 기본적인 협상은 항상 존재할 수밖에 없다. 그 시작은 원하는 것을 일단 얘기하고 요청하는 것이다. 선생님이나 부모님께 내가 원하는 것을 말씀드렸을 때 거절당하는 것을 두려워할 필요가 없다. 거절을 두려워하여 내가 원하는 것을 말하지 못한다면 더 성장할 수 있는 기회를 놓치는 것과 같다.

장사와 관련된 속담 중에 '밑져야 본전'이라는 말이 있다. 협상의 기본이 그 말과 일맥상통한다. 원하는 것을 말하고 요청하는 것에는 절대 손해가 없다는 생각이다. 내 경험으로는 무조건 얻는 것밖에 없었다. 원하는 것은 언제든지 두려움 없이 일단 요청하기를 바란다. 그 하나만 잘해도 청소년은 인생의 가장 큰 달란트를 얻는 것이다. 분식점이든 문구점이든 옷가게든 PC방이든 일단 말해보라! 작은 성공을 하게 되고 인생의 자신감도 더불어 커질 것이다.

마지막으로 내가 해주고 싶은 조언은 외국어 하나쯤은 모국어처럼 할 수 있도록 생활화가 필요하다는 것이다. 요즘에는 번역 애플리케이션이나 통역 애플리케이션이 잘 발달되어 외국어를 배우지 않아도 해외에 나가서 생활하는 것이 어렵지 않다고 한다. 하지만 그것은 기본적인 여행일 경우에만 적용되는 것이라고 생각한다. 아무리 좋은 애플리케이션이 있다고 해도 외국어를 제대로 구사하지 않으면 해당 언어의 문화를 이해하는 것에는 한계가 있고 공부나 직업적인 면에서 성공하기는 힘들 것이다. 지금 시대나 다가올 미래 시대에도 여전히 외국어는 기본이다.

영어를 예로 들자면, 성적으로서의 영어가 아닌 나의 진로 목표를 위한 영어 공부를 해야 한다. 책 속의 영어 공부가 아닌 자기 자신 속에 살아 숨 쉬는 영어를 해야 한다. 이것 또한 어렵지 않다. 이미 청소년은 많은 영어에 노출되어 생활하고 있다. 동네의 많은 간판들도 영어고 게임할 때도 영어 표현들이 많듯이 일상생활에서 영어를 쉽게 접하고 있다. 거기에서 한 걸음만 더 나아가서 표현 연습을 하거나 그와 연관된 것을 영어로 찾아본다면 쉽게 영어와 친해지고 재미도 느낄 것이다. 영어와 같은 외국어를 배울 때에는 가끔은 오지랖이 넓어도 좋다. 외국인이  지나가면 그냥 아무 말이나 한번 건네보는 것이다. 그러면서 외국인과 외국어에 대한 두려움을 없앨 수 있다. 그때는 스마트폰을 활용해 볼 수 있다. 그냥 짧은 한 문장이라도 스마트폰으로 찾아보고 직접 입 밖으로 소리를 내보는 경험이 중요하다.

많은 미디어와 학교에서도 4차 산업혁명 시대를 자주 언급하고 있다. 그 핵심은 융합적인 사고인데, 가장 직접적으로 연관된 것이 영어나 외국어라고 생각한다. 융합적인 사고를 갖기 위해서는 다양한 분야의 정보를 찾아보고 본인 것으로 만들어야 한다. 가장 일반적인 영어로 기본적인 소통이 가능하다면, 그렇지 않은 학생보다는 훨씬 어렵지 않게 자신의 적성과 능력을 발휘할 수 있을 것이다.

많은 조언을 드릴 수 있지만 그중에서 꼭 필요한 것들만 언급했다. 청소년 시기에 있어서 중학교 시절이 중요한 만큼 위의 기본적인 내용들을 따라 해 본다면 매일 재미있는 생활을 할 수 있을 것이다. 내가 얘기한 것들이 어렵지도 않다. 아니, 어렵게 느끼는 학생들도 있겠지만 쉽게 생각하기를 바란다. 어떤 것을 해도 손해날 것이 없다. 창피할 것도 없다.

청소년들에게는 많은 것들이 처음이다. 처음부터 잘하는 사람은 아무도 없다. 무엇이든 두려워하지 말고 그냥 해보는 것이다. 시도하고자 할 때 주저하는 마음이 생긴다면, 자신의 밝은 미래를 생각하면 용감해질 수 있다. 어느 순간 전혀 다른 사람으로 변하고 있음을 느낄 것이다. 오늘부터 그냥 들이대면서 삶을 업그레이드하기 바란다.

3. 부모가 하기 나름이다

청소년기는 학생들에게도 소중한 시간이지만 함께하는 부모님에게도 의미 있는 시간이다. 인생의 진로를 결정하는 자녀들에게 가장 큰 영향을 줄 수 있기 때문이다. 학생들이 신체적, 심리적으로 급격하게 변화하는 시기라서 우리와 같은 부모들에게는 큰 도전의 시기이기도 하다. 부모님들이 천방지축 매일 다양한 행동 양식을 보이는 자녀들에게 통제력을 온전하게 유지할 수는 없어도 긍정적인 영향력을 끼칠 수는 있다고 생각한다. 진로 측면에서 본다면 자유학기제 프로그램만으로도 자녀들이 진로를 결정하는 데 도움이 되기는 하지만, 부모님을 포함한 가족의 관심과 지원 없이는 힘들다. 부모님들의 자녀 교육에 대한 역할은 이전에도 매우 컸다. 자유학기제가 시행되고부터는 이 역할이 거의 전부라고 할 정도로 더 커지고 중요하게 되었다. 이 기간에 학부모는 자녀의 꿈이 무엇인지 함께 고민하고 끼를 발견할 수 있도록 꾸준히 대화해야 한다.

함께 고민하기 위해서는 먼저 자유학기제에 대해서 알아야 한다. 이미 앞에서 설명한 것처럼 자유학기제는 전국의 모든 중학교에 2016년부터 적용되는 것으로, 중학교 과정 중 한 학기 동안 학생들이 시험 부담에서 벗어나 꿈과 끼를 찾을 수 있도록 토론, 실습 등 학생 참여형으로 수업을 운영하고, 진로 탐색활동 등 다양한 체험활동이 가능하도록 교육과정을 자율적으로 운영하는 제도다. 자유학기제는 시행 초기이고 새로운 제도라 많은 학부모들이 기대보다는 걱정을 더 많이 한다. 학생들을 위한 좋은 제도라고 긍정적으로 보고 함께 고민한다면 자녀들의 진로는 크게 달라질 수 있다. 올해는 벌써 시행한 지 3년째라 그간의 시행착오에 대한 대비와 업데이트가 많은 부분에서 이루어지고 있다. 자녀의 진로와 관련하여 도움을 주기 위해 공부하다 보면 부모님의 제2의 진로도 고민하게 될 것이다. 자녀를 도와주려다 부모님도 새 진로를 찾아 새로운 인생을 개척할 수도 있다.

자녀들이 자유학기제를 최대한 잘 활용하기 위해서는 부모님의 역할이 중요하다. 그 중요한 역할을 어떻게 할까? 자유학기제를 이해하는 공부, 온전한 자녀 유형 이해, 5분 교감하기, 자생력 키워주기 등을 통해 그 역할을 해낼 수 있다.

첫 번째로, 먼저 공부를 해야 한다. 자녀들을 위해 이 시기의 정서나 부모님의 역할에 대해서도 공부해야 하지만 그보다 앞서 자녀들이 1년 동안의 시간을 투

자하는 자유학기제가 무엇인지 정확히 알아야 한다. 이 공부는 부모님 중 엄마나 아빠 한쪽만 하면 안 되고 양쪽 모두 해야 효과가 크다고 생각한다. 대부분의 가정에서 주로 엄마가 자녀 교육을 맡는 경우가 많은데, 이제는 부모님 모두가 자녀의 진로에 대해 관심을 가져야 한다. 아직은 이 제도가 부모님들이 원하는 대로 완벽하지 않을 수도 있다. 지속적으로 좋은 프로그램이 개발되고 다양한 방법으로 지원이 이루어지고 있으니 함께하는 것이 무엇보다 중요하다고 할 수 있다.

자유학기제에 대해 자세히 알기 위해서는 학교 진로 교육 담당 선생님과 직접 면담을 하거나, 교육청 홈페이지에 접속해서 제도의 취지와 프로그램, 진로 교육법 등을 확인하면 된다. 이제는 부모님이 자유학기제에 대한 공부와 함께 나서야 할 때다. 우리 아이들이 소중한 시간을 헛되이 보내지 않도록 하기 위해 부모님들이 관심을 가지고 제대로 된 방향으로 가도록 도와주어야 한다. 알아서 잘하는 자녀들도 있겠지만 부모님의 관심으로 더 잘하게 되는 학생들이 많을 것이다. 자유학기제에 대해 배우는 것은 크게 어렵지 않다. 자유학기제와 관련된 학교, 청소년 진로 센터, 교육청 홈페이지에 들어가면 많은 정보가 있다. 그 외에도 인터넷이나 블로그 등에서 다양한 경험이나 사례를 만날 수 있다. 이 제도가 왜 시행됐는지부터 진로교육법의 내용까지 이해하면 더 적극적으로 참여를 독려하게 될 것이다. 부모가 제도를 잘 이해해야 자녀들과 소통이 가능하고 효과적인 자유학기제를 보낼 수 있다.

둘째는 자녀들이 어떤 유형인지 잘 파악하고 이해하는 것이다. 자녀를 알기 전에 부모님들이 어떤 사람인지를 아는 것도 중요하다. "지피지기면 백전불태"라는 말이 삼국지의 전투에만 사용되는 것이 아니고 부모와 자녀 사이에서도 똑같이 적용되기 때문이다. 자기 자신을 제대로 알아야 아들과 딸도 잘 이끌 수 있다. 학생들의 유형은 보는 시각에 따라 다양하게 존재하는데 나는 공부나 삶을 대하는 태도에 따라 리더형, 동참형, 개인형, 무관심형 등으로 나눠볼까 한다.

리더형은 항상 남들 앞에 나서서 이끌어가는 스타일이고 많은 부모님이 좋아하는 유형이라고 생각한다. 동참형은 지도자에는 관심 없고 그냥 분위기에 따라서 딴 길로 가지 않고 학교나 친구들이 하자고 하면 함께하는 유형이다. 개인형은 학생 자신의 가치관과 사고가 뚜렷해 자기가 원하는 대로 꿋꿋하게 밀고 나가는 유형이다. 무관심형은 뚜렷한 관심이나 좋아하는 것이 별로 없는 학생으로 동참형이나 개인형과 또 다른 유형이다. 각 유형별로 자녀들을 대하고 이끌어가는 방법이 달라야 한다. 유형은 좋고 나쁜 것이 없이 그냥 그대로의 성격이라고 생각하면 좋다.

나는 현재 중학교 2학년과 초등학교 6학년인 아들이 있는데, 처음에는 많은 부모님들이 바라듯이 리더형으로 키우고 싶어서 항상 나서며 이끌어가도록 요구했다. 전혀 다른 두 유형의 아들을 부모가 바라는 유형으로 키우려 했더니 부작용들이 나타났다. 큰아들은 무관심형이고 둘째 아들은 개인형인데 둘 다 리더형으로 이끌려고 하니 더 많은 것에 흥미를 잃어버리고 대화조차 힘들어졌다. 그래서 지금은 개인형인 작은애는 자유방임형으로 알아서 하도록 지켜보고만 있고, 무관심형인 큰애는 흥미와 관심을 유도하기 위해 자유방임을 기본으로 하되 놀이 등 행사에 함께 참여하며 체험과 대화로 자기 자신과 사회에 대해 알아가는 시간을 갖곤 한다.

이렇듯 자녀들을 이해하는 것이 중요하다고 생각한다. 자녀가 부모와 비슷한 유형일 수도 있지만, 전혀 다르다는 것을 인식하는 것이 진정한 진로 교육의 첫걸음이라고 생각한다. 나의 경우도 다양성을 인식하고 '내 아들 녀석들도 그렇구나!'라고 받아들이는 데에 시간이 걸렸다. 모든 사람은 성격이 다르고 어떤 현상에 대한 반응과 시각도 다르다는 것을 인정했더니 그 순간 아들들이 달라 보이고 한 인간으로 보이면서 편해졌다. 유형을 알고 나서는 부모도 자녀들도 모두 예전보다 좋아졌다. 부모님이 만족할 만한 삶을 산다고 해서, 또는 사회적으로 성공적인 삶을 정의해 놓고, 자녀들에게도 똑같은 삶을 살아가기를 바라는 것은 경우에 따라서는 자녀들에게 불행한 생활이 될 수 있다. 부모님 입장에서는 욕심을 줄이고 '내 자녀만큼은 잘되겠지!'라는 기대와 착각을 빨리 내려놓는 것이 모두의 건강과 행복을 위해 좋다. 나도 나의 '내 아들만큼은'이라는 착각을 내려놓는 데 시간도 걸리고 힘든 과정이 있었다. 분명 쉽지 않은 생각의 전환이다. 그러나 사람은 모두 각자 다른 달란트를 가지고 태어난다고 한다. 어느 정도의 노력으로 조금의 변화는 있겠지만 타고난 성질이나 유형은 크게 변하지 않는다고 한다. 자녀의 유형에 맞게 인성 교육이나 진로 교육을 해주어야 하며, 사람마다의 다름을 이해하는 것이 자녀 사랑의 중요한 첫걸음이라는 생각이다.

셋째는, 매일 5분 이상 자녀들과 교감을 갖는 것이다. 요즘은 부모님이나 학생들 모두 너무 바쁜 생활을 하고 있다. 오히려 어른보다 학

생들이 더 바빠 보이기도 한다. 그래서 더욱 부모님과 자녀가 최소한 5분 정도는 사소한 얘기를 하거나 학교에서 있었던 얘기, 직장에서 있었던 얘기 등을 하면서 서로를 이해하는 시간을 가져야 한다. 아주 짧은 5분임에도 매일이 힘들다면 최소한 이틀에 한 번은 함께하는 시간을 갖기를 추천한다. 그리고 주말은 더 많은 시간을 할애할 필요가 있다. 청소년들을 상담하면서 듣는 이야기나 친구들의 이야기를 들어보면 갈수록 부모님과 학생의 대화 시간이 줄어들거나 거의 없다고 한다. 청소년기에 고민 상담 대상이 주로 친구라고는 하지만, 이런 짧은 하루 5분의 교감이 자녀들에게는 학교생활 및 진로 목표에 큰 도움이 될 것이라 확신한다. 5분 교감도 힘든 경우에는 쉽게 할 수 있는 작은 실천으로 자녀와의 교감을 높일 수 있다. 출퇴근 시에 눈 마주 보고 인사하기, 잘할 때나 못할 때나 칭찬거리 찾아서 칭찬해주기, 꼭 안아주기, 함께 식사하기, 뉴스 보고 느낌 이야기하기, 시장 같이 가기 등이 있다. 자녀와의 교감은 자녀가 관심과 존중을 받고 있다고 느끼게 하고 자존감을 높여주며 진로 목표를 세우는 것을 이전보다 더 적극적으로 하게 해줄 것이다.

마지막으로, 자생력 있는 청소년으로 키우는 것이다. 범위가 넓은 역할이라고 생각될지 모르지만 생활 속에서 작은 원칙들만 만들어서 실천하면 가능하다. 책임감 있는 자녀로 키우는 것과 같은 말이다. 요즘은 캥거루맘이나 헬리콥터맘을 언급하며 청소년이나 사회초년생의 무책임과 무개념을 자주 지적하고 있다. 그런 말을 들으면 부모 역할이 얼마나 중요한지, 그리고 얼마나 아이들을 잘못 키우고 있는지 반성하게 된다. 아마도 심해지는 경쟁 속에서 자신의 아이만은 패배자로 만들지 않기 위한 부모님의 큰 사랑이 잘못된 결과로 이어지는 행태라고 볼 수 있을 것이다.

조심스러운 말이지만 부모님들이 자녀들의 학교나 학원 등 많은 것들에 대해 지나치게 많은 의사결정을 한다고 한다. 부모님들이 생각하는 것보다 우리 청소년 아이들은 생각할 그릇이 있어 충분히 의사결정을 하고 책임도 질 수 있다. 부모님들의 걱정과 욕심이 그러한 의사결정 및 책임을 연습할 기회마저 뺏고 있지는 않은지 돌이켜보는 시간을 가져야 한다. 자생력과 책임감이란 결국 스스로 배우고 깨지고 실패하면서 키워나가야 한다. 중고등학교 때 실패하는 경험이 어른이 되어 실패하는 경험보다 훨씬 도움이 되고 제대로 살 수 있게 하는 것이다. 자생력 키우기의 기본은 집에서의 역할부터 시작한다고 본다. 공부하는 학생이라고 집에서 아무것도 하지 않는 자녀들이 많은데, 변화가 필요하다. 나의 경우는 아이들에게 너희들은 손님이 아니고 가족의 일원이라고 강조한다. 손님이 아니니 자신과 관련된 것은 스스로 해야 한다. 우리 집 큰애는 교복도 직접 빨고 주말이면 다림질도 직접 한다. 처음에는 힘들어했지만 지금은 주말이면 익숙하게 알아서 잘하고 있다. 어쩌다가 내가 다림질을 해주면 너무 고마워하며 다른 집안일을 도와주기도 한다. 부모님이 해줄 때는 몰랐던 고마움을 자신이 직접 해보니 더 크게 느끼면서 배우는 것이다.

자생력을 키우는 또 다른 좋은 방법은 자녀들의 학교나 학원 등과 관련해 많은 의사결정을 직접 하게 하고 그 결과나 대가를 배우게 하는 것이다. 제대로 된 인생을 가르치기 위해서는 스스로 준비해서 의사결정하고 그 결과에 책임을 지는 습관을 갖도록 도와주는 것이 좋다. 그래서 부모님들에게는 혹시나 자녀가 실수나 실패를 해도 스스로 딛고 일어날 때까지 기다려주는 인내도 필요하다. 그런 순간을 참지 못하고 또 부모님이 알아서 해주게 되면 결국 아이들은 꼭두각시놀음의 인형처럼 의지하는 삶을 살아가게 되고, 부모님은 평생 자녀를 돌봐줘야 하는 악순환이 계속될 수 있다. 행복은 자신 스스로가 만들어간다는 것과 원하는 것은 노력해서 얻을 수 있다는 것을 알려주고, 실패할 기회를 제공해주는 것, 부모님이 솔선수범의 자세를 보여주는 것, 50%만 도와주고 나머지는 스스로 얻을 수 있도록 하는 것, 힘들고 고생스러운 일을 해보게 하는 것 등을 통해서 자녀들의 책임감과 자생력을 높여줄 수 있다. 이 모든 것들은 청소년인 자녀들의 진로 목표를 세우는 데 결정적인 역할을 한다.

자유학기제를 통해 진로 목표를 세우는 데 부모의 역할이 중요한 것은 사실이지만 참고 기다려주는 것도 그 역할 중 하나다. 부모의 역할이 중요하다는 것과 진로 준비나 목표를 부모님이 대신 해주는 것은 차원이 다른 얘기다. 학생들의 진로 관련 결정을 부모님이 하게 되면, 자녀들은 어린 시절이나 청소년 시절을 잘 보낼 수는 있지만 장기적으로 보면 힘든 성인 시기를 보낼 수 있다. 항상 관심을 가지고 아이들을 지켜봐주고, 의사결정과 진행은 직접 할 수 있는 분위기를 만들어준다면 의미 있는 자유학기제의 시간을 보낼 수 있다. 오늘부터 청소년인 자녀가 무엇을 하고 싶다고 하면 묻지도 따지지도 말고 한번 허락해주자. 가장 중요한 학부모 역할의 쉬운 시작이고, 자녀의 강한 자생력의 시작이다.

4. 삶의 우선순위를 결정하라

우리는 매일 짜인 일상 속에서 살아가고 있고 앞으로도 살아갈 것이다. 초등학교까지는 나의 의지보다는 부모님의 의견이나 학교 선생님의 말씀에 따라 생활했다. 이제 중학생부터는 각자 개인의 전체 인생을 들여다보고 삶의 우선순위를 결정해야 할 때다. 우선순위의 사전적 의미는 '어떤 것을 먼저 차지하거나 사용할 수 있는 차례나 기회'다. 주로 학교 생활이 대부분이기는 하지만 청소년기부터 매일 해야 될 일들을 정리하고 그 일들 중에서 우선순위를 결정하는 습관을 들이면 좋다. 우리의 하루 일과를 보면 순간순간 많은 선택을 한다. '아침에 몇 시에 일어나지? 아침밥은 먹을까? 학교는 몇 시에 갈까? 어떤 옷을 입을까? 숙제는 언제 하지? 학원은 갈까? 작은 고민을 부모님께는 언제 말씀드릴까? 친구와 놀러 갈까 말까?' 등 소소한 선택부터, '고등학교 진학은 어디로 하지? 대학은 가야 하나? 전공은? 군대는 언제 가지? 유학은 도움이 될까?' 등과 같은 중요한 선택까지 매번 결정을 하면서 살아야 한다.

하지만 선택이란 항상 쉬운 것이 아니다. 어려서부터 우선순위를 잘 알고 선택하는 습관을 가지고 있는 사람이라면 어렵지 않게 스스로 잘 헤쳐나가겠지만 대
부분은 훈련받지 않
고 경험이 많지 않아
서 선택하고 실행하
는 것을 힘들어한다.
매번 해야 하는 선택
속에서 고민하고 스

트레스도 받게 된다. 아침에 일어나면서부터 잠들 때까지 항상 해야 하
는 선택을 쉽게 하려면 우선순위를 결정하는 연습이 필요하다. 그리고
그 시작은 청소년들이 자유학기제를 통해서 궁극적으로 하려고 하는 진
로 목표를 세우는 것이다. 인생 전체에 영향을 주는 진로 목표가 결정된
다면 매일 만나는 결정과 선택의 순간에 고민이 적어지고 스트레스도 덜
받을 것이다. 진로 목표를 결정하는 것은 내가 무엇을 좋아하고 싫어하
는지를 명확하게 아는 것과 같다. 미래에 내가 무엇을 해야 한다는 것을
알면 매일, 그리고 매번 결정하고 선택해야 하는 순간에 망설임이 줄어
들 것이다. 진로 목표를 공부하고 준비하면서 자연스럽게 인생의 우선순
위도 함께 결정된다. 나의 진로를 결정할 때에는 나의 사고와 가치관 및
적성 등이 고스란히 녹아들기 때문이다.

　진로 목표를 세웠다고 해서 매일 만나는 우선순위를 쉽게 결정할 수
있는 것은 아니다. 중요하든 중요하지 않든 매 순간 만나는 우선순위 결
정을 효율적으로 하는 방법을 알고 연습해야 한다. 내가 직장 시절 우

선순위와 관련해 꽤 많은 시간 배우고 연습했던 것이 있다. 스티븐 커비Stephen Covey의 『성공하는 사람들의 7가지 습관The 7 Habits of Highly Effective People』이 바로 그것이다. 7가지 습관을 얘기하기 전에 어렵게 느껴졌던 내면에 대한 공부를 먼저 한다. 자기 자신을 알고 강하게 하는 것이 먼저라는 것이다. 그리고 7가지 습관은 "자신의 삶을 주도하라", "끝을 생각하며 시작하라", "소중한 것을 먼저 하라", "Win-Win을 생각하라", "먼저 이해하고 다음에 이해시켜라", "시너지를 내라" 그리고 "끊임없이 쇄신하라"이다. 이 중에서 이번 장에 내가 얘기하고자 하는 것은 세 번째인 "소중한 것을 먼저 하라"와 관련 있는 것이다. 아주 간단하지만 우선순위와 관련이 있는 시간 관리에 대해 얘기하고자 한다. 아래의 순서대로 청소년들의 하루 일과를 정리하고 우선순위를 정한다면 목표로 한 어떠한 것도 이룰 수 있다.

우선순위와 관련해서 이해하기 쉬운 이야기 하나를 소개한다.

어느 대학 교수가 시간 관리와 관련된 수업에서 학생들 앞에 커다란 항아리를 하나 놓고서 주먹만 한 돌들을 하나씩 넣기 시작했다.

항아리에 돌이 가득 찬 후 교수는 "이 항아리가 가득 찼습니까?"라고 물었다.

학생들은 "그렇다"고 대답했다.

그러자 그 교수는 테이블 밑에서 조그만 자갈들을 꺼내 큰 돌들 사이에 끼워 넣으면서 밑에까지 들어갈 수 있도록 흔들었다. 그랬더니 조그만 돌들이 가득 찼다.

그리고 다시 물었다. "항아리가 가득 찼습니까?"

이번에는 학생들이 바로 대답을 못 하고 망설였다.

교수는 테이블 밑에서 모래를 꺼내 돌과 자갈 사이의 빈틈을 가득 채운 후 다시 물었다. "이 항아리는 다 찼습니까?"

학생들은 "아니다"라고 답했다.

교수는 "그렇습니다!" 하고는 물이 담긴 주전자를 꺼내서 항아리에 물을 부었다.

"이 실험의 의미가 무엇이겠습니까?"

한 학생이 "매우 바빠서 스케줄이 가득 찼더라도, 정말 노력하면 새로운 일을 그 사이에 추가할 수 있다는 것"이라고 대답했다.

그때 교수는 "아니다"라고 말했다. 그러면서 "이 실험의 요점은, 만약 당신이 큰 돌을 먼저 집어넣지 않으면 영원히 큰 돌을 집어넣을 수 없다는 것입니다"라고 말했다.

여기에서 항아리는 인간의 시간이나 인생 전체를 나타내고 그것이 한정돼 있다는 것을 말한다. 큰 돌은 인생의 목표라고 할 수 있다. 인생의 목표란 커다란 돌을 먼저 집어넣지 않고, 놀고 싶은 일이나 즐거운 일을 먼저 하게 되면 결국 인생의 목표를 인생이라는 항아리에 넣을 수 없다는 의미다. 우리 인생에서 가장 중요한 것부터 해야 하는 이유다.

청소년들의 사고에 따라서 중요성의 척도가 달라지기도 하지만 일반적으로 꼭 바로 지금 해야 할 일을 먼저 해야 한다. 학생 신분이니 학교와 관련된 것이 가중 중요할 것이다. 아침에 9시까지 학교에 등교하는 것, 내일 시험이라면 오늘 시험 공부를 하는 것, 가족이나 친구 생일날을 챙기는 것, 자유학기제 관련 수업이나 체험에 꼭 참여하는 것 등과 같이 지금이 지나버리면 다시는 할 수 없는 중요한 일을 가장 먼저 하는 것이다. 자유학기제를 통해 진로 목표를 결정하면 우선순위가 훨씬 더 명확해질 것이다.

두 번째 우선순위로 해야 할 것은 중요하지만 꾸준히 해야 성과가 나는 일이다. 당장 할 필요는 없지만 지속적으로 관리하고 신경을 써야 하는 일들을 진행한다. 진로 목표를 위해 영어 학원을 다니는 것, 취미로 탁구나 당구를 배우는 것, 학급이나 학교 동아리와 관련된 목표를 정해 진행하는 것, 멘토를 만들기 위해 매주 누군가를 만나는 것, 관심 있는 학문 분야와 관련한 새로운 친구를 사귀는 것 등을 예로 들 수 있다.

그다음으로는 중요하지 않지만 시급한 일을 하는 것이다. 두 번째와 착각하기 쉬운 것으로 급하다고 해서 바로 할 필요는 없다. 공부나 나의 진로 목표를 위한 투자의 흐름을 방해하는 사소한 일들이나 눈앞의 급박해 보이는 일 등은 세 번째 우선순위로 진행하면 된다. 사실 많은 어른들 중에서도 중요하지 않지만 급한 일을 하느라 소중한 하루 24시간을 알차게 보내지 못하는 경우가 있다. 청소년들도 처음에는 익숙하지 않고 급한 것이 중요한 것처럼 느껴지더라도, 자주 연습하고 훈련하면 중요하지 않지만 급한 일들을 알아차리게 된다. 친구와 게임 대결을 하는 것, 동생이나 형과 놀아주기, SNS 관련 확인하기, 이메일 확인하기, 친구들 앞에서 습관적으로 나서며 했던 행동 등은 사실 중요한 것처럼 보이지만, 당장 하지 않고 저녁에 한꺼번에 하거나 나중에 해도 아무 이상이 없고 심지어 아예 하지 않아도 되는 일들도 있다. 그런 것을 알면서 나의 가장 중요한 일을 먼저 하고 소중한 시간도 효율적으로 사용할 수 있게 된다.

하루 중 마지막으로 해야 될 일은 중요하지도 않고 급하지도 않은 일이다. 말로는 당연하고 쉬워 보이는 것들이지만 사실 이런 일로 하루를 정신없이 바쁘게 보내는 사람들도 많다. 학교 공부나 나의 생활과 관련된 일들은 반드시 관리가 필요한 부분이고 개선을 해야 한다. 30분이나 1시간 정도 TV를 보기로 했는데 2~3시간을 보는 것, 친구와 시시콜콜한 이야기나 문자메시지로 몇 시간씩 보내는 것, 컴퓨터 게임을 하다가 다른 할 일을 놓치는 것 등이 대표적으로 개선이 필요한 것들이다.

매일 우선순위를 잘 정해서 생활하기 위해서는 먼저 자신의 진로 목표를 정하는 것이 좋다. 확실하지 않더라도 본인이 그나마 좋아하고 적성에 맞는 것을 목표로 삼는다면 우선순위에 의한 생활을 할 수 있다. 나의 목표가 정해지면 매일 자신이 할 일들이 정해지고 우선순위에 따라 진행하게 된다. 처음에는 기존의 생활 습관으로 인해 앞에서 언급한 대로 중요하지도 않고 급하지도 않은 일에 소중한 시간을 낭비하기도 하지만 하루, 이틀, 일주일, 이 주일이 지나면서 자신의 변화된 모습을 보게 될 것이다. 제일 중요한 것은 하루하루의 시간들이 더욱 귀하게 여겨지고 청소년 자신도 매일 성장하는 느낌을 받는 것이다. 청소년들이 미래 진로나 삶에 대한 우선순위를 아는 순간 매일매일이 행복해지기 시작한다.

우리는 학교, 학원, 가정 등에서 많은 일을 하며 살아가고 있고, 그에 따른 책임을 지고 살고 있다. 그 일들의 우선순위라는 것은 삶의 질서와 균형을 위해 꼭 필요한 부분이라 생각한다. 특히 청소년 시절에 이런 우선순위와 시간 관리에 대해 배운다면 학창 시절은 더 즐거워지고 미래의 사회생활도 행복해질 것이다. 그 기회가 자유학기제라는 이름으로 청소년 앞에 있다. 혼자서 찾으면 힘들겠지만 학교, 지방자치단체, 기업체 그리고 학부모 지원단 등에서 함께 준비하고 도와주고 있다. 진로 목표를 세우면 자연스럽게 우선순위도 결정하게 되고 하루 24시간을 알차게 보내게 된다. 이제는 삶의 우선순위를 결정해야 할 때다. 중학생으로서 가장 첫 번째로 해야 할 우선순위는 자유학기제에 적극적으로 참여하면서 진로 목표를 결정하는 것이다. 나의 진로에 대해 고민하고 분석하고 결정하는 것이야말로 가장 중요하고 급한 일이다.

5. 타인의 시각보다 나에게 더 집중하자

디지털 시대에 사는 우리는 SNS라는 신세계 속에 살고 있다. 전화번호 하나가 전 세계와 연결돼 언어 장벽만 넘으면 언제 어디서든 친구를 만들고 만날 수 있다. 스마트폰이 없는 세상은 이제 상상할 수 없다. 내가 원하지 않아도 더불어 살아가기 위해서는 최소한으로라도 내 자신을 다른 사람들에게 공개해야 한다. 나는 아직도 스마트폰의 발달에 조금은 아쉬운 부분이 있다. 통화보다 문자로 의사소통을 하고 종이책보다는 전자책이나 스마트폰으로 책을 읽고 만화방에서 보는 만화보다 웹툰으로 다양한 만화를 보는 것이, 편할 수는 있지만 왠지 정서적으로는 예전 같지 못하다는 생각이 들기 때문이다.

다양한 채널로 사람들과 소통하고 자신을 알림에도 불구하고, 온라인상에서는 아이러니하게도 외로워하는 사람들이 늘어난다는 기사도 보곤 한다. 디지털 시대의 발달로 자기 PR이 대중화되면서 자신을 알리는 것에는 익숙해진 사회다. 개인의 사생활을 어디까지 공개해야 할지 고민이 되기도 한다. 자신을 알린다는 명분하에 진정한 자기 모습이 아닌 타인의 시각을 염두에 두는 경우도 많이 발생하고 있다. 그로 인해 다양한 온라인 커뮤니티에서 활동하면서 진정한 자신을 잃어가고 있는 경우도 발생하기 시작했다. 갈수록 세상이 복잡, 다양해지고 온라인이라는 사회에서도 자기 관리를 해야 하다 보니 하루 24시간이 짧다. 학교 가고 학원도 가고 틈나는 대로 SNS 활동도 하다 보니 무엇이 중요한지를 망각하게 되고 오히려 자신이 누구인지를 잃어버리는 경우도 생긴다. 온라인상의 공유는 어쩔 수 없다고 하더라도 주객이 바뀌는 일은 없도록 자신을 관리하고 끌려다니지 않도록 조절해야 한다. 스마트폰과 인공지능이 발달한 시대일수록 자기 자신을 제대로 관리하는 것이 중요하다. 특히 인격과 가치를 제대로 정립해야 하는 청소년들에게는 더욱더 중요한 개념이다. 타인의 시각보다는 진정한 자신을 만들기 위해 노력해야 한다.

이 세상에서 가장 중요한 것은 바로 '자기 자신'이다. 그 어떤 것도 대신할 수 없는 가장 소중한 존재다. 일부 청소년들은 지금까지 부모님이나 학교 선생님의 도움을 많이 받으면서 생활해왔다. 그런데, 학생마다 차이는 있지만 자신이 얼마나 소중한지를 잘 모르는 친구들이 있다. 세상에서 자기 자신이 제일 소중하고 귀하기 때문에 이제부터는 자신을 위해 열심히 생활하기를 바란다. 나는 지금도 내 자신이 제일 소중하고 항상 우선순위의 첫 번째다. 이러한 나의 생각을 가족들에게 항상 강조하고, 아내와 아들들에게도 남을 위해 살기보다 자신을 위해 살라고 얘기하고 있다. 자기 자신만을 위해 산다고 해서 이기적으로 타인을 배려하

지 말라는 이
야기는 절대
아니다. 우리
는 사회적 동
물이기에 사회
나 어떤 형태
로든 조직을

떠나서는 살 수가 없다. 당연히 다른 사람을 존중하고 좋은 관계를 유지
하며 살아야 한다. 그런 사고를 가장 밑바탕에 둔 상태에서 자신을 위하
고 집중해야 된다는 것이다.

　나의 아들들은 지금도 그렇지만 어린 시절부터 많이 듣고 배운 말이
있다. 그것은 '나만 손해야!'라는 다섯 글자다. 어린이뿐만이 아니라 요
즘에는 일부 어른에게도 잘 적용될 수 있는 말이다. 가족, 친구, 학교 또
는 사회생활까지 포함하여 어떤 사람들은 습관처럼 '난 싫어! 안 할래!'라
고 얘기하곤 한다. 어려서부터 잘못 배운 '자기 사랑'이나 '어리광' 때문이
라고 생각한다. 어린이들은 특히 원하는 것을 얻기 위해 밥을 먹지 않겠
다고 자신 있게 부모님께 떼를 쓴다. 그러나 무엇인가를 얻고 싶다면 다
른 방법을 찾는 것이 맞다. 식사를 하지 않으며 자신을 힘든 상황에 놓이
게까지 하면서 협상을 하는 것은 실패할 확률이 아주 높다. 물론 자녀를
사랑한다는 명분 아래 부모님들이 그 어리광을 받아주는 경우가 있기는
하지만, 양쪽 모두에게 부정적인 결과만 초래한다. 가정에서부터 자신의
소중함을 배우고 자신에게 집중하는 습관을 기르는 것이 필요하다.

자신을 소중하게 생각하게 되면 원하는 것을 원하는 때에 원하는 대로 해보며 살아가는 삶의 태도가 생긴다. 나는 심지어 힘든 상황에 놓일 때에도 '내가 힘들어하고 화를 내면 나만 손해야'라고 생각하며 어쩔 수 없다고 받아들이고 긍정적으로 생각하고 해결책이나 앞일에만 집중하기도 한다. 이렇듯 자기 자신을 사랑하게 되면 긍정적인 사고도 자연스럽게 생기게 되고 좋은 일에 더 자주 놓이게 되는 선순환 구조가 만들어진다.

타인의 시각보다 자신에게 더 집중할 수 있는 가장 좋은 방법 중 하나는 자기 자신의 목표를 세우는 것이다. 목표는 본인이 꼭 이루고 싶은 것 중 하나를 정하거나 진로와 관련된 것으로 정해도 된다. 목표가 정해지면 조금씩 앞으로 나아가는 과정에서 자신의 소중함을 알면서 모든 중심을 나에게 두게 된다. 목표가 크든 작든, 개인의 취미이든 진로이든 상관없이 자유학기제를 통해서 정할 수가 있다.

자유학기제의 가장 큰 목표는 학생들의 진로 설계이지만 준비된 다양한 프로그램을 통해서 크고 작은 목표도 세울 수 있다. 진로와 취미를 병행하는 발명가를 목표로 한다면 그 목표에 도달할 수 있는 것을 단계별로 정해서 한 걸음부터 시작하면 된다. 예를 들면 일주일에 한 개씩 집이나 학교와 관련된 발명 아이디어를 그림으로 그리는 것을 목표로 한다. 일주일 동안 많은 시간들이 있겠지만, 이미 목표로 하는 것이 있기 때문에 학원이나 학교에서 자투리 시간이 생기면 새로운 무엇인가를 그리거나 구상하면서 효율적으로 시간을 사용하게 된다. 자연스럽게 자기 스스로에게 더 집중하게 된다. 또한 생활의 많은 부분이 주도적으로 바뀌게 된다. 목표가 없었다면 친구들과의 수다 또는 게임으로 채워질 수도 있는 시간들을 자신을 위해 투자하고 집중하게 된다. 작은 시작이지만 한 달, 두 달 시간이 가면서 목표를 설정하고 자신에게 더 집중하는 효과는 상상 이상이 될 것이다.

서두에 잠깐 언급한 것처럼 자신에게 더 집중하는 것은 나만을 생각하는 이기심이 아니라고 했다. 남들이 뭐라고 하든 내가 목표로 한 것을 이루기 위해 나만의 길을 가야 한다는 의미다. 그것은 꼭 진로 목표와 관련된 것뿐만이 아니라 학교나 가정에서의 생활에도 적용되어야 한다. 내가 제일 소중하기에 나에게 더 집중하고자 한다는 것은 어디서든 독립적이어야 한다는 말과 같다. 앞으로 청소년들이 살아가는 세상은 조금 달라질 것이다. 지금처럼 힘든 경쟁 속에서 자신을 잃어버린 채 살아가는 그런 세상은 아닐 것이다. 꼭 성공만이 목표가 아니라 내가 내 마음대로 잘 사는 것이 행복인 세상이 올 것이라 믿는다.

중요한 것은 청소년 시절, 특히 자유학기제 시간에 자신이 원하는 것이 무엇인지 제대로 알기 위해 노력하고 어느 정도 관심이나 흥미가 있는 일에 집중하는 것이다. 막연하게 주변에서 원하는 삶이나 목표를 따라 하지 않고 자신의 몸과 마음이 말하는 곳으로 가야 한다. 매번 얘기하지만 목표나 하고자 하는 것은 아주 클 필요도 없고 완벽하게 미래 계획을 포함하지 않아도 된다. 조금씩 천천히 나에게 집중해보는 것이다. 이제부터는 내 자신이 먼저인 연습을 해야 할 때다. 내 인생의 주인공은 부모님도 선생님도 친구도 아니고 바로 내 자신이다. 그러한 나를 가장 소중히 생각하고 나를 가장 높은 우선순위에 두고, 내가 매일 즐겁게 살 수 있는 방법을 찾는 데 집중하자는 것이다. 오늘부터 나를 위하고 나에게 집중하는 하루를 만들어보자.

6. 부정적인 마음을 긍정적인 에너지로

마음을 바꾸면 세상이 달라진다. 앞에서 세상에서 가장 소중한 사람은 바로 자기 자신이라고 했다. 학교생활을 할 때 선생님과의 관계, 친구들과의 관계에서 마음이 불편한 경우가 있을 수 있지만, 내 자신이 가장 소중하다는 생각을 제대로 한다면 항상 긍정적인 마음으로 보낼 수가 있다. 당연히 힘든 날도 있고 싸우기도 하고 실패를 경험하기도 할 것이다. 특히나 청소년 시절에는 많은 것들이 처음 하는 경험이라 아무것도 아닌 것에 많이 힘들어하곤 한다. 그럼에도 불구하고 내 자신은 그 순간을 긍정적으로 받아들이는 것이 필요하다.

음악에는 절대 음감이 있다. 노력한다고 그러한 사람을 쉽게 이길 수 없다. 이럴 때 청소년들에게는 절대 긍정이 필요하다. 절대 긍정의 마인드를 가진 학생은 어떤 상황에서도 의연하게 자신을 추스르며 잘 헤쳐나가고, 학교생활도 즐겁고 행복하게 할 수 있다. 일부 전문가들은 긍정적인 생각으로 살기만 해도 몸의 면역력도 좋아지고 더 건강한 학창 시절을 보낼 수 있다고 한다. 정확하지는 않더라도 어느 정도 플라세보 효과도 있다. 약효가 없는 가짜 약을 먹고도 병이 나을 것이라는 긍정적인 생각만으로 증세가 호전된다는 것이다. 긍정적인 생각은 마음뿐만이 아니라 몸의 상태도 막힘없이 잘 흐르게 한다.

　나는 긍정적인 생각을 만병통치약과도 같은 것이라고 생각한다. 공부보다도 더 소중한 긍정적인 생각은 적극적인 훈련과 실행으로 충분히 만들어갈 수 있다. 이러한 긍정적 사고도 습관으로 볼 수 있기 때문에 한꺼번에 쉽게 만들어지지는 않는다. 쉽지 않다는 것 자체부터 인정하고 긍정적으로 받아들여야 한다. 긍정적 생각의 훈련은 많은 노력과 인내심을 필요로 한다. 나도 어린 시절에 힘든 경험이 많았지만 긍정적으로 받아들이는 연습을 하다 보니 차츰 좋아져 지금은 항상 기분 좋은 상태로 보내고 있다. 다행히 자유학기제의 다양한 프로그램을 체험하면서 인생 경험이 풍부한 많은 좋은 선생님들에게 긍정적인 습관에 대해 배울 수 있는 기회가 있다.

　나의 경험을 바탕으로 긍정적인 생각을 키우는 방법을 공유하고자 한다. 어떤 것은 너무나 쉬워 보이기도 한다. 꾸준히 연습하면 자기도 모르는 사이에 더 행복해진 자신을 발견하게 된다.

1) 자신을 제일 소중하게 생각한다.

여러 장에서 항상 강조되었던 내용이다. 긍정적인 생각도 자기 자신을 소중히 하는 마음에서부터 출발한다. 긍정적으로 생각한다는 것의 주체는 자기 자신이다. 자신을 가장 소중히 해야 긍정적인 마음도 효과가 있다. 자신을 소중히 한다는 것은 세상에서 내가 최고이고 무엇이든 할 수 있다고 스스로 믿는 것과 같다. 어이없는 상황에 놓이게 되는 경우에 화를 내고 다툼을 하게 되면 결국 더 큰 문제로 발전하게 된다. 그럴 때는 그냥 쿨하게 '내가 왜 말려들어서 흥분하고 힘들어해야 하지?'라고 생각하며 무시하면 된다. 시비를 걸어오는 상황, 기분 나쁜 상황을 무시해버리는 것도 좋은 해결책이다. 그냥 스쳐 지나간다고 해서 내가 패배자가 되는 것도 절대 아니니 스스로를 비하할 필요도 없다. 항상 자신을 강하게 만들고 먼저 생각하는 습관을 들이면 많은 부분을 그냥 어렵지 않게 넘길 수 있다.

나도 한때는 '사소한 것에 목숨을 거는 유형'이었다. 작은 일이라도 내 자신이 만족해야 끝을 냈었다. 지나고 보니 내가 죽자고 달려들었던 많은 일들이 중요하지도 않았고 크게 상처받을 상황도 아니었다. 단지 내 마음과 생각이 성숙하지 않은 상태여서 참지 못하고 또 다른 갈등을 만들었던 것이다. 결국 나에게 힘든 경험과 후회만 남기는 필요 없는 것이었다. 이처럼 청소년 시절에는 자아가 성숙되어가는 과정에서 자신을 소중하게 생각하기보다 오히려 반대의 행동으로 나타나는 경우가 많다. 이제부터는 원하지 않는 상황을 맞이하게 되면 세상에서 최고의 능력자인 자신부터 먼저 생각하기 바란다. 필요 없는 언행을 많이 줄일 수 있고 긍정적인 생활을 할 수 있다. 내 자신을 소중히 하고 스스로에게 하는 칭찬과 독려는 절대 긍정과 자신감을 높이는 지름길이다.

2) 문제가 발생하면 해결하기 위해 최선을 다한다.

학교, 친구, 학원, 동아리, 가족 등 모든 사회에서는 문제가 발생하곤 한다. 구성원 간에 문제가 생기기도 하지만 혼자서 위험이나 어려움에 처하기도 한다. 슬프거나 화나고 힘든 일이 발생했을 때는 그 문제로 힘들어하기보다는, 벌어지는 일들을 받아들이고 혹시 해결이 필요하다면 회피하지 말고 적극적으로 수습하고 방법을 찾는 데 집중해야 한다. 이미 벌어진 나쁜 일은 과거의 일이니 최대한 짧게 힘들어하고 바로 잊어버리고 앞일을 생각하는 것이 정신 건강에 좋다. 어떻게 대처할지 계획을 세우고 노력한다면 상황은 충분히 극복할 수 있다. 현재의 상황을 받아들이고 직시하여 새롭게 도전하는 용기를 갖는 것도 중요하다.

나도 살면서 다양한 힘든 상황에 직면했지만 위에서 언급한 것처럼 이미 과거라고 생각하고 긍정적으로 이겨낸 경우가 많았다. 몇 년 전에 자동차로 가족 여행을 하는 도중에 차량이 파손되고 여권이 든 가방을 도난당했었다. 신체 피해까지 입을 수 있는 심각한 상황이었다. 하지만 사고를 당한 후 잠깐만 힘들어하고 바로 가족을 보호하고 문제를 해결하는 것에 최선을 다했다. 이미 사고는 발생되어 돌이킬 수 없으니 과거이고,

현재는 당장 방법들을 찾아서 다시 좋은 추억의 가족 여행으로 만들어야 했다. 포기할 것은 바로 포기하고 은행과 경찰에 연락하는 등 추가 손실을 막기 위한 행동을 바로 취하니 잘 수습되었다.

누구의 잘못이든 일단 벌어진 일에 대해서는 비판하고 나무라기보다 해결이 먼저다. 이렇게 과거에 어려움을 이겨냈던 경험이 한두 번 쌓이게 되면 비슷한 일들이나 더 힘든 일이 발생해도 이번에도 극복할 수 있다는 생각으로 현재 맡은 일에 최선을 다하게 된다. 어려운 환경 속에서도 자연스럽게 긍정적인 생각으로 일처리를 하게 된다. 문제가 발생할 때 힘들어하기보다 해결하는 것을 즐긴다면 많은 상황들을 긍정적으로 변화시킬 수 있다.

3) 의도적으로 좋은 생각, 긍정적인 말만 한다.

우리 속담에는 "말이 씨가 된다"는 말이 있다. 늘 말하던 것이 마침내 사실대로 되었을 때를 이르는 말로, 생각하거나 말하는 것이 실제로 이루어진다는 뜻이다. 그래서 긍정적인 생각, 좋은 생각이 좋다는 것이다. 꼭 경험하지 않더라도 가능하면 생활 속에서 긍정적인 말만 사용하는 습관을 들이는 것이 중요하다. 내가 입 밖으로 뱉은 말은 내 자신에게도 영향을 주기 때문이다. 긍정적인 말과 좋은 말을 하면 좋은 일이 일어나고, 나쁜 마음을 갖고 나쁜 말을 하면 나쁜 일이 일어난다. 개인적으로는 내 스스로에게 어떤 일과 마주하든 간에 최고의 찬사를 해주고, 할 수 있다고 다독여준다. 그 때문인지 많은 부분에서 내가 원하는 결과를 얻기도 했다.

　당연히 다른 사람에게도 긍정적이고 좋은 말을 해주려고 노력해야 한다. 긍정적으로 생각하고 살아가는 것은 나도 어느 정도 어려움 없이 해내왔다. 하지만 긍정적이고 좋은 말을 다른 사람에게 하는 것은 아직도 내 스스로 더 노력해야 함을 느낀다. 청소년 시절과 사회생활을 돌이켜 보면 공부, 운동, 게임 등을 하면서 내 자신에게 해줬던 말을 타인에게는 못 했다. 특히 게임이나 운동을 하면서는 내가 부정적으로 생각하고 말하는 대로 진행되면 속으로 은근히 좋아했던 경험이 있다. 그때는 그 말이나 생각이 내 자신에게도 똑같은 영향을 준다는 것을 잘 이해하지 못했다. 청소년 시절부터 자신에게 긍정적인 말을 해주듯이 다른 친구들에게도 해주면서 좋은 기운을 북돋아주는 기분을 만끽했으면 좋겠다. 그리고 가능한 한 긍정적이고 좋은 말을 많이 해주는 사람들을 자주 만날 기회를 만들기 바란다.
부정적인 말을 많이 하
는 사람들은 생활도 안
좋아질 수 있다. 실제
좋지 않은 상황이라 하
더라도 표현 자체를 부
정적으로 하기보다 좋
은 쪽으로 해석하고 말하면 덜 힘들게 지나갈 수 있다. 긍정적인 마음도
전파되기에 긍정적인 마음을 가진 사람들과의 만남을 빈번하게 하면 자
기도 모르는 사이에 긍정적으로 변하게 되고, 나 또한 다른 사람들에게
긍정적인 효과를 줄 수 있다. 지금 상황이 힘들거나 원하지 않는 것이라
면 더 이상 최악은 없고 개선될 것만 남았다고 좋은 쪽으로, 긍정적으로
생각하면 된다. 자주 연습하게 되면 가능하다. 똑같이 힘든 경험을 해도
누군가는 그 안에서 자신을 비하하며 헤어나지 못하는 경우가 있는 반면
에, 긍정적으로 생각하는 사람은 편하게 있는 그대로 받아들이며 오히려
더 개선된 모습을 보이기도 한다. 그만큼 긍정적인 생각은 많은 것에 큰
변화를 준다. 지금부터는 어떤 일도 모두 자신에게 도움이 되는 소중한
것이다. 좋은 일이든 힘든 일이든 긍정적으로 생각하고 또 긍정적으로
자신에게 말하는 습관을 가져보자.

4) 땀을 흘릴 수 있는 것을 찾아서 한다

이것은 사람마다 다를 수 있지만 내 경우에는 긍정적으로 생각하는 데

아주 큰 도움이 되곤 한다. 땀을 흘린다는 의미는 실제 운동이나 사우나 등을 하며 땀을 흘리는 것과, 노래 부르기나 친구들과 함께하는 게임 또는 박장대소하는 수다도 포함할 수 있다. 대전제는 '활동을 많이 할수록 긍정적이게 된다'는 것이다. 이것은 순수하게 내 경험을 전제로 말하는 것으로, 아마 내가 어려서도 그랬듯이 청소년들에게도 잘 적용될 것이라 생각한다. 기분이 처지거나 힘들 때에 혼자서 집에만 있거나 생각할 시간을 많이 갖는 것보다는 스트레스 해소나 분위기 전환 목적을 위해서라도 밖으로 나가는 것을 권한다. 사람을 만나거나 땀 나는 운동을 하거나 아주 매운 음식을 먹으며 대화하면, 복잡하고 힘든 것도 잊을 수 있고 오히려 아무렇지 않게 생각하면서 새로운 에너지가 생기기도 한다. 상황이 힘들다고 해서 일상생활을 포기하기보다는 독립적으로 생각하고 나의 일정대로 하거나 오히려 더 활동적으로 스케줄을 진행하는 것이 더 긍정적인 방향이다.

방법은 찾으면 더 많지만 위의 4가지 정도만 실행해도 어떤 상황에서나 긍정적인 마인드를 유지할 수 있다. 자기 자신을 가장 소중히 생각하며, 한번 발생한 것은 이미 과거라 생각하고 미래에 집중하자는 생각만 해도 많은 변화가 있을 것이다. "칭찬은 고래도 춤추게 한다"는 말이 있다. 칭찬을 받으면 누구나 기분이 좋아진다. 그와 비슷하게 나 이외의 많은 사람들에게 긍정의 메시지나 행동을 보이면 나와 상대방 모두를 춤추게 할 수 있고 기분 좋게 할 수 있다. 혹시나 주변 친구들이 실수하거나 바보 같은 행동을 하더라도 멋지게 칭찬과 긍정으로 감싸 안아주자! 긍정은 어떤 상황에서도 해맑은 웃음을 만들 수 있다. 조금 더 확대 해석하자면, 긍정적인 사고를 항상 유지하는 것은 성공적인 인생, 문제 해결 능력, 새로운 환경 적응, 지속적 관계 유지에도 도움이 되며 심지어는 미래 비전이나 융합력까지 좋아지게 만들 수 있다. 청소년들은 무엇이든 할 수 있다. 오늘 넘어졌다고 해서 너무 힘들어하지 말자! 결국 자신이 원하는 대로 잘 살 것이다. 믿으면 그렇게 된다.

제5장

아들아!
오늘은 뭘 할까?

꿈을 찾는 자유학기제

지금 청소년들은 운이 좋은 세대다. 나와 같이 이미 나이가 든 어른들도 무엇을 하며 살아야 할지 고민을 하며 살아간다. 그런데 지금 청소년들 세대에는 진로교육법이 제정되고 자유학기제라는 좋은 제도까지 있어서 미래의 진로와 어떻게 인생을 살지에 대해 미리 고민하는 시간을 법적으로 보장받았다. 일부 학생은 참여하고 일부 학생은 참여하지 않는 것이 아니고 모든 청소년들이 참여할 수 있도록 만들어진 아주 소중한 제도다.

　여러 차례 언급한 대로 청소년들이 사회에 나갈 10년 후에는 지금과는 완전히 다른 세상이 도래할 것이다. 4차 산업혁명이라는 것을 감안하지 않더라도 전체적인 사회 분위기가 바뀌고 스펙이 아닌 개인의 적성과 행복이 중요시되는 사회가 분명히 다가온다. 그런 면에서 청소년들은 부모님이 나라에 납부한 세금의 혜택을 볼 것이고, 미래에는 지금의 청소년들이 더 큰 역할을 해야 한다. 그러기 위해서는 지금 이 순간 중학교의 자유학기제를 헛되이 보내면 안 된다. 하루하루를 즐기면서도 '오늘은 뭘 하지?'를 고민해야 한다. 중대하고 심각한 것을 목표로 하거나 아주 열심히 하루를 보낼 필요는 없다. 그냥 청소년들이 하고 싶은 것을 찾아서 하나둘씩 해나가면 된다. 오늘 하루 무엇을 할지 고민하는 것은 축복이고 행복이다. 현재도, 그리고 다가올 미래에도 지속적으로 주도적인 삶을 살고 싶으면 오늘 하루를 의미 있게 보낼 수 있어야 한다. 이미 배는 출발했고 청소년들은 자유학기제의 배에 함께 탑승했다. 그 안에서 청소년 자신의 잠재력을 깨닫고 미래의 주인공이 될 준비를 했으면 한다. 행동하는 것이 제일 중요하다. 소중한 자유학기제 시간을 자신의 것으로 만들기를 기대한다.

1. 무엇을 위해 살아가는가?

10대 초반에는 사실 우리가 무엇을 위해 살아가야 하는지 잘 모를 수 있다. 초등학교까지 가정에서는 부모님이, 학교에서는 선생님이 알아서 청소년들을 도와주고 이끌어주었다. 그러나 이제는 제대로 된 10대 청소년이 되었다. 주변에서 이끌어주는 생활이 아닌 스스로 만들어가는 생활이 필요하다. 그러한 생활 태도는 자유학기제의 다양한 프로그램, 특히 멘토링 등을 통해 하나씩 틀을 만들어갈 수 있다.

인생의 가치관을 어떻게 형성하는지는 아주 중요하다. 가치관이란 어떠한 목표가 더 바람직한지에 대해서 개인이 지니는 지속적인 신념을 말한다. 이러한 가치는 자신의 행위와 인생을 평가하고 의미를 부여하는 내면적인 기준이 되고, 그 기준에 따라 진로 목표를 세우고 직업을 선택하기 때문에 중요하다. 가치관은 태어나서부터 자라나는 성장 과정을 통해서 환경과 주위 사람들의 영향을 받아 형성된다. 주로 어린 시절에 부모나 좋아하는 사람들의 행동을 보고 가치체계가 형성되는데, 중학생부터는 무엇을 위해 살고, 왜 사는지를 조금 더 진지하게 생각하는 등 가치관도 점차 성장하고 구체화하기 시작한다. 추구하는 가치와 잘 맞는 직업을 선택한 사람은 상대적으로 직업 만족도가 높을 수 있다. 참고로 직업가치관검사는 커리어넷(www.career.go.kr)을 통해서 할 수 있다. 다른 검사보다 문항 수도 많지 않아서 짧은 시간에 자신의 직업가치관을 알아볼 수 있다. 검사를 통해서 어떤 유형인지, 해당 유형에는 어떤 직업군이 잘 맞는지도 확인할 수 있다. 유형은 8가지로 A. 전문성 추구형, B. 리더십 추구형, C. 자율성/독립성 추구형, D. 안전/안전성 추구형, E. 경제력 추구형, F. 봉사/헌신 추구형, G. 도전 추구형, H. 삶의 질 추구형 등이 있다. 이 유형은 좋고 나쁨을 판단하는 것이 아니고 학생들이 어떤 직업에 잘 맞을지에 대해 이해하는 검사다.

청소년들이 어떤 가치관을 가지고 있느냐에 따라 삶의 방향은 달라진다. 내가 살아오면서 만난 사람들도 그들의 가치에 따라 다른 삶을 사는 것이 내게는 큰 교훈으로 다가왔다. 이제부터 가치관이 다른 두 사람의 이야기를 해 볼까 한다.

한 친구는 집안 형편이 크게 어렵지 않았다. 현명한 부모님의 교육으로 어려서부터 독립심을 키우며 살았다. 그러나 그 친구는 지는 것을 싫어했다. 욕심도 많아서 무엇이든 더 가지려고 했다. 그러면서도 얘기할 때는 남을 위하는 척, 욕심이 없는 척을 하기도 했다. 특히 요즘 사람들이 얘기하는 스펙을 중요하게 생각했고 주변의 덕망 있는 사람을 어떻게든 지인으로 만들려고 애를 쓰기도 했다. 또 유명 정치인이나 의사, 판사 등의 삶을 좇아가고 싶어 했다. 물론 그러한 성격이 나쁘다는 것은 아니다. 다만 그런 가치로 살아가다 보니 자신보다는 남이 나를 어떻게 봐주느냐가 중요했다.

그러다 보니 그 친구는 자신의 삶을 살아가기보다 자신이 만들어놓은 또 다른 허상의 자신을 위해 살아가게 되었다. 자신을 위해 주도적으로 살기보다 다른 사람의 눈에 비친 나를 보여주기 위해 하루하루를 보냈다. 학창 시절에 가끔은 친구들에게 비난을 받기도 했지만, 지금은 금융 계통에서 인정받으며 어느 정도 안정된 삶을 살고 있다. 최소한 내가 봐서는 경제적으로도 어려움이 없고 자식들도 크게 어긋남 없이 잘 자라고 있다. 하지만 친구는 그 생활이 항상 불만이다. 더 좋은 대학을 나왔으면 했고, 더 큰 아파트에서 살고 싶어 하고, 더 좋은 차를 타고 싶어 하고, 더 빨리 직장에서 승진하고 싶어 하고, 이른바 친구보다 더 잘나간다는 사람들을 사귀고 싶어 하고, 자식들이 더 공부를 잘했으면 하고, 승진을 위해 취미를 바꾸기도 한다. 충분히 즐기며 살 수 있는 환경인데도 지금보다 조금 더 높은 곳을 생각하며 스스로를 힘들게 한다. 지속적으로 조금 더 위로 올라가기 위해 매일 자신을 혹사하기도 한다.

욕심이 많고 열심히 생활하는 것은 물론 긍정적이다. 위에 열거한 많은 것들을 나도 원하기는 한다. 하지만 나는 내 자신을 가장 먼저 생각한다. 내가 먼저 행복하고 즐거워야 가족들도 행복하고 나와 알고 있는 사람도 돌볼 수 있다고 믿고 있다. 하루하루 만족하면서 더 높은 곳을 향해 열심히 산다면 모든 것이 좋겠지만, 그 친구는 환경적으로 부족함이 없음에도 불구하고 행복지수가 낮다고 얘기한다. 비록 그 친구의 가치관이라고는 하지만 옆에서 볼 때는 안타까운 마음이다. 더 마음 아픈 것은 친구의 자녀들도 어느새 아빠와 닮아간다는 것이다. 경쟁에서 이기고 싶어 하고 친구들이 무엇인가를 하면 자신의 적성과 맞지 않음에도 불구하고 똑  같이 하고 싶어 한다는 것이다. 이렇게 내 자신의 가치관은 사랑하는 사람이나 자녀에게까지 그대로 반영되기에 어떤 가치관으로 살아가는지가 중요하다. 그 중요한 가치관을 잘 형성할 수 있는 시간이 자유학기제다. 다양한 직업과 사람을 만나면서 새로운 가치관이 생길 수 있다. 각각의 가치관을 평가하는 것은 어렵지만 최소한 자신의 행복을 먼저 생각하는 것이었으면 한다.

또 다른 친구의 이야기다. 그 친구는 어려서부터 착하다는 소리를 많이 들었다. 심지어 바보스럽다는 소리까지 들을 정도로 남에게 베풀면서 살았다. 하지만 성실했다. 학교 수업이든 청소든 기본적으로 할 일들에 대해서는 최선을 다하고 열심히 했다. 욕심이 없는 것은 아니지만 자신이 큰 피해를 보지 않으면 그냥 대수롭지 않게 넘기곤 했다. 그러면서도 자신을 소중히 하여, 의미 없는 모임이나 이벤트에 가기보다는 자신이 좋아하는 그리기나 만들기에 시간 투자를 하는 줏대가 있었다. 누가 뭐라 해도 자신이 좋아하는 일은 꼭 하는 친구였다. 그런 친구를 나는 한때

'자기 잘난 맛에 살아가는 놈이구나!'라거나 '4차원의 성격을 가졌구나!' 라고 오해한 적도 있었다. 아주 가끔은 모든 친구들이 하는 것도 하지 않고 자기 하고 싶은 대로 한 적도 있어서 비정상이라는 생각도 했다. 그러면서도 항상 친구들을 배려하고 도와주었기에 나도 싫어할 수는 없었고 교우 관계도 좋았다.

이후 자신의 적성과 잘 맞는 전공으로 대학 공부를 마치고서는 직장생활을 잠시 하고, 지금은 적성과 경력을 살려 작은 공방을 하나 운영하고 있다. 그 친구는 한 번도 자기와 맞지 않는 허황된 꿈을 얘기한 적이 없다. 적성과 흥미가 있는 그리기와 만들기에 관련하여 꾸준히 공부도 하고 관심을 갖다 보니 실력도 더 쌓이게 되었다. 그 당시에 나는 그 친구를 많이 부러워했다. 그때만 해도 나는 진로에 대해 막연하게 영업이나 비즈니스와 관련된 생각만 하고 더 구체적이고 장기적인 계획을 세운 적이 없었기 때문이다. 경제적으로는 아직 큰 성공이라고 볼 수는 없지만 앞으로의 미래는 나보다 훨씬 밝다는 생각이다. 사회가 추구하는 좋은 대학, 대기업 취직을 생각하지 않으면서도 마음 편하게 자신이 하고자 하는 길만 묵묵히 걸어가는 모습에 감동받은 적도 많다.

위의 두 가지 경우처럼 가치관에 따라 삶의 차이가 많이 난다. 첫 번째 친구처럼 경제적으로는 문제없지만 항상 더 갖지 못해 불안해하는 삶을 살기도 하고, 아주 풍족하지는 않지만 미래에 대한 걱정 없이 오늘 하루를 열심히 살면서 행복해하는 두 번째 친구도 있다. 남의 시선이나 돈만을 추구하면서 소중한 인생을 타인을 중심으로 보낼 것인지, 아니면 나의 적성과 흥미를 찾아서 자신이 원하는 일을 하면서 살아갈지는 청소년 자신이 선택하면 된다.

그 선택을 도와주기 위해 자유학기제가 청소년들의 곁에 있다. 자유학기제는 현재 주입식 교육이 주를 이루는 환경에서 청소년들의 재능과 끼를 발견하고 잠재력을 펼칠 수 있게 해준다. 특히 학교와 학교 밖에서 이루어지는 진로 체험 등을 통해서 자신만의 인격을 개발하고 올바른 가치관을 형성하도록 도와준다. 이와 같은 자유학기제의 비중도 크기는 하지만 가치관 형성에는 부모님의 영향이 절대적이다. 어린이에서 청소년으로 넘어가는 시기이기에 특히 부모님과 대화를 많이 하며 좋은 가치관을 형성하도록 해야 한다. 또한 자유학기제 관련한 진로 선생님들 및 멘토링 선생님과의 만남에서도 어떻게 살지에 대해 해답을 구할 수가 있다.

중학교를 시작하면서 자유학기제를 통한 가치관 형성만 제대로 해도 청소년의 진로 목표는 충분히 달성했다고 할 수 있다. 앞에서 계속 얘기했듯이 가치관이란 나의 것이다. 남을 따라 하거나 누가 강요해서 생긴 것이 아니고, 나를 위해 내가 만들어가는 것이다. 무엇을 위해 살아야 할지 고민하다 보면 자연스럽게 미래에 무엇을 하며 살아야 할지를 생각하게 된다. 많은 가치관이 있겠지만 첫째는 남이 아닌 내 자신을 위한 가치관 정립이 필요하다. 요즘 유행하는 직업이나 미래에 촉망받을 진로를 정하는 것은 꼭 옳다고 할 수 없다. 시대가 변함에 따라 적성과 흥미를 조금 더 자세히 분석하고 큰 문제가 없다면 새로운 쪽을 선택하는 것도 나쁘지는 않다. 하지만 어떤 시대가 와도 자신은 크게 변하지 않고 좋아하고 잘하는 것도 비슷할 것이다. 좋아하고 잘하는 것에 초점을 맞추어서 가치관도 함께 정립해간다면 최고의 한 해를 보낼 수 있다고 믿는다.

무엇을 위해 살지 고민 해결이 조금은 됐으리라 생각한다. 내 자신이 제일 소중한 만큼 가치관도 나를 위주로 만들어가면 된다. 평범하게 사는 것을 목표로 가치관을 정립할 수도 있다. 군이 최고를 진로 목표로 잡을 필요 없고, 가치관 또한 최고로 정립할 필요가 없다. 무엇을 하든 잘된다고 내 자신을 굳게 믿고 하나씩 배우고 경험하고 준비하면 어떻게 살아가야 할지를 깨달을 수 있다.

2. 소중한 내 아이의 삶을 위하여

옛날 속담에 "눈에 넣어도 아프지 않다"는 말이 있다. 자식이 매우 귀엽고 사랑스러움을 이르는 말이다. 세상이 예전과 많이 달라지고 변했지만 여전히 자식들은 가장 소중하고 사랑스러운 존재임에 틀림없다. 그렇게 어려서 부모님에게 사랑스러움 그 자체로 효도했던 자녀들이 중학생이 되었다. 어리다고 생각하고 무조건적으로 도와주기만 했던 시절과는 조금 다른 부모님의 접근이 필요하다. 엄마 아빠가 얘기하면 잘 듣고 따라 하던 시기는 지났다. 이제는 중학생이 된 만큼 하나의 독립된 인격체로 대우해주고 함께해야 한다.

중학생들의 공부 환경은 예전보다 훨씬 좋아지고 도움받을 곳이나 사람도 더 많아졌다고들 한다. 그렇지만 여전히 청소년들은 힘들어한다. 소중한 내 아이를 위해 부모님의 역할이 더 필요한 시기다. 특히 자녀에 대한 아빠의 관심이 꼭 필요한 시기다. 가정마다 자녀들의 교육을 전담하는 역할이 엄마나 아빠로 정해져 있고, 주로 엄마들이 그 역할을 많이 맡고 있는 것이 현실이다. 그 역할에 충실하고 자녀들이 아무런 문제 없이 사춘기를 잘 보내며 진로까지 결정한다면 더 바랄 것이 없다. 하지만 현실은 그렇지 못한 가정이 더 많다고 한다. 내 주변만 둘러봐도 많은 엄마나 아빠들이 각자의 입장에서 자녀 교육의 힘듦에 대해 성토하곤 한다. 여성가족부와 통계청이 발표한 통계 중 청소년이 고민을 상담하는 대상에 대한 자료(2016. 11. 15.)다.

〈청소년 고민 상담 대상〉

1. 친구나 동료(44%)

2. 스스로 해결(22%)

3. 어머니(21%)

4. 아버지(3%)

거의 70%의 청소년들이 고민을 친구를 통해서나 스스로 해결하고 있다는 결과다. 아직까지는 경험이나 판단 부분에서 부족한 자녀들이 스스로 해결하거나 친구들과 더 많은 상담을 한다고 하는 것은 부모님이나 학교 선생님 모두 반성해야 하는 부분이다. 그다음으로 부모님이 대상인 경우는 24%에 불과하다. 부모님 중에서도 아버지

는 3%로 매우 적은 수치다. 그나마 위로받을 수 있는 부분은 2년 전의 조사보다는 아빠와의 고민 상담이 조금 늘어가고 있다는 것이다. 아빠들도 이제는 자녀의 학교생활과 진로에 대해 함께 동참하고 공부하며 도움을 줘야 한다. 직장 일로 바쁘다는 핑계와 아내가 자녀 교육을 전담한다는 이유로 회피해서는 안 된다. 청소년들에게 아빠라는 존재는 아주 중요하다. 중학생인 청소년들에게 인성, 진로, 매너 등 많은 부분에서 아빠의 역할이 발휘될 수 있다. 특히 자유학기제의 실시로 인해 자녀들은 예전보다 훨씬 다양한 진로 및 직업 체험 등을 하고 있는데 그와 관련해서도 도움을 많이 줄 수 있다고 생각한다. 가장 먼저 아빠들이 자유학기제가 어떤 제도이고 자녀들이 어떤 도움을 받을 수 있는지를 알아야 한다. 눈에 넣어도 아프지 않을 사랑스러운 자녀의 삶이 결정될 수 있는 중요한 시기이기 때문이다. 부모의 큰 관심으로 자녀들이 자유학기제를 잘 활용할 수 있도록 방향을 설정해줄 필요가 있다. 현실 속의 자녀들은 아직 친구들과 학교만으로 모든 것을 잘해나갈 수가 없어서 막연한 두려움이 있을 것이다. 그러한 두려움은 부모님, 특히 아빠가 많은 부분을 해소시켜줄 수 있고 새로운 자신감까지 줄 수 있다는 생각이다.

자유학기제를 기점으로 아빠의 역할이 엄마와 비슷해지거나 오히려 커지기를 희망한다. 내가 아빠여서가 아니라, 현재의 사회적인 구조 속에서 자녀가 진로를 공부하고 결정할 때에 아빠도 실질적인 도움을 줄 수 있기 때문이다. 그것의 첫 번째 시작은 바로 공부하는 것이다. 가장 먼저 자녀들에게 다가가서 내 자녀가 어떤 사람인지를 파악해야 한다.

막연하게 부모 자식 간의 관계에서의 자녀가 아니라, 하나의 독립된 인격체라는 것을 인정하며 알아가야 한다. 청소년인 아들딸이 무엇을 좋아하고, 어떤 성격이고, 무슨 과목을 좋아하고, 어떤 친구들과 주로 지내고, 누구를 좋아하는지 등등 사소한 것까지 챙겨가며 알아가는 시간이 필요하다. 그런 과정에서부터 자연스럽게 자녀와 좋은 관계가 될 수 있을 것이다.

그리고 자유학기제가 무엇인지, 4차 산업혁명이 무엇인지, 2015년에 새롭게 제정된 진로교육법 등이 무엇인지를 하나씩 알아갈 필요가 있다. 소중한 내 아이의 삶을 결정할 수 있는 시기에 제대로 된 조타수 역할을 위해 배워야 하는 것들이다. 자녀를 위해 위와 같은 것들을 공부하다 보면 부모님들의 진로 및 경력 개발에 대해서도 많은 것을 생각하고 배우게 된다. 나도 아들의 진로를 도와주려 했다가 오히려 내 진로에 대해서 많이 배우고 고민하는 아주 유용한 시간을 갖게 되었다. 사실 자녀의 진로를 함께 고민하다 보면 부모님도 긍정적인 변화를 경험할 수 있다. 자녀를 위해 진행하는 적성 및 흥미검사를 부모님도 하면 바쁜 직장생활로 하지 못한 인생 재점검의 소중한 시간을 가질 수도 있다. 자녀와 함께 진로에 대해 공부하며 하나둘 알아가고, 자유학기제의 다양한 프로그램도 아빠가 함께 참여함으로써 멘토 역할도 할 수 있다. 자녀의 진로와 관련 있는 사람과 멘토링을 하기 전에 먼저 부모님과 함께할 수 있다면, 자녀가 진로 목표를 정한 후 즐겁고 밝은 청소년 시절을 보낼 수 있는 가장 큰 기회가 될 것이다.

소중한 내 아이의 삶을 위하여 진로와 자유학기제를 핑계 삼아 단둘이

식사하면서 진로 체험 계획도 짜고 소소한 인생 상담을 하면 그 효과는 아주 클 것이다. 청소년들은 이제까지 아빠들은 자기 위주로 생각하고, 훈계나 꾸중을 주로 하고, 자꾸 무엇인가를 시키기만 한다고 생각했다고 한다. 이런 기회를 통해서 아빠들도 진지하게 자녀의 말을 들어주고, 작은 것부터 격려해주고, 자신감을 심어주려 애쓰는, 자식을 사랑하는 존재임을 알게 될 것이다. 그러한 관계 복원 하나만 잘해도 자녀들의 진로는 크게 걱정하지 않아도 될 정도로 어렵지 않게 지나갈 것이다. 자녀를 사랑하고 잘 살기를 원한다면 먼저 관심을 가지고 작은 것부터 함께 시작하기를 권한다. 학교에서 진행하는 자유학기제 프로그램들은 주로 주중에 많이 이루어지기에 함께하기가 쉽지 않다면 주말을 이용해도 좋다. 평소 자녀가 좋아하는 놀이나 취미가 있다면 검색해두었다가, 주말에 하는 체험 프로그램이 진행될 때 가족과 함께 놀이처럼 편하게 프로그램에 참여하는 것이다. 지방자치단체별로 하는 것들을 찾아보면 우주항공, 해양, 역사 유적 탐방, 전문 박물관(만화, 증권, 영화, 유리공예, 커피, 철, 가구, 자동차 등), 작가 등 다양한 분야의 프로그램들이 많다. 자녀가 관심 있는 분야뿐만이 아닌 다양한 분야의 체험을 함께 하면서 다양성도 키울 수 있고 자녀 자신도 몰랐던 흥미와 적성도 찾을 수 있다. 그래서 매주는 아니더라도 한 달에 1~2번은 꼭 가족 나들이라 생각하고 프로그램에 적극적으로 참여하는 것이 좋다.

마음속으로만 소중한 내 딸, 내 아들이라 외치지 말고 주중에는 검색하여 계획 잡고, 주말에는 함께하는 시간을 자유학기제 기간인 한 학기나 1년만 꾸준히 한다면 가족 구성원 모두가 건강하고 즐거운 삶을 보낼 수 있다. 소중한 자녀를 위해서 부모가 1년 동안 함께한다면 평생 멋진 동행으로 남을 것이다. 처음에는 당연히 어려울 수 있다. 우선 도서관이나 집에서 자녀와 부모가 함께 자유학기제가 무엇인지에 대해 알아보는 시간을 짧게라도 갖는 것이 중요하다. 그러면서 중요하고 긍정적인 부분들을 알게 되고, 현재 어떤 프로그램들이 준비되어 있는지 조금씩 확장해 나가면 된다. 특히 멀리 가기보다 자녀가 다니는 학교 및 동네부터 시작하면 된다. 자유학기제를 위해 등록된 체험처가 아니라도 주변에 유용하고 재미있는 장소가 의외로 많이 있다. 전화 한 통이나 인터넷 검색 한 번이면 부모님과 자녀의 끈끈한 정을 연결해줄 많은 정보를 얻을 수 있다. 소중한 내 아이의 삶을 위하여 부모님도 자유학기제 동안은 '이번 주에는 뭘 하지?'라는 고민을 항상 했으면 한다. 분명 자녀의 진로뿐만이 아니라 덤으로 부모님의 진로까지 명쾌한 해답을 얻을 수 있다.

3. 함께하는 시간들

자유학기제를 통해 많은 것을 배울 수가 있는데 그중 하나가 함께하는 것이다. 초등학교 때까지는 주로 부모님이나 선생님의 도움을 받고서 생활했다면 중학생이 되고서는 도움을 주고받는 대상이 거의 모든 사람에게까지 확대된다. 특히 자유학기제의 다양한 프로그램에 참여하면서 준비하고 운영하시는 분들도 만나고, 전혀 알지 못했던 분야의 사람들도 알게 된다. 기존에는 학교와 가족 구성원들만 알았다면 이제는 사회가 무엇인지 알아가기 시작하는 시기다. 초등학교와 비슷한 생활을 할 수도 있지만 자유학기제의 도움으로 이전 선배들보다도 일찍 사회 경험을 하게 된다. 특히 크거나 작거나 모든 것들을 혼자가 아니라 함께 한다는 것을 알게 된다. 경험도 함께하면서 친구가 소중하다는 것도 알게 된다. 함께하는 시간은 가족이 먼저다. 부모님과 함께 자유학기제의 취지를 이해하고 조언도 받고, 주말이나 체험박람회가 있을 경우 함께하는 시간을 갖는 것이 필요하다. 중학생이 되면 사춘기를 겪는다는 이유로 부모님과의 대화가 줄어드는데 자유학기제를 계기로 학교생활에 대해 공유도 하면서 소원해질 수 있는 부모님과의 관계가 좋아질 수 있다. 그 과정에서 부모님으로부터 이 사회는 혼자 할 수 없고 무슨 일이든 도움을 주고받으며 함께한다는 것을 배운다.

중학교 시절은 자아가 강해지고 혼자서도 모든 것을 할 수 있다는 생각이 커지는 시기다. 자유학기제와 관련하여 엄마나 아빠와 함께 다양한 체험과 경험을 하면서 세상은 혼자 사는 것이 아니고 더불어 살아간다는 기본을 배우기 시작한다. 내가 중학교에 다닐 때는 이런 제도나 분위기가 없어 스스로 알아서 하거나 학교 선배나 친구 등을 통해 제한적인 환경에서만 사회를 조금씩 알아갈 수 있었다. 고민과 방황을 하며 청소년기를 보내던 나는 고등학교 때, 아리스토텔레스가 했던 "인간은 사회적 동물이다"라는 말의 의미를 조금이나마 이해할 수 있었다. 그냥 사회 시간에 배운 공부 내용이 어느 날 가슴속 깊이 들어와 깨우침을 주었다.

아리스토텔레스는 "인간은 태어나면서부터 사회적 동물이다"라고 말했다. 우리는 세상에 혼자 존재하지 못하고 태어나서부터 사회의 한 일원으로 살아가야 한다는 말이다. 즉 우리 개개인은 못났든 잘났든 사회라는 다양한 집단 속에서만 존재할 수 있다는 것이다. 나는 청소년 시기에 현실과 이상의 차이 속에서 힘들어하고, 불안한 미래에 하루하루가 재미없고, 자꾸만 못나고 작아지는 내 자신으로 인해 스스로 3개월 동안 실어증에 갇혀 산 적이 있다. 나의 실수를 줄이고 사색할 수 있는 시간을 가지며 더 성장하고 싶어 했다. 하지만 나는 오히려 더 힘든 구덩이 속으로 빠져드는 것을 느꼈다. 결국 해결은 크고 작은 사회 속에 있다는 것을 깨닫고 다시 정상적인 학교생활로 돌아갈 수 있었다.

그 이후로는 실수를 해도 오히려 더 즐겁게 생활할 수 있었던 기억이 있다. 즐거움도 힘듦도 함께하는 사람과 사회가 있어야 가능하다는 것을 스스로 마음과 말문을 닫고 지냈던 시기에 배웠다. 요즘은 세상이 발달하고 복잡해지면서 중학생들도 학교나 학원 등 사회의 일원으로 당당하게 살아가기가 힘들어진 것이 사실이다. 그러나 중고등학교 때 힘든 것은 자연스럽고 당연하게 받아들이는 것이 필요하다. 힘들어도 그 속한 사회에서 해결하는 것이 중요하다. 나처럼 혼자서 고민하고 힘들어할 필요는 없다. 청소년 주변에는 도움을 주기 위해 많은 사람들이 있으니 손을 내밀면 된다. 부모님과 가족, 학교와 선생님, 자유학기제 관련 다양한 프로그램 및 멘토 선생님들과 소통하면서 온전한 사회적 동물로 돌아갈 수 있다.

이 시기에 함께하는 많은 경험들은 청소년 각자의 진로에도 도움이 되지만, 특히 인성의 가장 기본이라 할 수 있는 더불어 사는 사회를 배울 수 있다.

그래서 이 시기에는 주중이든 주말이든 시간을 내어 함께하는 시간을 자주 만드는 것이 좋다. 함께하는 시간은 누구와 하든 상관없이 도움이 될 것이다. 누군가와 함께하는 시간이 많아질수록 각자의 진로도 더 명확해지고 즐거움으로 가득한 학교생활도 가능하리라 본다. 자유학기제 기간에 친구들과 하게 되는 다양한 체험과 경험은 많은 시간이 흘러도 언제나 소중한 추억으로 남을 것이다. 자유학기제를 나와는 상관없는 제도로 생각하지 말고 친구, 학교 선생님, 엄마, 아빠와 함께할 수 있는 기회를 주는 최고의 시간으로 받아들이고 활용하기를 바란다. 시간이 흐르고 나이가 들어가면서는 가족 및 주변 사람들과 함께하는 시간이 계속 줄어들 수 있다.

자유학기제를 핑계로 이번 주말에 부모님이나 친구와 함께 꿈돌이 페스티벌이나 동네의 체험처 등 준비된 프로그램을 방문하여 함께하는 시간을 보내는 것은 어떨까? 나는 기회가 되어 꿈돌이 페스티벌에서 직업 카드 진로 상담을 한 적이 있다. 당시 중학교 1학년, 초등학교 5학년이던 두 아들과 함께 부스를 운영했다. 원래 목적은 아들들로 하여금 다양한 직업이나 산업 분야를 직접 체험하게 하는 것이었다. 그러나 현장에서 다양한 부스를 미리 둘러보니 일부 다른 부스에서도 학생들이 지도 선생님과 함께 주도적으로 부스를 운영하는 것을 보고, 아이들에게 동참하는 것을 제안해서 성사가 되었다. 진로 코칭 상담은 내가 주로 담당했지만 부스를 운영하는 것은 두 아들에게 맡겨보았다. 다른 선생님들이 미리 준비해주신 POP나 A4 등 그날 그 주변에서 이용 가능한 것들로 안내판 등을 만들고, 직접 학생들이나 함께 나온 학부모님들에게서 예약을 이끌어내기도 했다. 아들들은 자신에게 책임이 주어지자 주변의 또래들이 진행하는 것을 보고 자신감이 생겼는지 기대 이상으로 잘했다. 어느 정도 진행하는 부스에 여유가 생기자, 아들 녀석들은 교대로 다른 부스에서도 알차게 체험을 하고 결과물도 가지고 와서 분석하고 새로운 아이디어로 또 다른 것도 만드는 재미에도 빠졌다. 처음에 아이들에게 토요일에 진로 관련 페스티벌에 가자고 제안했을 때는 반응이 별로였다. 그러나 보통 학생들이 토요일이면 학원을 가거나 그냥 노느라고 보낼 수 있는 시간에 아빠와 함께 체험도 하고 직접 부스 운영을 하고 나서는, 아주 의미 있고 뜻깊은 하루를 보냈다고 만족했다.

자유학기제의 인지도가 높아지고 부모님들의 관심이 높아졌는지 하루 종일 모든 부스가 학생들로 가득 찼다. 4차 산업혁명과 관련된 드론이나 3D 체험부터, 생활에서 유용하게 활용할 수 있는 가죽공예나 캘리그래피 등 다양한 체험을 하는 학생들이 많았다. 부스 주변 공터나 여유 있는 공간에서 가족들이 소풍 나온 것처럼 편안하게 쉬는 모습들도 보기 좋았다. 이렇듯 꼭 진로라는 큰 의미를 부여하기보다는 부담 없이 편하게 놀면서 체험한다고 생각하고 가족들과 함께하면 될 듯하다. 일부 학생들은 친구들끼리 삼삼오오 돌아다니며 부스 체험을 하며 즐거워했다. 그 모습을 보니 즐거워하는 모습만큼 그 학생들의 미래도 밝아 보였다. 함께하신 부모님들은 몸은 피곤할지라도 자녀와 함께 하루 동안 소중한 추억의 한 페이지를 만들 수 있어서 두고두고 꺼내 볼 수 있다. 그리고 부모님들 또한 자신들의 진로를 고민하는 좋은 시간을 보낼 수 있다.

오늘도 내일도 짧더라도 함께하는 시간을 갖는다면 자유학기제를 훌륭하게 잘 마칠 수 있다. 함께 참여하는 것만으로도 충분히 가족의 소중함도 배우고 그 속에서 사회와 인생도 함께 배워갈 수 있다. 우리 모두는 홀로 살아갈 수 없다. 다양한 자유학기제의 프로그램에 참여하는 것은 더불어서 함께 살아가는 사회를 배우는 첫걸음이 될 것이다.

4. 마음껏 꿈을 펼치길

2016년부터 모든 중학교에서 진행하고 있는 자유학기제는 올해인 2018년으로 벌써 3년째다. 자유학기제의 모토는 '꿈을 키우고 끼를 찾는 자유학기제'다. 중학생 시절에 마음껏 꿈과 끼를 찾을 수 있는 마당을 준비한 것이 자유학기제인 것이다. 이미 진로를 결정한 청소년이나 그렇지 못한 청소년 모두에게 열려 있는 기회의 장이다. 진로 목표라는 조금은 무거울 수 있는 주제는 내려놓고, 1년 동안 다양한 프로그램에 참여하고 논다는 생각으로 임하면 도움이 될 것이다. 그러기 위해서는 먼저 청소년 스스로가 꿈과 끼를 찾고자 하는 마음이 있어야 한다. 내 인생의 주인공은 나라는 인식을 강하게 가지고 주도적으로 1년을 보낼 필요가 있다.

학과 공부는 새롭게 개편
된 토론, 논술, 모둠, 프
로젝트 형식의 수업으로
오전 시간에 열심히 하
고, 오후에는 주제 선택,
예술 체육, 동아리, 진로
탐색 등의 4개 활동 영역
의 다양한 프로그램에 적극적으로 참여하며 즐기면 된다. 초등학교를 지
나 이제 중학교에 다니는 학생들의 행복을 위해 도입하는 제도인 만큼
청소년들은 자유학기제의 장점 및 긍정적인 부분을 활용하여 꿈과 끼를
찾기 바란다.

　학교와 지방자치단체 및 기업체들의 적극적인 동참으로 진행되는 자
유학기제이지만 일대일로 모든 학생들의 요구에 맞춰줄 수는 없다. 그래
서 학생들도 어느 정도는 제도의 틀 속에서 최대한 자신의 것을 찾기 위
해 노력해야 한다. 앞에서도 한 번 언급했던 "피할 수 없다면 즐겨라"라
는 말이 있다. 현재의 교육과정은 많은 전문가 집단에서 심혈을 기울여
서 연구하고 준비한 것이다. 어떤 프로그램에 참가하더라도 자기 것으로
만들 수 있는 것들이 많다. 학생이 목표로 하는 것이 없으면 없는 대로,
있다면 더 적극적으로 즐기면 된다. 혹시 부족한 부분이 있다면 부모님
이나 선생님에게 요청하여 채울 수도 있다. 그것 또한 배워가는 좋은 과
정이다. 주어진 상황에서 최선을 다하고 필요하면 나의 생각을 정리해서
요청하고 만들어가는 것도 자유학기제에서 원하는 목표이다.

중학생에게 주어진 '행복한 나의 진로 찾기' 시간을 어떻게 활용하면 꿈과 끼를 마음껏 발산할 수 있을까? 자유학기제를 통해 내가 얻을 수 있는 것들을 미리 정의하고 정리해보는 것으로 시작할 수 있다. 꼭 목표를 두고 할 필요 없이 편하게 따라가도 좋지만, 가능하면 인생그래프를 한번 그려본다는 생각으로 접근하면 더 좋을 것이다. 나를 제대로 알기, 협력적 문제 해결 능력 키우기, 진로 상담을 통한 가치관 형성, 글로벌 인재로 살아가기 등을 목표로 할 수도 있다. 다행히 대부분의 학교에서 위와 같은 것을 목표로 해서 준비해놓은 프로그램들이 많다. 그리고 중학교 1학년의 행복한 진로 찾기를 위해 몇 년 전부터 자유학기제의 법제화, 진로교육법의 제정 등을 통해 하나하나 체계가 잡혀가고 있다. 전면 시행한 지 몇 년 되지 않은 시점이라 일부 프로그램 등은 시행착오 중인 것도 있고, 더 실용적인 방향으로의 변화가 필요한 것들도 있다. 항상 처음은 존재하기 마련이다. 전체적인 제도를 보면 보완할 것도 있지만 학생 개개인의 입장에서 보면 이미 충분히 많은 체험 프로그램이 있다. 그것만으로도 충분할 수 있다. 중요한 것은 청소년 개개인이 얼마나 적극적으로 자신의 것으로 만드느냐에 있다. 이 모든 것들을 긍정적으로 받아들이면 기대 이상으로 많은 것을 얻을 수 있고 이룰 수 있다.

꿈과 끼를 발휘할 수 있는 가장 좋은 활동은 자율적인 동아리 활동이라 생각한다. 자유학기제가 없었다면 방과 후에 흥미가 같은 친구들과 학교나 어떤 기관의 지원도 없이 스스로 했어야 할 활동들이다. 동아리 활동은 청소년들이 건전한 문화를 창출하고 미래에 대한 꿈을 꾸며 지역 사회에 참여하도록 지원하기 위한 것이다. 학생들이 동아리 활동을 통해 자신들이 가진 끼와 능력을 마음껏 발휘하고, 건강한 사회성과 인성을 가진 청소년으로 성장하도록 돕는 것이 목표다. 이를 위해 교육부에서는 학생들이 자유학기제를 통해 꿈과 끼를 마음껏 펼칠 수 있도록 다양한 관련 기관과의 MOU 체결, 지역 내의 다양한 체험기관 및 인프라 확보를 매년 확대하고 있다. 학생들이 참여할 수 있는 동아리 활동은 노래, 요리, 춤, 공예, 여행, 게임, 마술, 사물놀이, 오케스트라, 밴드, 글쓰기, 게임, 실험, 난타, 학교 신문, 수학 독서, 공방, 자원봉사, UCC 또는 Youtube 등 거의 모든 분야에 열려 있다. 자유학기제 기간의 성적은 고교 입시에 반영되지는 않지만 동아리 등의 활동 내용은 행동 특성 및 종합 의견 등으로 학생부에 기록된다. 4가지 영역과 관련된 활동을 열심히 하면 자신의 발전에도 도움이 되고 상급 학교의 진학에도 중요한 역할을 할 수 있다는 것을 항상 생각해야 한다. 특히 동아리 활동은 내가 흥미 있는 분야는 어떤 것이든 가능하기 때문에 좋은 성공 사례를 만들 수 있는 기회다.

동아리 활동 중 좋은 사례를 몇 가지 소개한다. 상담을 통해 알게 된 한 여학생의 경험담이다. 자유학기제의 동아리 활동을 통해 자신의 꿈을 스스로 만든 경우다. 그 학생은 평소 노래 부르기를 좋아하고 주말 하루 종일 노래방에서 시간을 보내기도 했다. 그러다 자유학기제의 체험활동을 하면서 우연히 뮤지컬 배우에 대해 알게 됐다. 그리고 평소에 흥미와 적성이 비슷했던 친구들과 뮤지컬 동아리를 직접 등록했다. 동아리 활동은 자존감이 낮았던 학생에게 자신감을 키워주었고, 미래 진로를 생각하면 아무것도 보이지 않던 좌절감에서 노력이란 열매의 의미를 느끼게 해주었다. 자연스럽게 학교 교과 수업도 더 적극적으로 참여하게 되었다. 뮤지컬 배우가 되기 위해서는 다양한 역할을 수행해야 하는데, 학교 수업들이 큰 경험이 된다는 것을 깨달았기 때문이다.

또 다른 사례도 있다. 2017학년도 전국 자유학기제 학생 동아리 활동 사례에서 최우수상을 수상한 수학 독서 동아리다. 수학이라고 해서 공부로만 생각하면 안 된다. 학과 공부가 아닌, 수학에 대한 관심과 흥미를 가지고 수학자가 되고자 하는 학생들의 동아리 활동이다. 수업 시간에 배우는 공식과 같은 간단한 이론이 아닌 자신의 진로를 생각하고, 멀리 보고 진행하는 연구 동아리라고 생각하면 된다. 물론 수학을 재미있어하고 좋아하는 학생들의 모임이다. 학생들은 수학자의 꿈을 통해 교과서에 갇힌 공부에서 벗어나, 수학과 관련된 다양한 책을 읽고 수학자로서의 꿈을 다지는 시간을 갖는다. 학교 담당 선생님의 도움을 받기도 하고, 자유학기제의 체험활동 중에 알게 된 선생님을 통해 수학을 전공하는 대학생들과 배움과 토론 시간도 갖는다.

이런 동아리 활동은 만들기를 좋아해서 친한 친구들끼리 매일 또는 매주 만나서 다양한 종류의 아이디어로 새로운 것을 만드는 것과 똑같다. 뮤지컬 동아리, 수학 독서 동아리 그리고 창업이나 마술 동아리도 모두

같은 동아리 활동이다. 자기가 좋아하는 것을 하면서 하루, 일주일이 행복해지고 덤으로 학교생활도 적극적으로 하게 되는 결과를 가져온다. 이미 우리는 4차 산업혁명이나 인공지능 시대에 진입했다고 이야기한다. 우리 학생들은 중학교 1학년에 진행하는 자유학기제의 동아리 활동을 통해 적성, 소질에 맞는 진로 탐색과 자기 주도적 학습 능력을 키워나가며, 학교, 가정, 지역사회에도 함께 참여함으로써 미래 시대에 가장 중요한 좋은 인성을 극대화할 수 있을 것이다. 우리의 인생은 우리들 자신의 것이다. 선생님이 동아리 신청하라고 하시기 전에 스스로 찾아보는 적극성을 보일 때다. 진로 체험 동아리 활동을 통해서 진로에 대한 방향을 정하고 잠재된 끼를 마음껏 발산하는 시간이 되기를 바란다. 꿈을 키우며 끼를 찾고 발산할 수 있는 이 시간을 소중히 생각하고 흥미 있는 분야를 찾아서 참여하거나 스스로 동아리를 만든다면 이미 자기 인생의 주인공이다.

5. 나를 변화시키는 시간

많은 학생들이 나를 잃어버린 채 하루하루를 보내고 있다. 심지어 나를 잃고 살아가는 것조차 모르는 학생도 있다. 어린이에서 청소년으로 신분이 새롭게 변하는 중학생 시절에 나를 찾는 시간이 준비되어 있다. 바로 자유학기제다. 자유학기제는 단순하게 진로만을 찾는 것이 아니라 진정한 나를 더 잘 알 수 있는 시간이다. 나를 알고서 스스로 변화시키는 시간이기도 하다. 나를 이해하고 변화하는 시간을 내가 직접 경험하고 내 것으로 만들어가는 것이다. 변화를 적극적으로 받아들이고 긍정적인

방향으로 달려가야 한다. 사고도 행동도 어린이로 머물러있기보다 능동적이고 주도적인 태도로 바뀌어야 한다. 자유학기제의 다양한 활동을 통해 학생들의 자존감과 자신감을 높이고 키울 수 있다. 진로도 중요하지만 스스로 무엇인가를 할 수 있다는 자신감을 키운다면 그 자체로도 큰 의미가 있는 한 해가 될 것이다.

내가 알고 있는 한 학생의 이야기를 해 볼까 한다. 그 학생은 보통 남학생들처럼 매일 운동하고 게임하는 것을 아주 좋아한다. 관심도 있고 좋아하다 보니 운동이나 게임은 다른 또래 친구들보다 잘하는 편이다. 초등학교 다니는 동안 축구, 농구, 탁구 등 운동을 일주일에 한두 번씩 배우기도 했지만 많은 시간은 공부하는 학원에서 주로 보낸다. 대부분의 친구들이 하는 것처럼 그렇게 매일 주중이나 주말 할 것 없이 이곳에서 저곳으로 다니다 보니 모든 것들이 싫어지기 시작한다. 그냥 정해진 시간에 돌아다니는 로봇 같다는 생각을 한다. 영어와 수학은 특히 더 어렵다. 공부를 해도 늘지도 않고, 왜 하는지도 잘 모르겠고, 짜증만 나고, 학원 가는 시간들이 조금씩 싫어지기 시작한다. 힘들고 재미도 시들해져서 부모님께 몇 번 얘기를 한다. 학원이 싫다고, 꼭 공부를 해야 한다면 혼자서 해보겠다고 어렵게 얘기를 꺼낸다. 하지만 부모님은 고입 및 대입 진학을 위해서는 다른 친구들처럼 매일 열심히 해야 한다는 논리로 그 학생의 요청을 받아주지 않는다. 그렇게 자신에게 잘 맞지 않는 공부를 하고 스스로의 능력을 탓하며, 때로는 부모님을 위하여 안간힘을 쓰며 간신히 초등학교를 졸업하게 된다. 그런데 중학교 가는 것이 또 싫어진다. 왜냐하면 중학교에 가면 국어, 영어, 수학을 중심으로 더 많은 시간 동안 공부해야 하는 것을 알고 있기 때문이다.

별 기대도 없이 집 주변의 중학교에 입학한다. 어떻게 하면 학원을 적게 다닐 수 있는지만 생각하고 있을 때 선생님으로부터 자유학기제라는 말과 지필평가를 실시하지 않는다는 말을 듣고 동공이 커지며 갑자기 관심이 높아진다. 중학교 1학년 동안은 주제 선택, 예술 체육, 동아리, 진로 탐색 등 4개 활동 영역으로 나누어 자유학기 활동을 한다는 것을 이해한다. 느낌상으로 좋은 일이 있을 것 같아서 학교에서 배부해준 가정통신문을 꼼꼼히 읽어보고, 부모님께 보여드리고 적극적으로 참여한다는 의지도 말씀드린다. 하지만 부모님께 믿음을 덜 준 상태라 또 학원은 어쩔 수 없이 열심히 다닌다.

학교생활이 이전보다 더 즐거워 학원도 예전보다는 덜 힘들다. 학교 및 관내 진로센터에서 준비해 준 다양한 프로그램에 가능한 한 많이 참여한다. 4차 산업혁명 시대와 관련 있는 드론, 코딩, 3D 프린터 등의 활동에도 관심 있게 참여하여 새로운 기술과 미래도 참고한다. 좋아하는 운동과 관련된 부스와 체험처에서 골프와 축구 등도 재미있게 놀면서 경험한다. 재미있는 실험과 제작, 체험, 전시 등의 융합 과학활동 프로그램에도 참여한다. 그리고 관심은 별로 없지만 생태와 생명에 대한 부스

와 체험처에서도 진로를 탐색할 수 있는 경험을 한다. 전혀 몰랐던 것도 새롭게 알게 되고, 이미 알고 있었다고 생각한 동네 주변의 다양한 체험처에서도 완전히 새로운 것들을 알게 된다. 많은 체험을 통해 학생은 스스로 만들기에 아주 소질이 있음을 깨닫게 된다.

그래서 학교 동아리 활동도 기존의 체육 동아리에서 DIY 만들기 동아리로 이동한다.

이 학생은 한 학기 동안 다양한 자유학기제 프로그램에 참여하고 나서 많은 변화가 생기기 시작한다. DIY 만들기를 하다 보니 과학과 연계가 많아서 과학 학원을 다니기 시작한다. 이 과정에서 부모님을 설득하여 다른 영어, 수학 학원은 더 이상 다니지 않기로 결정한다. 많은 경험을 통해서 학생의 적성과 흥미를 발견하고 열심히 하다 보니 자신감도 커지고 진로까지 생각의 발전이 이루어진다. 학생 자신도 초등학교 때 학원 다니기 싫다고 말할 때와는 다른 자신감과 논리로 접근하니, 부모님도 인정하고 의견을 존중해주기 시작한다. 그런 변화를 부모님도 옆에서 지켜보시고, 적극적으로 지원하게 된다. 학생의 부모님은 다른 학원을 다니지 않게 하는 것은 공부를 포기하는 것이 아니며, 그 학생이 지금 과학 공부를 원해서 새롭게 시작하는 것처럼 본인이 공부의 필요성을 느낄 때 다른 공부도 다시 할 것을 믿는다고 말씀하셨다 한다. 학생이 스스로 주도적으로 변화하니 부모님도 그 이상 긍정적으로 변화되는 모습을 보여주신 좋은 사례다. 자유학기제를 통해 학생 스스로 꿈을 기획하고 도전과 성찰을 통해 진로 탐색이 이루어지니 많은 변화가 이루어진 것이다. 자유학기제의 다양한 활동을 하며 학생은 학교 안팎의 경쟁으로 인해 잃었던 자존감을 조금씩 회복해나가고, 결국 그 경험들은 학생의 마음에 새로운 자신감과 의지가 되어 삶을 주도적으로 이끌어가게 된 것이다.

이 학생의 경우는 자유학기제의 아주 좋은 사례다. 자유학기제는 선택형이 아니다. 중학교 교과목에 국어와 수학이 있는 것처럼 자유학기제라는 과목이 생겼다고 생각해야 한다. 영어나 수학을 공부해야 하는 필요성을 자유학기제라는 새로운 교과목에서 배운다고 생각하고 열심히 참여해야 한다. 앞 장에서도 여러 번 언급했듯이 나를 주도적이고 능동적으로 변화시킬 수 있는 소중한 시간이기에 그냥 헛되이 보내면 안 된다. 자유학기제의 프로그램을 준비해준 학교 및 관련 기관에 고마워하며 내 것으로 만들려고 노력한다면, 위 학생의 사례처럼 누구나 나를 변화시키는 소중한 시간을 경험할 수 있다. 이 학생처럼 처음부터 좋은 느낌으로 시작하지 않고 그냥 일반 수업 듣는 것처럼만 참여하더라도, 과정 속에서 자연스럽게 나를 알아가고 직업의 세계도 경험하면서 변화하는 자신을 발견할 수 있다. 내가 변한다는 것은 새로운 사고와 경험으로 내 자신을 새롭게 만들어가는 것이다. 독립적인 인격체가 되기 위한 첫걸음이라고 생각하면 된다. 자생력을 키울 수 있는 좋은 장이다.

자유학기제를 통해 나를 변화시키는 방법에는 여러 가지 시도가 있을 것이다. 가장 중요한 것은 항상 내 자신을 첫 번째로 두는 것이다. 그러면 내가 사는 의미와 목적을 생각하게 되고 삶의 목표를 진지하게 고민하게 된다. 이러한 깊은 생각이나 고민은 자유학기제의 진로 상담이나 체험처 탐방 등 많은 프로그램으로부터 나온다. 이제까지 제대로 몰랐던 나를 여러 가지 분석 방법이나 상담으로 알아가면서 자신의 장점과 강점을 잘 활용할 수 있는 진로를 탐색하게 된다. 많은 프로그램 중 자신과 잘 맞는 것을 발견하고 작은 목표를 정해 완벽하게 끝내는 연습을 하다 보면 자부심도 높아지고 자신감도 더불어 생긴다. 작은 변화가 나비효과처럼 큰 변화를 만들 것이다. 일단 작은 변화의 중심에 서기만 하면 자연스럽게 큰 변화의 주인공이 된다. 프로그램을 경험하다 보면 실패도 과정의 일부로 자연스러운 것임을 알게 된다. 부모님이 살고 있는 일반적인 사회를 긍정적인 시각에서 바라볼 수 있는 힘이 생기고 자신 또한 할 수 있다는 자신감이 생긴다. 나이도 대우도 10대 청소년으로 인정받는 중학교 1학년에 자유학기제를 통해 진정한 나를 위해 변화하는 시간들을 갖는 것은 행운이다. 그 행운을 잡고 즐기면 된다. 많은 사람들이 도와주기 위해 주위에 있다. 일어서서 다가가는 것은 청소년들의 역할이다. 내

자신의 긍정적이고 미래 지향적인 변화를 위해 자유학기제를 주도적으로 시작하기 바란다. 자유학기제는 새로운 교과서다. 그 안에 많은 것이 들어있다. 가장 중요한 나를 변화시키는 출발점이 그곳에 있다. 출발만 하면 도착하게끔 되어있다. 믿고 새로운 나를 만드는 시간으로 들어가보자.

6. 전 세계가 무대

우리는 이미 글로벌 시대에 살고 있다. 이전에는 공간적인 의미가 강했지만 지금은 인터넷과 SNS의 발달로 전 세계가 하나로 움직이고 있다. 청소년들도 이미 초등학교 시절부터 유튜브 등 다양한 관계망을 통해 경험하고 있다. 하지만 본인의 진로와 관련해서는 전 세계가 무대라는 것을 아직 인지하지 못하고 있거나 다른 나라 얘기라고 생각하는 학생들이 많다. 충분히 이해는 간다. 지금 당장의 환경도 적응하기 힘들고 할 것들이 많다. 그렇다고 마냥 기다릴 수만은 없는 일이다. 지금부터 전 세계를 무대로 생각하며 하나씩 차근차근 준비하면 된다. 자유학기제의 프로그램에 참여하면서 그 생각은 더 현실화되고 작은 행동으로 나타날 것이다. 이와 관련하여 청소년들에게 꼭 해주고 싶은 말이 있다. 경쟁을 피할 수는 없지만 고입이나 대입 진학에 모든 것을 쏟아붓지 않아도 된다는 것이다. 나중에 자신이 살아가고자 하는 무대를 한국이 아닌 전 세계로 넓히면 되기 때문이다. 생각을 다르게 하고 나의 미래 직업에 대한 다양성을 해외에 있는 나라까지 포함하게 되면 지금 이 순간 생각하는 진로보다 훨씬 폭이 넓어진다. 당연히 경쟁에 대한 피로감도 덜 느낄 것이고 정신적으로도 여유가 생긴다. 안정이 되면 집중력도 좋아지고 청소년들의 능력을 최대한으로 끌어올릴 수 있다.

전 세계를 상대로 살아가기 위해서 언어는 필수라고 생각한다. 통번역에 관련하여 뛰어난 애플리케이션이 있더라도 자신이 직접 언어를 배우고 문화까지 알고 난 후 소통하는 것과는 많은 차이가 있을 것이다. 기본은 영어가 될 것이고 제2 외국어도 많이 있다. 자유학기제의 다양한 프로그램에서 자신의 적성을 파악한 후 관심 있는 세계 어떤 언어든지 배우면 된다. 다만 다른 외국어를 공부하더라도 영어는 필수로 해야 한다. 영어를 잘하는 방법은 생활 속에서 영어를 가까이하는 것이다. 이미 유튜브나 게임을 하면서 많은 영어 단어나 표현에 익숙해져 있을 것이다. 거기에서 조금만 더 업그레이드하면 전 세계 어디를 다니든 의사소통이 가능하다. 언어를 배우는 데 있어서 가장 중요한 것은 자신감이다. 그냥 손짓 발짓의 보디랭귀지부터 시작하면 된다. 외국인들도 한국어를 못하는 사람이 대부분이다. 배우려는 외국어를 못하는 것은 당연하다. 처음부터 잘하려고 하면 영어든 제2 외국어든 배우기가 힘들어질 것이다. 나는 스페인어를 전혀 못하는데도 3달간의 남미 여행을 아무런 어려움 없이 마친 경험이 있다. 궁하면 통한다는 말이 있듯이 그냥 부딪치면 모든 것이 이루어지게 된다. 그리고 세상을 살아가다 보면 항상 도와주는 사람들이 많다. 자유학기제에 학교와 기관 및 기업체들이 많은 도움을 주는 것과 같다. 앞 장에서 "인간은 사회적 동물이다"라는 얘기를 했듯이 전 세계의 모든 사람들이 도움을 주고받으며 살아가는 것은 인간의 숙명적인 삶이다. 그러기에 외국어를 배울 때는 모두가 똑같은 환경이라 생각하고, 주눅 들 필요 없이 그냥 모든 수단과 방법을 동원해서 소통하면 어렵지 않게 배울 수 있다. 이러한 마음가짐을 자유학기제 프로그램에 참여할 때도 똑같이 유지한다면 기대 이상으로 많은 것을 얻을 수 있다. 어쨌든 외국어, 특히 영어는 일상생활 속에서 배우고 익히면 어렵지 않게 소통이 가능하다. 자신의 적성이 무엇이든 진로 목표가 다르더라도 영어는 우리가 앞으로 살아가는 데 있어서 필수적인 능력 중 하나라는 것을 인정해야 한다. 심지어 한국의 작은 기업에서 욕심 없이 직장생활을 하고 싶더라도 영어의 필요 때문에 나이 들어서도 공부해야 한다. 지금이 아주 좋은 기회다. 이 기회를 허투루 보내지 말고 평생의 기회로 삼고 한번 도전해보기를 권한다.

전 세계를 내 무대로 만들기 위해서는 여행 또한 아주 큰 도움이 된다. 각자의 환경에 따라 기회가 다르겠지만 계획과 의지만 있다면 충분히 가능하고 스스로 만들어갈 수 있다. 여행을 하면서 경험하고 느끼는 것은 이 세상 그 어떤 것보다 값어치가 있다고 생각한다. 평범한 사람도 인생이 힘들었던 사람도 여행의 경험을 통해 다시 태어나고 새로운 삶의 길로 들어선 경우가 많다.

청소년들도 대부분 아는 원효대사라는 분이 있다. 젊은 시절 불법을 공부하기 위해 중국 당나라로 유학길을 떠난 원효대사는 어느 날 날이 저물어 움집에서 하룻밤을 지새우기로 한다. 한밤중에 심한 갈증으로 손이 닿는 곳에 있는 물을 마셨는데 다음 날 확인해 보니 해골에 고여 있는 썩은 물이었다. 이것을 알고서 모든 것을 토해내는 고통 끝에 큰 진리

를 발견하고 참된 깨
달음을 얻는다. 모든
것은 마음이 만들고
마음먹기에 달렸다
는 일체유심조(一切
唯心造)를 깨달은 것
이다. 그리고 유학길
을 포기하고 다시 신라로 돌아가 깨달음을 기본으로 불교 대중화에 앞장
서고 기틀을 마련한다. 이 일화도 여행길에 올랐다가 작은 경험에서 큰
깨달음을 얻고 새로운 삶을 시작한 경우다.

이런 거창한 변화가 아니라도 여행 그 자체로 새로운 사람과 자연도
만나며 나를 되돌아볼 시간을 보낼 수 있다. 국내 여행을 하면서도 충분
히 많은 것을 느끼고 나를 변화시킬 수 있다. 하지만 기회가 된다면 우리
나라 밖으로의 여행도 추천한다. 세상이 얼마나 넓고, 다양한 사람들이
다양한 직업을 가지고 살아가는지 눈으로 경험한다면 청소년들이 생각
하는 미래와 직업에 대한 통찰력이 좋아질 것이다. 우리나라보다 잘사는
나라든 못사는 나라든, 여행하면서 각 나라마다의 문화, 사회, 경제 등
새로운 것을 배울 수 있다. 단기 여행이든 장기 여행이든 국내 여행이든
해외여행이든 여행지에서 얻을 수 있는 것과 배울 수 있는 것, 보고 느낄
수 있는 것에 집중하면, 기대 이상으로 큰 경험을 하게 되고 나를 변화시
킬 수 있는 기회와 만나게 된다.

학교라는 사회에서 청소년들은 많은 것을 배운다. 여행에서도 호기심

많은 청소년들에게는 새롭게 마주하는 모든 환경이 곧 배움의 연속이고, 미래 진로를 결정하는 데 큰 역할을 할 수 있다. 낯선 문자와 언어를 마주하면서, 다른 생김새의 얼굴과 옷차림을 보면서, 새로운 건물 양식과 거리를 감상하면서, 낯선 맛과 향을 풍기는 음식을 먹으면서, 이유 없이 받는 친절과 배려에 감사하면서 여행지에서 보고 느끼는 모든 순간을 통해 자신만의 가치관을 세워나가고 긍정적인 삶을 조금씩 채워나갈 수 있다. 여행하면서 가장 큰 경험은 새로운 사람을 만나는 것이다. 알지도 못하고 약속도 하지 않았지만 여행을 하다 보면 자연스럽게 많은 사람들과 얘기하게 되고 만나게 된다. 모든 만남이 소중하고 의미가 있다. 그 경험을 통해 이제까지 가지고 있었던 생각과 지식을 뛰어넘어 더 넓은 시야로 나의 환경과 세상을 바라볼 수 있게 되고, 타인을 받아들이는 연습을 하게 된다. 그러한 여행의 과정을 통해 청소년들의 가슴속 깊이 잠재되어 있는 도전 정신을 불러일으키고 가슴을 펴고 당당하게 살아갈 수 있는 힘을 얻는다.

자유학기제 기간에 적극적 언어 배우기와 여행이라는 경험을 시작할 수만 있다면 그 자체로 세계 무대에서 활약할 수 있는 밑바탕이 된다. 세계로 향하는 꿈의 무대, 자유학기제를 징검다리처럼 이용하면 된다. 영어를 포함해 관심 있는 외국어 공부를 생활화하고 여행 등으로 생각의 폭을 넓혀가면 원하는 꿈으로 한 발짝 더 가깝게 다가설 수 있다. 자유학기제 참여 전에는 꿈이나 진로가 대한민국에 국한되었지만, 다양한 프로그램에 참여하면서 자연스럽게 전 세계로 시야가 넓어지는 소중한 경험에 동참하기를 기대한다. 교과 융합 수업에도 글로벌 인재가 되기 위한 세계 각국의 문화 조사하기 등의 과정이 개설되어 직간접적으로 이를 느낄 수 있다. 교과 및 창의적 체험활동, 자유학기 활동, 학교 내외부에서 진행하는 다양한 진로 프로그램 등에서도 세계화에 대한 견문과 지식을 넓힐 수 있다. 기회가 활짝 열려 있다. 자유학기제의 프로그램을 통해 학교생활에서 즐거움도 찾고 글로벌 마인드도 함께 갖추는 행복을 만끽하기 바란다.

마치는 글

　중학교 청소년들을 바라보는 시각에 따라 차이는 있겠지만, 나는 개인적으로 청소년들이 조금 더 행복한 학교생활을 하길 바란다. 어쩌다 만나는 학생들의 하루 생활을 들여다보면 사회활동을 하는 나보다 더 바쁘게 사는 학생들을 보게 된다. 그럴 때면 가슴이 답답해짐을 느낀다. 인생은 즐겁고 행복하게 보내야 한다. 특히 청소년 시절에는 많은 시행착오를 겪으며 그 실수들조차 값진 경험으로 여기며 보내야 한다. 지금 환경에서는 힘든 경쟁 속에만 놓여있고 자신을 잃어버린 채 학교생활을 하고 있는 것 같아 미안한 생각마저 든다. 이제는 모두가 조금씩 변해야 하는 시기다. 입시 중심 교육이 더는 가능하지 않은 시대로 변화하고 있다. 그 중심에 현재 중학생이 있다. 그 변화를 두 손 벌려 받아들이는 자세가 중요하다. 학교 선생님이나 각종 뉴스를 통해서도 많이 들었겠지만, 우리나라 학생들의 학업 성취도는 OECD 국가 중 상위권인데 주관적 행복지수는 OECD 평균에도 미치지 못한다고 한다. 또한 국제적 학업 성취수준은 높지만, 공부에 대한 흥미와 즐거움 등은 OECD 국가 평균 이 하이고 아동과 청소년의 주관적 행복지수는 꼴찌라고 한다. 참으로 마음 아픈 자료들이다. 과연 무엇을 위해 그렇게 우리 청소년들은 달려갈까? 어디로 가는지 방향은 알고 뛰어가는 학생들이 얼마나 될까? 단언컨대 부모님이나 주변 어른들보다 청소년 자신들이 더 절실하게 느낄 것이다. 청소년 스스로 진로를 정하고 외국의 좋은 교육시스템 속의 학생처럼 보내고 싶어도 이전의 구조 속에서는 거의 불가능한 상황이었다.

이미 잘못된 방향으로 꼬여버린 교육을 바로잡고 청소년들의 건강한 삶을 만들어보고자 나라에서 발 벗고 나섰다. 그 결과가 바로 자유학기제다. 모든 학생에게 생각할 수 있는 시간과 프로그램을 제공하는 제도다. 자유학기제는 중학교 과정 중 한 학기 동안 학생들이 시험 부담에서 벗어나 꿈과 끼를 찾을 수 있도록 토론, 실습 등 학생 참여형으로 수업을 개선하고, 진로 탐색활동 등 다양한 체험활동이 가능하도록 교육과정을 유연하게 운영하는 제도다. 자유학기나 자유학년은 청소년들에게 학교 안팎의 모든 활동을 통해 자신에 대해 탐색하고 발견하면서 자신을 이해하고 스스로의 자생력을 키울 수 있도록 도움을 준다. 자유학기제에는 과목 수업도 토의나 토론, 실험과 실습을 통해 주입식보다는 참여형으로 운영된다. 그 외에도 관심사가 같은 친구들과 함께하는 동아리 활동, 잠재력을 계발하는 예술 체육활동, 교과와 연계된 주제 선택활동, 적성과 소질을 알아보는 진로 탐색활동 등 교내외의 다양한 경험을 배울 수 있도록 운영한다. 주제 선택에서는 과학 실험, 체험 수학, 역사 탐구와 같이 학생의 흥미, 관심사에 맞는 체계적인 전문 프로그램 운영으로 학습 동기를 유발한다. 예술 체육에서는 캐리커쳐, 만화, 배드민턴, 필라테스 등 다양하고 내실 있는 예술 체육 교육을 통해 학생들의 소질과 잠재력을 깨우고 알아갈 수 있도록 운영된다.

자유학기제의 취지와 가장 잘 맞는 진로 탐색에서는 진로검사, 진로 체험, 직업 체험을 통해서 적성과 소질을 탐색해 미래를 설계할 수 있는 체계적인 진로 교육을 한다. 진로 체험과 관련하여 교육부는 현장직업체험형, 직업실무체험형, 현장견학형, 학과체험형, 진로캠프형, 강연형, 대화형의 6가지로 구분하여 직업마다 다른 유형으로 체험할 수 있도록 운영하고 있다. 진로 탐색활동을 한다고 해서 꼭 자유학기제 기간 동안에 꿈이나 진로를 결정해야 한다는 부담을 가질 필요는 없다. 중학교의 자유학기제에서 이루어지는 진로 탐색은 고등학교에 진학하여 진로를 결정하는 데 밑거름의 역할을 할 것이다. 동아리 활동에서는 스포츠클럽, 방송반, 환경사랑, 목공반, 글쓰기반 등이 학생들의 공통된 관심사를 기반으로 자율적으로 활용하여 잠재 능력을 계발해주고 있다. 동아리 활동은 호기심 많은 중학생답게 학교마다 다양하고 특이한 클럽들이 많다. 뜻이 맞는 친구와 함께 어떤 것이든 만들어서 활동할 수 있다.

처음에는 자유학기제로 한 학기만을 운영했지만 현재는 많은 지방자치단체에서 자유학년제로 더 확대해서 진행하고 있다. 그만큼 효과가 있고 중요하다는 것을 모두가 알기에 참여하는 중학교가 늘어나고 있다. 지금 고등학교 선배들은 어쩔 수 없이 입시 위주의 교육 환경에서 살아가야 한다. 하지만 이제 중학생인 청소년들은 아주 좋은 제도 속에서 자신의 꿈과 끼를 찾으며 행복한 학교생활을 할 수 있다.

올해는 자유학기제가 전면 시행된 지 3년째다. 이전 2년 동안 제도의 문제점들도 많이 개선되고 새로운 프로그램들도 많이 생겨나고 있다. 제일 중요한 것은 이렇게 유용한 자유학기제를 어떻게 하면 학생 자신의 것으로 만들 것인가다. 자유학기제를 내 것으로 만들기 위해서는 특별히 준비할 것이 없다. 긍정적인 마음, 열정, 용기만 있다면 모든 것을 가질 수 있고 경험할 수 있다. 그러한 다양한 경험을 통해 자신감, 배려심, 삶의 가치관, 미래를 살아가는 힘을 기를 수 있다. 자유학기제의 핵심이라고 할 수 있는 꿈길(www.ggoomgil.go.kr)을 통해서 다양한 경험을 할 수 있다. 꿈길은 학생 하나하나의 꿈과 끼를 살리는 개인 맞춤형 진로 설계를 지원하기 위해 온오프라인의 진로 체험 교육기관 정보를 탑재하여 서비스하고 있다. 자유학기제 시행 첫해부터 다양한 진로, 직업 체험 기회를 제공하기 위해 종합 지원 시스템을 구축하고, 시범운영 기간을 거쳐 전국 17개 시도 교육청에 보급해 실시하고 있으며 많은 공공기관 및 외부기관에서도 진로 체험기관 인증을 받았거나 진행 중에 있다. 꿈길 사이트에서 진행하는 진로, 직업 체험은 교실 수업에서 벗어나 직업 현장에서 체험학습을 하며 교과서에서 배우기 어려운 직업인의 삶과 열정을 체험하는 좋은 기회이기도 하다. 그냥 막연하게 생각했던 미래의 직업과 진로에 대해 진지하게 생각해볼 수 있고, 운이 좋으면 자신의 적성과 잘 맞는 진로를 결정할 수도 있다. 그러면 1만 시간의 법칙을 더 빨리 적용한 학교생활이 가능하여 원하는 분야에서 전문가로 멋지게 성장할 수 있다.

어떻게 하면 자유학기제를 잘 보낼 수 있을까? 내가 앞서 5장에 걸쳐서 이야기한 내용 중 일부만 자신의 것으로 만들어도 충분히 의미 있는 중학교 1학년을 시작할 수 있다. 먼저 중학교 1학년을 최고의 기회로 인식하고 자유학기제도가 무엇인지, 어떻게 운영되는지에 대해 이해해야 한다. 현재 자신이 어떤 환경에 놓여있는지를 잘 분석하면 새롭게 시작하는 중학교 1학년이 절호의 기회라는 것을 알 수 있다. 진로 체험이나 특강 프로그램 중 자신의 흥미와 적성에 더 잘 맞는 것을 선택해서 하나부터 열까지 집중하면 훨씬 효과적인 시간을 보낼 수 있다.

다음은 2017년 서울시에서 진행한 진로 특강의 구성이다. 분야는 모두 19개 분야에서 진행했다. 방송(프로듀서, 성우, 방송작가), 4차 산업혁명(AI, 자율주행차, 환경에너지), 글로벌 인재, 스포츠(마라톤, 레슬링, 펜싱, 배드민턴), 생물 다양성(해양, 육상), 특성화고, 공무원(경찰, 군인, 소방관), 법조계, 작가, 건축, 과학, 디자인, 벤처 창업, 공연예술, 캘리그래피, 예술, 융합 분야 등 청소년들이 미래에 할 수 있는 직업군은 거의 포함하고 있다. 모든 프로그램들이 아무리 잘 준비되었다고 하더라도 청소년들이 직접 시작해야 본인의 것으로 만들 수 있다. 42.195km인 마라톤도 한 걸음부터 시작해야 골인 지점에 다다를 수 있듯이 자유학기제도 마찬가지다. 본인이 흥미 있는 것을 시작하는 것이 중요하다. 일단 시작하면 최고의 기회를 잡을 수 있다.

청소년들이 참여하게 될 자유학기제는 삶을 결정할 수 있는 소중한 시간이기도 하다. 10년 또는 15년 후에 경제적인 어려움이나 인간적인 갈등 없이 하고 싶은 것을 하며 살 수 있는 자신의 모습을 상상해보자. 원하는 삶의 모습을 중학교 1학년의 자유학기제를 통해 결정할 수 있다니

얼마나 좋은 기회인가? 기존의 지필평가는 실시하지 않고 고교 내신에도 반영되지 않는 배움 중심의 수업으로 공부도 편한 마음으로 즐겁게 할 수 있다. 주로 삶에 필요한 역량을 키우는 수업이 될 것이다. 크고 작은 자유학기제 관련 프로그램에 참여하여 부딪치고 깨지면서 '이제까지 온실 속의 화초처럼 자랐구나!'라는 것도 느끼지만 동시에 무엇이든지 할 수 있다는 자신감도 키울 수 있다. 제일 중요한 자신만의 적성과 흥미를 워크넷이나 커리어넷을 통해 알 수 있다. 그 분석에 의한 프로그램 참여로 자신이 즐거워하고 하고 싶어 하는 미래의 삶을 미리 볼 수도 있다.

자유학기제를 활용하는 방법은 다양하게 존재한다. 온라인, 오프라인 등 다양한 채널을 통해 진로 탐색을 먼저 한다. 지구촌이라 불리며 이미 하나가 된 세계인 만큼 전 세계를 대상으로 직업 탐색을 확대하는 것도 필요하다. 4차 산업혁명 시대에 살아갈 청소년들의 무대는 한국을 포함한 모든 나라다. 다양한 나라의 다양한 문화와 직업을 이해하기 위해서는 온라인으로 경험치를 올릴 수도 있지만, 기회를 만들어 국내와 해외를 가리지 않고 떠나는 여행이 큰 도움이 된다. 여행하면서는 출발해서 돌아올 때까지 세상에서 처음 보는 사람들을 많이 만나게 된다. 수많은 사람들과의 만남 속에서 뜻하지 않게 인생의 멘토를 만나는 행운도 얻을 수 있다. 자유학기제 기간 동안 인생의 스승이라 할 수 있는 멘토를 만난다면 최고의 경험이라 할 수 있다. 세상의 그 어떤 사람도 다양한 방법을 통해 각자의 멘토로 만들 수 있다. 의지를 가지고 시작하면 가능하다. 멘토뿐만이 아니고 앞으로 청소년이 하고 싶은 많은 것들도 일단 시작하면 대부분 원하는 만큼 자신의 것으로 만들 수 있다.

인생의 가장 큰 목표라고 할 수 있는 '어디서 무엇을 하며 살 것인가?'를 결정할 수 있는 귀한 시간이 자유학기제다. 가장 가까운 부모님과의 대화로 청소년들의 진로에 대한 관심을 높이고 아빠나 엄마의 조언으로부터 시작한다. 청소년을 가장 잘 아는 사람이 부모님이기 때문이다. 그런 과정에서 모두가 함께 진로에 대한 공부를 하여 부모와 학생 그리고 가정까지 긍정적인 변화가 일어날 수 있다. 학생 입장에서 이런 귀한 시간을 제대로 보내기 위해서는 항상 긍정적인 에너지로 학교생활을 하고, 남의 이목보다는 자신에게 더 집중하면서 자신이 정한 우선순위를 따르면 된다.

자유학기제는 새롭게 시작하는 중학생을 설레게 하는 제도다. 제도 시행 전에 여러 나라의 시스템을 참조했다. 주로 유럽 국가들의 프로그램들이다. 영국의 갭이어GAP Year, 아일랜드 전환학년제Transition year, 덴마크의 애프터스쿨After school, 스웨덴의 진로 체험학습work-study program 등이 있다. 위에 열거한 해외 제도들의 경우 각 나라마다 교육 환경과 국민들의 인식이 다르다. 현재 시행하고 있는 자유학기제나 자유학년제와 정확히 일치하는 것은 없다. 우리나라 현재 교육 현실은 어떤 것도 적용할 수가 없다.

자유학기제는 그동안 왜곡되고 잘못된 방향으로 가고 있던 중고등학교의 교육을 청소년 중심으로 바꾸기 위한 큰 시작이라고 생각한다. 다행스럽게 사회도 조금씩 변하고 있고 자식 교육에 대한 인식이 이전과는 다르게 변화하는 부모님들도 늘어나고 있다. 물론 제대로 된 교육제도로 정착하고 학부모와 학생들의 진학에 대한 생각의 변화를 가져오는 데에는 시간이 걸릴 것이다. 아직 과도기라 조금은 시행착오가 있겠지만 현재 청소년들에게 아주 좋은 시간임에는 틀림없다. 이런 제도가 없었다면 많은 사람들이 여전히 고입과 대입에 매달리며 내신과 학원에 모든 시간을 쏟아부을 것이다. 최소한 진로 체험, 진로 상담, 진로 페스티벌 등의 시간에는 자신과 미래 진로에 대해서 생각할 수 있는 시간을 갖게 된다. 예전에는 거의 없던 시간들이 생겨서 학생들 스스로 왜 이렇게 공부해야 하는지, 커서 어떤 일을 하며 살지에 대해 고민하게 된다. 그런 과정에서 조금씩 사회도 알아가고 진로에 대해서도 눈을 뜨게 될 것이다.

학생들에게 공부는 당연히 중요하다. 학생의 본분을 잊어서도 안 된다. 자유학기제는 학생들이 해야 하는 공부에 대해 이유를 찾게 하고 스스로 하게 만들 수 있는 좋은 기회다. 언제까지 부모님이 학생들의 일거수일투족을 참견할 수는 없다. 이제는 학생들 스스로 할 수 있도록 자생력을 키워주어야 한다. 그리고 부모님은 자녀보다는 부모님 자신의 행복한 삶에 더 집중해야 한다. 자유학기제는 각 지자체 교육청별로 다양한 체험활동 프로그램을 제공하고 있어서 학생이 혼자 직접 경험하기 힘든 분야나 체험들을 할 수 있다. 학생들이 적극적인 자유학기제 참여로 스스로 무엇인가를 깨닫게 된다면 공부를 포함한 모든 방면에서 주도적인 삶으로 180도 달라질 것이다.

자유학기제에는 정부, 지자체, 학교, 민간기업체 등 많은 기관과 업체들이 서로 협력하여 준비한 프로그램들이 많다. 일단 믿고 따라가고 참여나 진행 중에 추가로 필요한 것들은 상황에 따라 조정하면 된다. 필요한 것들을 요청하게 되면 기대보다 더 많은 것을 얻을 수 있다. 자유학기제에 대해 많이 알면 알수록 학생들은 더 많은 것을 보고 배우고 얻는다. 1년 동안 시험을 치르지 않는 대신 청소년들은 삶을 결정할 수 있는 가장 소중한 1년을 보낼 수 있다. 인생에서 가장 중요한 시기, 꽃피는 시기에 마음껏 자신이 좋아하는 것을 하며 자신의 숨은 재능을 발견하고 자신의 인생을 설계할 수 있는 시간이 여기 자유학기제라는 이름으로 있다. 그 시간은 새롭게 청소년이 되는 학생들에게 더 성숙한 사람이 될 수 있는 기회 또한 제공한다. 자, 오늘부터 자유학기제와 멋지게 놀아보자!

외국 자유학기제 유사 사례

많은 나라들이 지금 우리나라가 겪고 있는 시행착오를 겪고 있거나, 이를 미리 방지하기 위해서 진로 교육에 대해 관심을 쏟고 방법을 찾고 있다. 주로 공교육 내에서 진로에 대한 교육을 강조하고 있고, 일부 나라에서는 이미 오래전부터 시행하고 있으며 좋은 제도로 자리 잡고 있다. 주로 유럽의 선진국들이 진로 교육에 적극적으로 나선 경우들이 많다. 아일랜드 등의 나라에서 정부가 드라이브를 걸면서 빠르게 정착된 만큼, 우리나라도 몇 년 전부터 정부와 교육부가 의욕적으로 추진하고 있고 지역사회와 기업들이 나서서 함께 이끌어가기 때문에 한국형 자유학기제가 빠르게 자리 잡을 것으로 기대한다. 자유학기제와 유사한 사례로 아일랜드, 덴마크, 스웨덴, 영국, 핀란드 등 다섯 나라의 교육제도를 소개한다.

1. 아일랜드: 전환학년제 Transition Year

아일랜드의 기업문화는 학벌주의가 아니라 능력주의다. 즉 학력과 보수는 별다른 상관이 없다는 것이다. 대한민국처럼 학연, 지연, 혈연에 얽매이지 않고, 그 사람이 하는 일이 무엇이고, 어떤 전문성을 갖추었고, 기업 발전에 얼마나 기여했는가에 따라 보수가 달라지는 것이다. 다시 말해 기업에 근무하면서 쌓아온 노하우와 기업에 대한 기여도가 보수를 결정하는 것이다. 오래전부터 시행해온 전환학년제와 같은 교육시스템의 결과 때문이다.

아일랜드는 전환학년제를 운영한 지 꽤 오래되었다. 아일랜드는 교육열이 높고, 상위권 대학 경쟁률도 매우 높다는 점에서 우리나라와 여러모로 비슷하다고 할 수 있다. 아일랜드 학생들은 과거 우리나라 대학 학력고사 시대처럼 오로지 시험 점수에 따라 대학 진학이 결정되기 때문에 많은 노력을 하며 학교생활을 한다. 하지만 근본적으로 직업과 일에 대한 인식이 우리나라와는 많은 차이가 나서 우리나라 청소년들이 겪고 있는 심각한 부적응은 없다고 한다.

1) 전환학년제

아일랜드의 전환학년제는 한국의 자유학기제보다 40여 년이 빠른 1974년에 시작되었다. 아일랜드 교육부 장관이 시험의 압박에서 학생을 해방시키고 폭넓은 학습 경험을 유도하겠다며 도입한 제도다. 이 전환학년제는 주니어 과정(중학교)을 마친 학생(15~16세)이 시니어 과정(고등학교)에 들어가기 전 1년 동안 시험과 무관하게 수업을 들을 수 있도록 교육과정을 운영하는 제도다. 영어, 수학, 외국어 등은 필수 과목으로 배우고, 여기에 선택 과목 수업도 이루어지지만 현재 한국의 자유학기제와 마찬가지로 1년간은 시험에 대한 부담이 없다. 학생들은 이 기간에 직업체험, 봉사활동, 외국 여행, 교환학생 프로그램 참여 등 다양한 활동을 하며 자신의 진로를 고민하는 시간을 갖는다. 이런 점이 현재 진행하고 있는 우리나라 자유학기제와 가장 유사하다고 할 수 있다.

전환학년 기간 동안 학교는 국가의 표준화된 교육과정 강의 계획서나 평가 방식을 따르지 않는 대신 다양한 특별 과목을 개설해 원하는 과목을 선택해 들을 수 있도록 했다. 정해진 강의 계획 없이 사회, 도덕, 예술 등의 프로그램을 자유롭게 선택해 각종 스포츠활동, 독서활동, 창의적 글쓰기활동, 진로 체험활동 등을 경험한다. 사교육의 열기가 높은 아일랜드에서 당연히 반대가 심했지만, 교육부가 솔선수범하여 일선 학교에 전환학년제 도입을 촉구하고 교사연수 강화 등의 제도 확대에 앞장서면서 참여 학교가 증가했다. 현재는 중학교 80% 이상이 전환학년제에 참여하고 있다고 한다.

2) 전환학년제의 목표
- 학생들의 사회적, 직업적 성숙함을 고취
- 학습 능력, 기술력 및 일반적인 숙련의 개발을 통한 자발적이고 자기 주도적인 생활 습관화
- 흥미 있는 직업과 일에서 업무 관련 기술이나 방법을 개발함으로써 일과 경력의 상관관계 학습
- 의사소통 능력, 자신감 그리고 책임감을 발달시킬 수 있는 기회 제공으로 개인적인 발달 도움
- 이전보다 더 확장된 인간관계 능력과 학교 밖의 새로운 사회를 알아갈 수 있는 사회적 기회 제공
- 상급 학교 진학 시에 어떤 학교나 과목을 선택할지에 대한 폭넓은 도움

3) 학부모들의 의무

전환학년제의 성공적인 경험을 위해서 학부모가 자녀들로 하여금 전환학년제에 적극적으로 참여하고 배울 수 있도록 관심과 지원으로 이끌어주어야 함을 강조하고 있다. 그래서 대부분의 학교는 3학년이 되면 전환학년제 프로그램에 대한 설명과 상담을 위해 학부모님들과 회의를 진행한다. 학부모들은 항상 관심을 가지고 회의에 참석해야 하고 프로그램에 기여해야 한다. 일부 학부모들은 전환학년제 프로그램에 자신의 전문성을 제공하여 학교에 도움을 줄 수도 있다. 또한 학부모들은 전환학년제의 프로그램을 평가하는 것에도 관여하고, 아들딸들이 특별하고 다양한 프로그램에 참여할 수 있도록 독려해야 한다.

이와 같은 학부모 참여 프로그램은 한국의 자유학기제에도 도입하면 큰 효과를 볼 수 있을 것으로 기대한다. 본문에서도 내가 몇 번 언급했듯이 자유학기제에서 부모님의 역할은 아주 중요하다. 진로 고민을 하고 선택해야 하는 자녀들에게 가장 가깝게, 가장 심도 있는 조언을 해줄 수 있기 때문이다.

4) 전환학년제 활동 사례

구글 아일랜드 전환학년제 프로그램의 경우, 참여하는 학생들은 1주일간 하루 8시간씩 각종 부서의 구글 직원들과 직접 블로그를 제작해보기도 하고, 구글의 SNS 서비스인 구글 플러스의 구축 및 운영에 대한 구글러들의 경험을 공유하기도 한다.

다른 진로 체험활동의 경우는 기업의 사정에 따라 1~2주 정도 이루어지는데, 체험활동 기간 학생에 대한 평가는 고용주가 직접 한다고 한다. 학생이 새로운 것을 얼마나 많이 시도했는지, 어떻게 다른 사람들과 협동했는지, 독립적 수행 능력은 어느 정도인지, 사회적 적응 능력은 어떠한지 등 총체적으로 평가한다.

전환학년제를 이수한 학생들은 자신의 꿈과 적성에 따라 진로를 결정한다. 오랜 기간 동안 이 제도를 시행해 온 아일랜드의 대다수 국민들은 전환학년제의 필요성에 대하여 공감하고 있으며, 이 제도를 매우 긍정적으로 평가하고 있다. 체험 관련 회사의 직원들은 모두 지역사회의 발전을 위해 회사가 노력한다는 것에 자부심을 느끼고 적극 동참한다고 한다. 이것이 바로 학교와 기업 간 산학협력의 좋은 예라고 할 수 있다. 내가 생각했을 때는 이것이 우리나라에서 개선되었으면 하는 가장 큰 부분이다. 학생들의 제대로 된 미래와 지역사회의 발전을 위해 조건 없이 자유학기제의 체험 프로그램을 운영하는 기업이 더 많아지기를 기대해 본다.

5) 기본 내용

아일랜드의 전환학년제에는 진로 교육을 위한 전담 코디네이터와 협력팀이 있어서 이들이 진로 교육 프로그램을 기획하고 조정하는 역할을 한다. 주로 교사나 상담사가 전담 코디네이터를 맡아 진로나 학업 등에 대해 조언을 해준다. 현재 기준으로 아일랜드 전체 학교의 80%가 전환학년제를 운영하고, 550개 학교에서 프로그램을 제안하여 전체 학생이 프로그램에 참여하는 등 진로 교육이 활발하게 이루어지고 있는 상황이다. 전환학년제는 학교의 정책에 따라 의무적인 곳도 있고 선택 사항인 곳도 있다. 각 학교는 자체적으로 전환학년제 프로그램을 학생들의 흥미와 관심사에 맞게 디자인하고 가이드라인을 정하여 실행하고 있다.

출처: www.education.ie
　　www.pdst.ie
　　Professional Development Service Teachers

2. 덴마크: 애프터스쿨(에프터스콜레)

덴마크는 행복한 국민으로 유명하다. 국민 중 90% 이상이 행복하다고 느낀다고 한다. 행복도 조사를 할 때마다 항상 상위권에 있어서 우리나라 신문 및 뉴스에 자주 오르내리기도 한다. 덴마크 학생들도 애프터스쿨(After school, 에프터스콜레Efter skole) 덕분에 행복한 학창 시절을 보낸다고 한다. 애프터스쿨은 1980년대 초에 천편일률적인 학교 교과과정으로 학생들의 특수성을 배려하지 못한다는 문제 인식에서 탄생되었다고 한다. 덴마크의 교육체제는 학령기 이전 교육pre-school education, 기초 교육basic education, 후기 중등 교육upper-secondary education, 고등 교육higher education으로 구성되어 있다. 덴마크는 만 7세부터 만 16세까지 9년 동안 의무 교육이 이루어지고, 우리나라와 비교했을 때 초등학교와 중학교가 합쳐진 형태다. 즉, 애프터스쿨은 중학교 졸업 후 기본적으로 1년이나 많게는 2년 동안 성숙을 위한 기회의 시간을 보낼 수 있는 제도다. 그 시간은 앞으로 받을 교육 기회를 적절하게 선택할 수 있도록 잘 준비시키기 위한 기간이다.

1) 애프터스쿨 제도

 덴마크의 '애프터스쿨'은 공립 기초학교를 졸업하고 인문계 고교나 직업학교로 진학하기 전에 거쳐 갈 수 있는 1년 과정의 자유학교다. 애프터스쿨은 기숙학교 형태로 진행되며 학생 수는 학교당 30명에서 500명으로 평균 150명 정도라고 한다. 대부분의 애프터스쿨은 전원 마을에 위치해 있고, 덴마크 전국에 260여 개 정도 있다. 고교에 진학하기 전에 진로를 탐색하고 싶은 학생이 선택하는 것이고, 의무라기보다는 학생들 스스로의 판단에 의해 선택적으로 실시하는 제도다. 교육과정은 주로 음악, 미술, 체육 등 감성 교육과 단체활동으로 구성되고 구체적인 내용은 각 학교마다 다양하게 운영하고 있다. 인생을 설계할 시간을 제도적으로 보장해줘서 학업의 부담 없이 자신의 재능을 찾을 시간을 주자는 취지로 시작된 것이다. 정식 학사 과정으로 인정되며, 교육과정은 학교별로 차이는 있지만 주로 공통적인 과정으로 목공, 건축, 축구, 연극 등이 있다. 음악, 체육, 수공예, 자연 및 생태 등 특정 영역에 특출한 능력을 보이는 학생들이나 혹은 학교생활에 적응하지 못하거나 학습에 어려움을 겪는 학생들도 일정 기간 동안 자유롭게 공부할 수 있는 제도다. 이 기간 학생들은 자신의 흥미와 관심을 심화시키고, 다양한 사회적 경험을 통해 인간적으로 성숙해질 수 있는 시간을 보낸다.

2) 애프터스쿨 목적

- 스스로 즐기는 수업 수강
- 부족했던 과목의 점수 보충

- 진로 탐색의 여유 확보
- 공립 교육을 보완하는 역할
- 9년 동안 자신의 진로를 결정하지 못한 학생들에게 추가로 진로를 결정할 수 있도록 지원

3) 애프터스쿨 체계

50년의 역사를 기록하고 있는 10학년 프로그램은 학생들에게 자발적으로 한 학년을 더 하도록 하는 제도다. 이 기간 동안 학생들은 정규 교육과 취업 외에도 직업훈련센터나 실제 직업 현장에서 20주 동안 연수를 받고, 10학년 이수는 연수를 끝마쳤을 때만 가능하다고 한다.

학생들은 물론이고 교사들도 학교에서 숙식하면서 수업 시간 외에도 인생 상담을 하는데, 이것이 애프터스쿨만의 큰 장점이다. 이 모든 과정은 자신의 인생 설계와 밀접한 관련이 있어, 1년 후에는 어느 정도 학생들이 진로 선택을 할 수 있고 상급 학교 진학을 결정할 수 있다고 한다.

우리나라와 비교하면 덴마크의 10학년 프로그램이 자유학기제의 한 대안이 될 수 있을 것 같다. 그런 프로그램은 몇 년 더 자유학기제를 시행해본 후 새로운 프로그램으로 시행될 수 있을 것으로 본다. 애프터스쿨은 강제가 아니라 학생들 스스로 선택하는 것이기 때문에 수업의 만족도가 높다고 하고, 자신이 부족하거나 못했던 과목의 점수를 보강할 수 있는 시기이기도 해서 학창 시절에 조금 뒤처지더라도 따라잡을 수 있는 의미 있는 기간을 제공하는 것이라 할 수 있다.

4) 애프터스쿨 사례

덴마크의 애프터스쿨은 다양하게 존재한다. 스포츠학교, 학생 중심 교육과정, 소셜 액티비티, 프로젝트 매니지먼트 등 관심사에 따라 학생들의 폭넓은 선택이 가능하다. 모든 애프터스쿨은 학생들을 선발할 때 이들이 선택한 특성화 학교에서 진행하는 분야를 잘하는지보다 얼마나 좋아하는지를 보고 선발을 결정한다.

- **소셜 활동 클럽:** 학생들끼리 친해지도록 하는 놀이 시간이며, 토론과 단체활동 위주인 학교생활에 학생들이 빨리 적응할 수 있도록 다양한 활동을 진행한다. 이러한 활동을 통해 학생들의 빈부, 지적 수준, 외모 등의 차이점을 없애는 것이 이 프로그램의 핵심이라고 한다.
- **스포츠학교:** 스포츠학교지만 가장 중요하게 생각하는 것은 특이하게 '여행'이라고 한다. 스포츠학교의 목적은 프로 선수를 양성하는 데 있는 게 아니라 사람됨을 갖추게 하는 데 중점을 둔다는 것이다. 그래서 다양한 문화 체험을 통한 동기 부여를 위해 학생들과 1년에 4개국 정도를 방문한다고 한다. 해외여행이 많아 비용이 많이 드는 게 단점이긴 하지만, 공교육 7년보다 이곳에서의 1년이 더 좋다고 평가하는 학생이 압도적으로 많다고 한다. 댄스스포츠가 좋아서 이 학교에 들어온 학생도 있었고, 운동은 잘 못하지만 스포츠를 좋아해 이곳에 온 친구도 있듯이, 스포츠학교이지만 스포츠로 학생을 평가하지 않는다. 애프터스쿨의 목적은 자기 관리를 스스로 할 수 있는

성숙한 사람됨을 갖추게 하는 데 있기 때문이다.

- **학생 중심의 교육과정 운영**: 모든 학생들이 다 다르기 때문에 학생 각자에게 맞는 방법으로 지도한다. 교사는 담당하는 학생의 관심사와 성취도를 지속적으로 확인하여 학생들이 원하는 것을 배우도록 돕는다. 정부에서 정한 과목별 교육 목표가 존재하지만 큰 틀만 따르며, 무엇을 어떤 방식으로 가르칠지는 학교와 교사가 학생을 중심으로 결정하여 교육을 진행한다.

- **프로젝트 매니지먼트**: 실제 회사의 경영과 비슷한 원리를 가르치는 과목으로, 학생들에게 문제를 던진 뒤에 새로운 방식으로 해결하도록 하는 것이다. 한 번에 1주일씩 연간 총 180시간 이상 운영한다고 한다. 과제는 기업으로부터 직접 받아오기도 하는데 실제로 기업에서 채택되는 창의적인 아이디어도 상당히 있다고 한다. 이 모든 것들이 창의적이고 자유로운 환경에서 나올 수 있는 것이다.

출처: blog.naver.com/goedu_choi
　　　www.efterskole.dk/en
　　　en.wikipedia.org/wiki/Efterskole

3. 스웨덴: 직업 체험 프로그램 프라오PRAO

스웨덴은 학생들을 위해 직업 체험 프로그램인 프라오를 실행하고 있다. 스웨덴은 직종이나 학력에 따른 임금 격차가 거의 없으며 세금제도나 복지제도에 의한 삶의 격차도 크지 않고 직업에 대한 귀천의식도 거의 없는 나라다. 자라나는 미래 세대에 대한 교육 역시 부모가 자녀를 키운다는 개념보다는 국가와 사회가 미래의 건강한 사회인을 함께 키운다는 생각으로 미래 세대 교육을 책임지고 있다고 한다. 스웨덴은 우리나라처럼 사교육과 학벌주의 등이 중시되지 않는 나라다. 교육복지의 나라인 스웨덴은 대학 진학률이 40% 정도라고 한다. 정부나 교육부에서는 대학 교육보다 직업 교육을 더 중요하게 생각한다.

스웨덴은 우리나라 초등학교와 중학교에 해당하는 기초교육을 무상의무 교육으로 실시하고 모든 국민은 이 교육을 받아야 하며 그러지 않으면 법의 저촉을 받는다고 한다. 고등학교는 희망자에 한해 무상 교육을 실시하고, 이후 2~5년간은 희망에 의해 단과대학이나 전문대학에서 직접 전문 직업 교육을 받는다. 스웨덴의 자유학기제는 기초학교 8~9학년(우리나라 중학교 2, 3학년) 때 1년간 실시한다. 이 시기에 해당 학생들은 직업 체험 교육을 2주간에 걸쳐 진행한다. 상급 학교에 진학해서도 사회과학, 경영, 공업, 건설, 호텔 등 모두 17개 교육과정 중 한 가지를 선택해 15주 이상 현장 교육을 받기도 한다. 학생들이 일찍 일터를 경험하고 눈높이에 맞춰 진로를 탐색할 수 있도록 하기 위함이다. 직업 체험 때 학생들이 근로기준법 등 기본적인 내용을 자연스럽게 이해할 수 있도록 설계되어 있다.

1) 직업 체험의 기본 취지

우리나라 자유학기제와 유사한 프로그램으로 스웨덴의 진로 교육, 직업 체험 과정인 '프라오PRAO'가 있다. PRAO는 스웨덴어로 Praktisk Arbetslivs Orientering(실용적인 직업 탐구)의 줄임말이다. 초창기에는

Yrkes Orientering으로 실용적인 진로 지도라고도 불렸다고 한다. 스웨덴의 진로 교육 역시 현장실습을 강조한다고 한다. 직업 교육은 기업과 노조가 합의해 정부가 수행하며, 교육부가 프로그램을 직접 관리한다. 스웨덴은 직업 체험과 관련하여 이미 1950년대에 여러 학교에서의 시범 운영을 거쳤고, 스웨덴 국회는 1962년부터 직장 체험을 8학년 교과과정에 포함하도록 결정한다. 1960년대 이후 모든 스웨덴 사람들이 중등 교육과정에서 직장 체험을 했다는 것을 의미한다. 스웨덴의 많은 사람들은 이러한 직장 체험이 그들의 장래에 도움이 되었다고 한다. 긍정적인 직장 체험은 학생들에게 해당 분야에 대한 관심을 제고하고 나아가 진로를 결정할 수 있도록 도와주었고, 부정적인 직장 체험은 자신의 진로에 대해 다시 한 번 신중하게 고려할 수 있는 기회가 되었다는 것이다.

스웨덴의 교육 계획안(스웨덴 학교 감독청)에는 "학교는 모든 학생들이 여러 가지 선택의 기회를 가지고 본인의 미래와 관련한 문제에 대해 결정을 할 수 있도록 충분한 지식과 경험을 제공해야 한다", "학생들이 직업 체험을 통해 앞으로 어떤 교육을 선택할 것인가에 대한 기본 지식을 얻도록 한다. 이는 또한 학교와 주변 사회가 학생들의 직업 경험 확대를 위해 협력하는 것을 전제로 한다"라고 되어 있다. 또한 이 교육 계획안에는 "학생들의 진로 교육 및 직업 체험 프로그램에 대해 교장과 진로 교육 및 직업 체험 담당교사가 주요한 책임을 진다"라고 되어있다.

2) 직업 체험 프로그램PRAO에 관한 규칙

스웨덴에서는 18세 이하의 아동과 청년들이 일하고 실습하는 데 특별한 규칙이 있다. 우선 직업 체험 내용과 직업 체험 장소의 선택에서 상당한 배려가 있어야 한다고 한다. 학교는 학생들이 위험에 노출되지 않는 안전한 직업 체험 장소를 선택하는 것에도 책임을 진다. 또한 체험 장소는 직업 체험의 내용과 맞아야 하며, 직업 체험 시 학생들은 간단하고 위험이 없는 업무를 수행하도록 해야 한다. 마지막으로 직업 체험 시간은 아침 6시에서 20시 사이에 이루어지며 주당 최고 40시간까지 할 수 있다. 학교는 학생들이 직업 체험을 나가서 적절한 휴식과 노동 시간을 유지하는지 감독할 책임도 있다. 또한 직업 체험 기간 동안 학생들은 학교가 제공하는 보험에 들어야 한다. 그런 이유로 직업 체험 기간에 실제 사고가 발생했을 때 회사의 담당자는 학교에 바로 보고해야 한다.

3) 직업 체험의 성과

직업 체험 과정은 스웨덴의 기업가 연맹이 학생들의 현장 체험 기간에 회사를 알리기 위해 최대한 이 제도를 활용할 것을 전제로 한다고 한다. 그러나 회사의 특징에 따라 직업 체험 과정에 약간의 차이가 있는데, 중요한 것은 직업 체험을 위한 현장 선택을 학생들 본인의 관심사에 따라 결정하게 되어 있다는 것이다.

직업 체험이 중요한 이유는 학생들이 접근하기 어려운 성인들의 직업 세계를 알게 될 기회가 된다는 것이다. 또한, 학생들이 현장에서 근무하면서 근무 시간 준수 및 직장 내 예절을 배우고, 미래의 직업에 대한 영감을 획득할 수도 있다는 점이다. 특히 직업 체험을 통해 미래의 직업 선호도를 알고 고등학교 진학 시 어떤 교육 프로그램을 선택할 것인가를 결정하는 데 도움이 될 수 있다. 그리고 기업 또한 직업 체험 과정을 통해 미래의 인재를 발견할 기회를 얻는다.

4) 직업 체험 프로그램의 시사점

오늘날 학생들이 사는 사회는 예전보다 변동 속도가 훨씬 빠르다고 할 수 있다. 노동시장에서의 이동률도 매우 높으며, 일상생활의 패턴에도 변화가 일고 있다. 이에 따라 취업시장이 학생들에게 기대하는 바도 차이가 있을 수 있다. 스웨덴처럼 학생들이 중등 교육과정 중에 직장 체험을 하도록 하는 것은 미래의 삶에 대한 준비 정도를 높이고 현재 사회와 세상의 변화에 맞추어 진로를 탐색할 수 있는 중요한 기회가 될 것이다. 아울러 성공적인 진로 교육을 위해서는 직장 체험도 중요하지만, 학생 스스로 창의성과 적성이 무엇인지를 발견하고 선택의 기로에 서있을 때 합당한 진로를 택할 수 있도록 주변에서 도움을 주는 것도 중요하다. 직업 체험 과정에서 중요한 것은 학생 본인들의 가족, 사회, 주변 사회가 모두 협력해 학생들에게 도움을 제공하는 것이다. 우리나라와는 교육 및 사회 환경의 문화 차이가 있지만, 한국에 맞게 잘 받아들이면 우리나라도 자유학기제의 활성화를 통해 그러한 방향으로 갈 것이라 믿는다.

출처: 스웨덴 진로 교육 및 직업 체험 프로그램(국회도서관 자료)
http://edpolicy.kedi.re.kr

4. 영국: 갭이어 제도Gap Year or Year Out

1) 갭이어 제도

영국의 갭이어Gap Year는 2004년부터 개발하여 시행 중인 것으로 학교 교육을 받는 일정 기간(대부분 1년 동안) 학교를 다니지 않고(휴학 또는 상급 학교 진학 보류) 훈련, 일, 봉사활동, 여행 등을 하면서 지내는 기간이다. 원래 기간은 3개월에서 2년 이내이지만 대부분 1년 단위로 이루어지고 있다. 이것은 중등 교육secondary school 後의 16~25세 사이에 참여하는 제도다. 공식 학사 과정이 아니어서 정식 학년으로 인정되지는 않지만 학생들은 이 기간에 다양한 사회적 활동을 할 수 있다. 매년 약 3만 명의 학생들이 자발적으로 이 제도를 이용한다고 한다. 재학 중에도 짧은 기간 동안 쉬면서 할 수 있어서 '쉼표학년제'라고도 하고, 요즘은 연령대와 프로그램을 다양화하여 참여할 수 있는 기회를 확대하고 있다.

2) 갭이어의 분류

갭이어는 참여할 수 있는 시기를 크게 4단계로 나누었다. 16세 중등학교 졸업 후나 18세 후기중등학교A-Level 졸업 후에 이용할 수 있다. 이 시기가 한국의 자유학기제를 시행하는 연령대와 비슷하다. 대학과 대학원의 학부 및 학위 과정 재학 중에 휴학하고 갭이어 프로그램에 참여하기도 한다.

3) 갭이어 활동 유형

국내와 국외 활동으로 나뉘어 있고 선택할 수 있는 다양한 옵션이 있다. 대부분의 활동들은 조직화 Structured되어 있는 것과 체계가 없는 Unstructured 것으로 나뉘어 있다. 학습활동, 봉사활동, 레저활동, 독립 여행, 패키지 여행, 돈을 받고 일을 하는 활동 등 중에 본인이 원하는 것을 선택해야 한다. 지역사회에서 하는 활동에 가장 많은 참여율(37%)을 보이고, 직업 체험(15%), 학업과 연관이 없는 자격증 코스(11%)에도 참여해 자신에게 맞는 진로를 찾고 있다.

4) 갭이어 참여 동기

참여 동기는 아래와 같이 학생들의 환경과 흥미에 따라 다양하게 나타난다.

- 정규 학교 교육 기간 중 휴식에 대한 욕구
- 다른 나라, 문화, 사람들과의 접촉 경험
- 삶의 폭넓은 시야 확보
- 직업 기술 획득
- 대학 입학, 구직 등에 유리한 이력 CV: Curriculum Vitae 확보
- 경제적 수입
- 사회에의 봉사, 기여
- 타인 돕기(이타주의)

5) 갭이어 참가자의 특징

비교적 부유한 중산층 출신들로 남학생보다 여학생이 많고, 사립학교와 대입을 준비하는 중등학교Grammar school 출신들이 많다고 한다. 지리적으로는 주로 영국 남부 지역 대학 진학자들이 많은 참여를 한다는 통계가 있다. 한국과는 조금 다른 특징으로, 우리나라도 자유학기제가 자리 잡게 되면 거기에서 갭이어와 유사한 프로그램이 생길 것으로 기대해 본다.

6) 갭이어 제도의 이점

갭이어 참가 학생들은 교육적 성취감, 직업 선택에 대한 도움, 취업 가능성 높임, 비학문적 기술 및 자격 취득, 삶의 기술 획득, 사회적 가치 발달과 같은 좋은 효과를 기대할 수 있다. 프로그램 관련 고용주는 갭이어 참가 경험자를 선호하며 자신의 직장에 들어온 갭이어 참가자에게 적절한 사회적 기술도 제공한다. 그리고 사회적으로 보면 사회봉사활동의 활성화를 가져오고, 갭이어 취업자들은 전반적으로 사회에 더 많은 기여를 한다고 한다. 또한 갭이어를 통해서 학생들은 자격증 취득과 같은 '소프트 스킬'을 계발하고, 실제 많은 학생들은 이 기간 동안 스포츠 강사 및 외국어로서의 영어 교육TEFL 자격 등을 포함한 직업 자격증 취득 과정을 이수하여 미래 진로 선택에 큰 도움을 받는다고 한다.

출처: Review of gap year provision, DFES research report RR555

5. 핀란드 교육

핀란드의 제도에 우리나라의 자유학기제와 정확하게 매칭되는 것은 없지만 교육계에서 모범으로 주목하기에 간단하게 소개한다.

핀란드의 교육 수준은 세계 교육계에서 '핀란드식 방법Finnish method'으로 주목할 만큼 수준이 높다고 한다. 학생들의 경쟁에 의한 상대평가가 아니라 '달성도'에 의해 평가되는 절대평가로 잘 알려져 있다. 그러나 이것은 학력의 차이를 무시한 평등 교육이 아니며, 고등학교는 초등학교 성적에 따라 지원할 수 있다. 또한, 중학교의 교육에 주목할 만한 것은 성적이 낮은 학생이 특별 학급에 배정되거나, 보충 수업을 받고 있는 것이다. 이처럼 학력을 차별화하여 저학력 학생에 대한 개별 교육으로 뒤떨어진 학업 성취도를 보충해줌으로써, 학생이 학교의 인형으로 전락되는 것을 방지하는 제도가 핀란드 교육의 특징이라고 한다.

핀란드 교육에서는 차별을 차이를 넓히는 것이 아니라 차이를 좁히는 도구라고 생각한다. 대부분의 나라에서 잘하는 학생에게만 더 많은 기회를 주는 것과는 반대로 오히려 못하는 학생에게 기회를 더 많이 주는 것이 핀란드의 교육이다. 그런 독특한 차별 교육을 통해서 얻은 성과는 세계에서 가장 낮은 학생 간 학업 성취도 편차와 OECD가 주관한 국제 학업 성취도 평가 1위다. 나는 성취도 평가 1위라는 기록보다 학생 간 성취도 편차가 가장 작은 것이 우리나라도 지향해야 할 방향이라고 생각한다. 우리나라에서는 차별이라고 반대하여 시행이 어려운 시스템일 수도 있지만, 차이를 받아들이고 긍정적인 방향으로 해결하는 것이 문화로 정착된 부러운 교육 환경이다.

1) 핀란드 교육 체계

핀란드의 초등교육 학제는 9년제의 의무 교육이다. 홈스쿨링이 허용되기는 하지만 드문 편이며, 7살 때부터 시작하여 한국의 중학교 3학년 나이가 되는 15세나 16세 때 끝나게 된다. 사립학교는 거의 존재하지 않으며, 사립학교 설립은 의회의 승인을 받아야 한다. 사립학교라고 해도 수업료를 부과하는 것은 엄격히 금지되고, 어떤 사립학교도 지방학교에서 부과되는 것 이상을 인정하지 않는다고 한다. 그래서 현존하는 사립학교는 대개 종교 재단이 세운 학교나 대안학교Waldorf School뿐이다. 핀란드의 전 국가 교육청장인 에르끼 아호가 한 말이 교육의 기본 체계를 나타내 주는 것 같다.

"경쟁은 경쟁을 낳아 결국 유치원생까지 경쟁의 소용돌이에 말려들게 될 것이라는 사실을 국민들에게 설득시켰다. 학교는 좋은 시민이 되기 위한 교양을 쌓는 과정이다. 그리고 경쟁은…, 경쟁은 좋은 시민이 된 다음의 일이다."

대한민국도 쉽지는 않겠지만 우리들의 미래를 위해서 이런 교육체계가 됐으면 한다.

2) 핀란드 교육의 가치관

핀란드의 교육혁명이 품고 있는 가치관들이다.

- 학생 개개인의 성장을 중시한다.
- 남을 이기는 경쟁보다는 함께 학습하는 법을 익히는 교육을 한다.

- 교사와 학교의 전문성과 자율성이 존중되는 교육을 한다.
- 모두가 수준 높은 학습으로 제대로 된 기회를 누리는 교육을 한다.
- 뒤처지는 아이들을 탈락하도록 내버려두지 않고 보듬어 안고 함께 가려는 교육을 한다.
- 학습의 원칙 중의 하나가 협력이다.
- 친구는 경쟁 상대가 아니라 협력하는 존재이다.
- 내가 넘어야 할 것은 친구가 아니라 나 자신이라고 가르친다.

출처: ko.wikipedia.org/wiki

한국형 애프터스쿨제 사례

1. 고교 자유학년제 오디세이학교

1) 오디세이학교 설립 취지

서울시 교육청에서는 덴마크의 애프터스쿨(에프터스콜레) 교육제도와 유사한 오디세이학교를 개교했다. 학생들이 새로운 도전과 경험을 통해 삶의 주체로 바로 서는 성장의 기회를 마련해주기 위해서다. 오디세이학교에서 학생들은 자신의 꿈을 탐색하고 삶과 배움을 일치시킬 수 있도록 다양한 프로그램을 경험하는 기회를 얻게 된다. 1년 과정의 자유학년제 위탁 교육을 마치고 학교에 돌아가면 바로 고교 2학년으로 진급할 수 있어서 같은 친구들과 함께 공부를 계속할 수 있다. 고등학교 1학년 청소년들이 학교 밖에서 1년 동안 자율적이고 창의적인 중점 과정을 선택하여 깊이 배우며, 자기 자신과 세상을 알아가는 기회를 갖게 하는 서울시 교육청 주관의 고교 자유학년제 교육과정이다. 오디세이학교는 2015년에 도입한 것으로, 입시 경쟁과 지식 교과 위주의 교육과정에서 벗어나 창의적인 자율 교육과정을 공교육 교사들과 민간 대안교육기관이 함께 운영한다. 종로산업정보학교를 중심으로 정독도서관과 서울혁신파크에서 운영된다. 고1 학력 인정 교육과정은 보통교과(수학, 영어, 한국사)와 자율 대안교과목으로 구분된다. 보통교과는 교과별 핵심 성취 기준을 달성하기 위한 수업과 평가를 통해 일반고의 학업 성적 관리지침에 따라 성적을 산출한다. 자율 대안교과목 평가는 이수 여부를 기록하고, 과정 중심의 수행평가와 탐구 결과 보고서 등 성장과 발전도 평가하고 기록한다고 한다.

2) 오디세이학교 교육 내용

- 공통 교육과정은 글쓰기, 합창, 여행, 인문학, 자치활동, 독서와 토론
- 선택 교육과정은 인턴십, 문학, 철학, 공방 작업, 시민 참여와 국제협력, 프로젝트 과정
- 생각하고 질문하고 실행하는 힘을 키우는 프로젝트 중점 과정
- 일을 경험하며 미래를 설계하는 인턴십 중점 과정
- 다양한 예술 창작과 공연활동을 하는 문화예술 중점 과정
- 건강한 삶의 기술을 몸으로 익히는 공방 작업 중점 과정
- 나를 넘어 사회와 세계를 바라보는 시민 참여 국제협력 중점 과정

3) 입학 조건

학생, 학부모 지원서, 학교생활기록부, 담임교사 추천서 등 서류 심사를 거쳐 1차 선발한 후 면접을 통해 최종 합격자를 선발한다. 본인의 의지와 선택 과정에 대한 학생의 적합성 등이 주요 선발 기준이다. 모집 대상은 서울시 교육청 소속의 일반고나 자율형 공립고 진학 예정인 현재 중3 또는 중학교 졸업자와 동등한 학력이 인정된 학생들이다.

4) 학사 일정

오디세이학교는 민들레학교, 꿈틀학교, 하자센터, 혁신파크 등 총 4개의 민간기관과 협력하고 있다. 각 기관은 종로구 숭인동, 화동, 영등포구, 은평구 등 서울 4개 지역에 흩어져 있어 오디세이학교를 다니는 아이들은 자신이 선택한 교육과정에 따라 등교한다.

등하교 시간, 수업, 방학 등의 학사 일정은 일반 고등학교에 준하여 운영된다. 수업료도 일반 고등학교와 동일하다.

5) 생활기록부

보통교과(수학, 영어, 한국사)의 평가는 고등학교 학업 성적 관리 시행지침에 따라 따로 산출하고 기록한다. 주 평가는 과정 중심의 수행평가와 탐구 결과 보고서 등이다. 대안교과(팀프로젝트, 창의적 글쓰기 등)의 평가는 이수 여부와 함께 학생의 활동 내용과 특성을 서술식으로 기록한다.

6) 추천 학생

- '난 뭘 하면 좋을까?', '어떻게 살면 행복할까?'를 고민하는 학생
- 대학 진학만을 위한 공부보다 내 삶을 찾아가는 공부를 하고 싶은 학생
- 내 생각을 키우고 당당하게 말하고 싶은 학생
- 다양한 사람들과 함께 색다른 경험을 하고 싶은 학생
- 내 삶의 길을 찾아보는 주인공이 되고 싶은 학생

2. 꿈틀리 인생학교

1) 꿈틀리 인생학교 설립 취지

　중학교 졸업생이 1년간 자유롭게 수학하는 일종의 대안학교가 인천 강화도에 문을 열었다. 꿈틀리 인생학교는 덴마크식 자유 교육을 표방하고 있다. 꿈틀리 인생학교는 중학교 3학년 졸업생이 바로 고등학교에 진학하는 대신 학교 기숙사에서 지내도록 설계된 1년 과정 학교다. 2016년 2월 22일에 개교한 꿈틀리 인생학교는 '한눈팔지 말고 공부하라'고 강요받던 학생들에게 '한눈을 실컷 팔 자유'를 준다. 이 기간 동안 학생들은 '충분한 시간적 여유를 가지고, 다양한 선택지 속에서, 남의 눈치를 보지 않고' 나는 누구인지, 나는 무엇을 좋아하는지, 우리는 누구인지, 나의 행복과 우리의 행복을 위해 나는 오늘 어떤 씨앗을 뿌려야 할지를 탐험하게 된다. 이를 통해 우리 사회에 '옆을 볼 자유'에 대한 화두를 던진다. 앞만 보고 달리는 인생, 밥벌이와 사회적 눈치 때문에 내가 하고 싶은 것을 하지 못하는 학교생활은 다가오는 미래 사회와 차이가 있어 새로운 교육 가치를 두고 개교하게 되었다.

2) 설립 정신

　행복은 '스스로 선택하니 즐겁다'에서 나온다. 꿈틀리 인생학교는 학생들에게 자기가 무엇을 하고 싶은지를 스스로 찾게 하고 그것을 실천해 볼 자유를 줌으로써 '인생은 즐겁다'는 생각을 갖게 한다. 그래서 학생들이 초등학교 1학년 때의 밝은 표정을 다시 찾을 수 있게 해준다. 현재의 입시 교육, 경쟁 교육 속에서는 대한민국 학생들의 표정이 밝을 수 없다. 그들에게 인생은 억지로 해야 하는 일이 너무 많기 때문이다.

행복은 미래에 저당 잡힐 수 없다. 행복은 대학에 간 후에, 취업한 후에 저절로 오지 않는다. 꿈틀리 인생학교는 학생 때 행복한 인생을 경험해야 어른이 되어서도 행복한 인생을 경영할 수 있다는 사명하에 설립된 학교다.

꿈틀리 인생학교는 학생들에게 개인적으로는 자존감을 심어주고, 친구들 사이에서는 '더불어 함께'의 즐거움을 체험하게 한다. 자존감은 내가 이 세상에 존재하는 이유를 스스로 갖는 것이다. 그것이 없을 때 학생들은 쉽게, 너무 빠른 나이에 루저(실패자)라는 생각을 갖게 된다. 이것은 '이미 잘하는 학생'만, '성적이 좋은 학생'만 주목받는 대한민국 학교가 만들어낸 병폐다. 꿈틀리 인생학교는 '지금 못해도 괜찮아, 도와줄게, 한번 같이 해볼래'를 모든 교육과정에 적용해 학생들이 자존감을 갖고 함께하는 즐거움을 갖게 하기 위해 설립한 학교다.

3) 학사 일정

학생들은 일반고의 시간표대로 정규 수업을 받는 대신 농사짓기와 요리하기, 토론, 여행과 같은 활동을 한다. 자유롭게 즐기면서 인생을 설계한다는 것이 학교의 목표다. 학생 10명당 1명의 담임교사가 배치된다. 이 밖에 글나눔, 공놀이, 영어, 철학, 과학 등 교과 교사가 따로 있고 전문 분야에 있는 멘토로 삼을 수 있는 분들이 특별활동 교사로 참여하기도 한다.

내가 행복하려면 '우리'도 행복해야 한다. 꿈틀리 인생학교는 학생들이 나를 발견할 뿐 아니라 우리와 세계로 관심을 넓히게 한다. 따라서 강화도 캠퍼스를 베이스로 하고, 더 나아가 대한민국과 한반도, 세계를 캠퍼스로 삼는다. 또 상근하는 선생님뿐만 아니라 각계각층의 사람들을 '함께 선생님'으로 모시고 수업하기도 한다.

4) 선발 및 운영

선발 단위는 전국이고, 남녀공학이며 모집 정원은 학교 상황에 따라 매년 달라진다. 지원 자격은 중학교 졸업 예정인 사람, 중학교를 졸업한 사람(현 고등학교 1학년에 재학 중인 사람), 또는 검정고시, 홈스쿨링, 비인가 대안학교 등 출신이며 중학교 3학년 졸업 연령에 도달한 사람이다. 전형 방법은 서류 접수 후 학생 면접과 학부모 면접을 필수로 거쳐서 입학이 결정된다. 현재 재학생들의 출신 지역은 인천뿐 아니라 서울과 경기, 충청, 부산, 대전, 광주, 전라, 경상, 제주 등 전국 곳곳으로 다양하다.

학교는 정부나 다른 교육기관의 지원 없이 100% 민간 자본으로 운영되며 수업료와 기숙사비는 분기별이 아닌 월별로 내야 한다.

3. 열일곱 인생학교

1) 열일곱 인생학교 설립 취지

열일곱 인생학교란 17세 청소년(중3, 고1)이 학교를 1년 동안 쉬면서 자기 자신을 밀도 있게 탐색해보는 한국형 인생설계학교를 말한다. 열일곱 인생학교는 '아름다운 배움'과 '함께 여는 교육 연구소'라는 교육 시민단체를 통해 운영되고 있다. 2016년 고양과 용인에 열일곱 인생학교를 개교했다. 중학교를 졸업한 나이의 친구들이 고등학교에 입학하기 전 1년 동안 자유로운 시간을 보내면서 다양한 경험을 통해 자신을 이해하고 한 걸음씩 나아가도록 돕는 곳이다.

2) 지원 및 선발

고등학교에 진학하면 아이들은 자기가 어떤 사람인지, 뭘 하고 싶은지, 자기 주변의 세상이 실제로 어떻게 돌아가는지에 대한 고민은 다 '유예'당한 채 살아간다. 학생들이 스스로 자신을 돌아볼 시간조차 없다. 그것에 대해 진지하게 고민해보고 그 필요성을 느끼는 학생들이 이곳에 지원한다. 학생, 학부모와의 상담을 통해 인생학교가 그들에게 '절실하다'는 느낌을 받으면 지원자 모두 입학할 수 있다.

그리고 이곳에서의 시간은 공식 학력으로 인정되지 않는다. 이곳은 1년 동안 공교육과 거리를 두고 자신을 돌아보는 공간이다. 교육활동비는 일반적인 대안학교와 비슷한 수준이다.

3) 설립 정신

- 사랑이 있고 진실한 주변 환경
- 이야기와 말이 살아있는 환경
- 좋은 어른과 우정이 살아있는 교실
- 모험과 놀이와 경험의 세계가 살아있는 세상

– 경쟁과 노동보다는 나와 다른 사람을 볼 수 있는 여유 있는 환경

"아이를 키운다는 것은 농사짓는 것과 비슷하다고 생각해요. 농사를 지을 때 햇볕만이 중요하다고 생각하기 쉽지만 그렇지 않아요. 햇볕만큼 비도 와야 해요. 그런 면에서 일반 중학교에서 햇볕만 받던 아이에게 열일곱 인생학교는 비가 되어준 시간이었어요."(열일곱 인생학교 학부모)

4) 교육과정

– 스스로(직접 결정하고 경험하기): 자치회의, 개인 프로젝트

– 더불어(힘을 모아 해결하기): 공동 프로젝트, 긴 산행

– 즐겁게(우정의 관계 맺기): 밴드, 연극놀이, 노는 날(학생 기획 체험학습), 여행

– 천천히(자신을 알아가기): 기록과 표현, 지식교과, 인턴십

– 연간 학사는 4학기제: 1학기(3~5월), 2학기(5~7월), 3학기(8~10월), 4학기(11~1월)

디아스포라(DIASPORA)는 독자 여러분의 책에 관한 아이디어와 원고 투고를 기다리고 있습니다. 디아스포라는 종교(기독교), 경제 · 경영서, 일반 문학 등 다양한 장르의 국내 저자와 해외 번역서를 준비하고 있습니다. 출간을 고민하고 계신 분들은 이메일 diaspora_kor@naver.com로 간단한 개요와 취지, 연락처 등을 적어 보내주세요.

꿈을 찾는 자유학기제

우리집 외계인을 위한 최고의 직업 찾기

1판 1쇄 | 2018년 10월 29일
1판 2쇄 | 2020년 12월 01일

지은이 | 백은선
펴낸이 | 손동민
편집 | 박은지
디자인 | 기민주

펴낸곳 | 디아스포라
출판등록 | 2014년 3월 3일 제25100-2014-000011호
주소 | 서울시 서대문구 증가로 18(연희빌딩), 204호
전화 | 02-333-8877(8855)
FAX | 02-334-8092
E-mail | diaspora_kor@naver.com
홈페이지 | www.s-wave.co.kr

ISBN | 979-11-875891-9-8 (03190)

이 도서의 국립중앙도서관 출판예정도서목록(CIP)은 서지정보유통지원시스템 홈페이지 (http://seoji.nl.go.kr)와 국가자료종합목록시스템(http://www.nl.go.kr/kolisnet)에서 이용하실 수 있습니다. (CIP제어번호 : CIP2018033048)